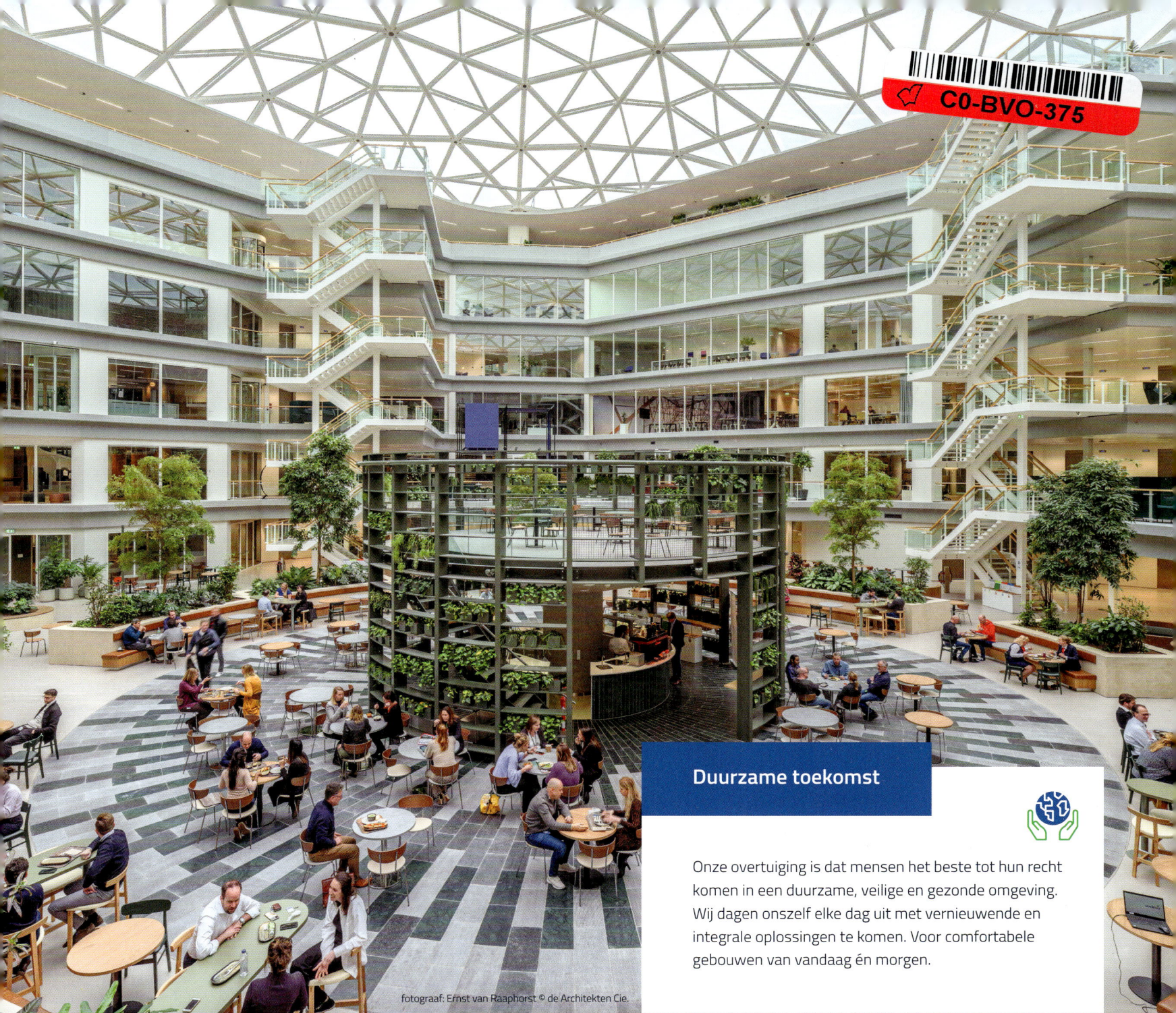

dK die Keure
printing

printing.diekeure.be ———— printing@diekeure.be ———— @diekeureprinting

Anders Kijken

Lingotto kijkt anders én kiest steeds vaker
voor bouwen in hout. Met HAUT hebben
we een nieuwe standaard gezet in
duurzaam bouwen en daarvoor een
BREEAM Outstanding certificering
ontvangen. De hoeveelheid
bomen die verwerkt wordt in
onze houten gebouwen
planten we weer nieuw
aan in het Lingotto-bos.
Zo sluiten we de cirkel!
lingotto.nl

MIX
ROTTERDAM

Impressies De Beeldenfabriek

hd ARCHITECTEN

DE TUINSTAD VAN MORGEN

MIX is een uniek woonproject in Het Lage Land Rotterdam, met meer dan 250 appartementen.

Vanuit het principe van het tuinstadmodel is het ontwerp opgebouwd uit een stempel van 4 woonblokken geoptimaliseerd op de locatie. Met een **MIX aan woningtypes** wordt er ingespeeld op diverse functionele en sociale behoeften.

De plint wordt verbonden door de integrale parkeervoorziening voor auto en fiets en een collectieve binnentuin op het dek. Het ontwerp biedt een **gezonde en vitale leef- en woonomgeving** voor verschillende doelgroepen, waar **ontmoeten en bewegen** worden gestimuleerd.

De stedelijke gevels reageren in nuance op de aangrenzende straatprofielen. Door de toepassing van **hout in de constructie en afwerking** vindt verzachting plaats op het niveau van de gebruiker.

Het ontwerp is tot stand gekomen in samenwerking met buroSALT en Echo Urban Design. De realisatie start in 2024.

MIX is onze interpretatie van de tuinstad van morgen.

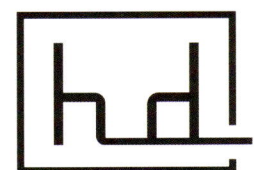

TRESPA® METEON®

REIMAGINE YOUR NEXT PROJECT

TRESPA® METEON® NU OOK BESCHIKBAAR MET BIOBASED LABEL

Biobased Product

SCAN DE CODE, LEES MEER OVER ONZE DUURZAAMHEIDSAMBITIES EN BESTEL EEN GRATIS SAMPLE

VOLG ONS OOK OP

HTTP://PRODUITBIOSOURCE.EU/PRODUIT/TRESPA

TRESPA®

Vernieuwend woonconcept met Outstanding duurzaamheidsscore

Jonas IJburg – © Sebastian van Damme

Aan de haven van IJburg staat Jonas. Een mixed-use landschappelijk woongebouw in de vorm van een sculpturale walvis, met een duurzaam en uitnodigend hart. Het zorgen voor verbinding tussen de bewoners was een van de ontwerp-uitgangspunten en onderdeel van de hoge, gemeenschappelijke duurzaamheidsambitie. Hoe kunnen we een woongebouw creëren dat zowel in technisch als sociaal opzicht uiterst duurzaam is?

In Jonas leven de bewoners echt samen; iedereen kan gebruik maken van de huiskamer, filmzaal, logeerkamers, dakstrand en andere collectieve voorzieningen. Ook buurtbewoners zijn welkom in een deel van het programma. Het ruimtelijk interieur, de spectaculaire canyon en het vele groen maakt het gebouw toegankelijk en comfortabel. Jonas ontving het hoogst haalbare duurzaamheidscertificaat BREEAM Outstanding. Ontwerpers, ingenieurs en landschapsarchitecten werkten vanaf het begin vanuit hun gemeenschappelijke drive samen aan een integraal ontwerp. ABT was verantwoordelijk voor de volledige engineering, duurzaamheidsadvisering en bouwkundige uitwerking.

Jonas is een ontwikkeling van Amvest, ontworpen door Orange Architects in samenwerking met ABT en Felixx Landscape Architects and Planners. Realisatie door Ballast Nedam West.

Architectuur
in Nederland

Architecture in
the Netherlands

Jaarboek

Yearbook

2022 | 2023

Redactie

Teun van den Ende
Uri Gilad
Arna Mačkić

Editors

nai010 uitgevers

nai010 publishers

Essays

Projecten | Projects

Appendix

Omslagfoto Cover photo
Stijn Bollaert – Ard de Vries Architecten
& Studio Donna van Milligen Bielke,
Kunstwerf, Groningen

Deze uitgave wordt mede gefinancierd
door advertenties van de volgende
bedrijven
This publication was partly financed
through advertisements from the
following companies

J.P. van Eesteren (omslag/cover)
Strackee (1)
Lingotto (2)
DGMR (3)
die Keure (4)
HD Architecten (5)
Trespa International (6)
Geveke (7)
ABT (8)
Metadecor (163)
Cauberg Huygen (164)
Jonkers Bouwmetaal (165)
Gebroeders Blokland / Synchroon (166)
Zonneveld Ingenieurs (167)
Stimuleringsfonds (168)
Van de Laar (omslag/cover)

Lichtpunten in een weerbarstige praktijk

Teun van den Ende, Uri Gilad, Arna Mačkić

Van Groningen tot Heerlen, van Bergen tot Twello en van Amsterdam tot Rotterdam bezochten we in de koudste en natste dagen van 2023 in totaal 35 projectlocaties. Overal in het land zagen we omgekeerde rood-wit-blauwe vlaggen aan de gevels en langs de weg hangen in reactie op het aangekondigde stikstofbeleid van het kabinet. De driekleur won het in aantal makkelijk van de Oekraïense vlag. Beide vlaggen zijn zowel protestsymbool als steunbetuiging, alleen lopen de reikwijdte en politieke overtuiging van het achterliggende nabuurschap flink uiteen. Wat beklijft is dat 2022 een zeer turbulent jaar was. Een jaar waarin de ene na de andere crisis behalve het nieuws ook de persoonlijke levens van Nederlanders binnendrong. Op een gegeven moment werden wonen, energie, geopolitiek, asiel en klimaat zelfs onder de noemer *polycrisis* aangeduid. En dan waren we nog maar net opgekrabbeld uit de coronacrisis.

Glimmers of hope in an unaccommodating practice

Teun van den Ende, Uri Gilad, Arna Mačkić

From Groningen to Heerlen, from Bergen to Twello and from Amsterdam to Rotterdam, on the coldest and wettest days in early 2023, we visited a total of 35 project sites. Wherever we went we saw upside-down Dutch flags hanging from facades and along the road in protest against the government's foreshadowed nitrogen-reduction policy. The tricolour easily outnumbered the similarly prominent Ukrainian flag. Both flags are symbols of protest and expressions of support, although the orbit and political convictions of the underlying neighbourliness differ widely. The lasting impression of 2022 is of an extremely turbulent year. A year in which one crisis after another obtruded not only into the news but also into the personal lives of Dutch citizens. At a certain point this constellation of crises – housing, energy, geopolitics, asylum seekers and climate change – was even termed a 'polycrisis'. And we were still in the process of recovering from the Covid pandemic.

In de bouw vertalen de wereldwijde problemen zich onder andere in sterk gestegen arbeids-, materiaal- en energiekosten. En in de wederopstanding van het ministerie van Volkshuisvesting en Ruimtelijke Ordening, dat met een actieplan voor het bouwen van 900.000 woningen tot en met 2030 de woon-crisis wil bestrijden. Woningbouw krijgt in dit Jaarboek ruim aandacht, met overigens een grote diversiteit in architectonische kwaliteit, betaalbaarheid en duurzaamheid. Zo zagen we sociale huurwoningen met een hoge architectonische kwaliteit, maar ook dure woningen met veel minder kwaliteit. In het hogere prijssegment viel een trend te ontwaren van woongebouwen die zich presenteren als hotels, en deels zo functioneren, met 24-uursrecepties en voorzieningen als koffiebars en fitnessclubs. In het midden- en lage prijssegment wordt het aanbod echter steeds eenvormiger: woningen worden steeds kleiner en hebben weinig (privé-)buitenruimte. Het riep bij ons vragen op waarop we niet direct antwoorden paraat hadden. Zoals de vraag hoe we als vakgebied de kwaliteit van de woon-buurt, het (t)huis en het persoonlijke leven dat zich daarin afspeelt zo hoog mogelijk kunnen houden. We stelden deze vraag aan Fenna Haakma Wagenaar, hoofdontwerper van de gemeente Amsterdam, die wijst op de waarde van een goede woningplattegrond. Vanwege beperkte budgetten en ambities staat de rol van de architect in de woningbouwarchitectuur echter sterk onder druk.

De kwaliteit van een bouwproject is niet alleen afhankelijk van de architect, maar ook van goed opdrachtgeverschap. En opdrachtgevers maken doorgaans gebruik van de aanbesteding als middel om een plan te selecteren. Daaraan stellen ze hoge eisen wat betreft in het verleden behaalde resultaten. Om de kans te vergroten het project gegund te krijgen, maken architecten zich dienstbaar aan marktmechanismen. Veel van de projecten in dit Jaarboek zijn van gerenommeerde bureaus die zich dankzij een goedgevulde portfolio in deze omstandigheden staande weten te houden. Maar dat gaat niet vanzelf: ook zij

In the construction industry those global problems have translated into skyrocketing labour, material and energy costs. And in the resurrection of the Ministry of Housing and Spatial Planning, which intends to tackle the housing crisis by building 900,000 dwellings between now and 2030. Housing features strongly in this Yearbook, displaying great diversity in terms of architectural merit, affordability and sustainability. We encountered social housing of high architectural quality, but also expensive dwellings of considerably lower quality. In the higher price segment we noticed a trend towards residential buildings that mimic hotels, and to some degree function like them, with 24-hour reception desks and amenities like coffee bars and fitness clubs. In the mid- and low-price segments, however, the offerings are becoming increasingly uniform: dwellings are getting smaller and there is little private or communal outdoor space. All of which raised questions for which we had no ready answers. Such as the question of what the architectural profession can do to keep the quality of the residential area, the home and the personal life enacted in that setting, as high as possible. We put this question to Fenna Haakma Wagenaar, lead designer for the City of Amsterdam, who pointed to the value of a good floor plan. Unfortunately, owing to tight budgets and low ambitions, the role of the architect in residential architecture is under enormous pressure.

The quality of a building project depends not only on the architect, but also on the calibre of the client. Clients in the Netherlands normally resort to tendering as a means of choosing a plan and they set high requirements with respect to previous achievements. For their part, architects try to increase their chances of being awarded the project by catering to market mechanisms. Many of the projects in this Yearbook are by renowned practices that manage to stay afloat in these circumstances thanks to a well-filled portfolio. But there's nothing inevitable about that: they, too, do their utmost to achieve the highest possible quality in the prevailing tendering culture.

doen hun stinkende best om in de heersende aanbestedings-cultuur een zo hoog mogelijke kwaliteit te behalen. Hoe het anders kan, is te zien in Vlaanderen en Brussel, waarover we met de Brusselse bouwmeester Kristiaan Borret in gesprek gingen. Hoewel hij deels buitenstaander is, kent hij de Nederlandse bouwpraktijk ook van binnenuit. Hij signaleert dat veel Neder-landse opdrachtgevers de Europese bouwregelgeving 'snel en mathematisch' toepassen. Daartegenover stelt hij een open bouwcultuur. Dat komt in Vlaanderen het best tot uitdrukking in het systeem van de Open Oproep, waarbij opdrachtgevers van publieke bouwwerken professionele begeleiding krijgen van het Team Vlaams Bouwmeester. Het systeem werpt zijn vruchten af en kent navolging in een aantal Belgische steden waar bouwmeesters als Borret een stevig mandaat hebben.

Namens de gemeente Groningen organiseerde Architectuur Lokaal in de geest van de Belgische Open Oproep een ontwerp-wedstrijd voor een gebouw voor negen theater- en dansgezel-schappen onder de noemer Kunstwerf. In de eerste ronde, die anoniem verliep, leverde dit 107 inzendingen uit Nederland en België op. Van de vijf geselecteerde inzendingen won het ontwerp van Ard de Vries en Donna van Milligen Bielke. Een prachtige kans voor twee jonge getalenteerde architecten die anders – als dit project aanbesteed was geweest – onvoldoende referenties zouden hebben gehad om mee te dingen naar de opdracht.

Kansen voor jonge bureaus en jonge medewerkers zijn in Nederland niet vanzelfsprekend. Zelden presteren bureaus geleid door architecten onder de leeftijd van veertig jaar het om een opdracht tot realisatie te brengen. Zelfs wanneer een jong bureau een sporadisch uitgeschreven Open Oproep wint en het leidt tot realisatie, dan levert dat de architect zelden de juiste referentie op voor een vervolgopdracht. Deze beperking – samen met de kansenongelijkheid op Nederlandse architectenbureaus en de lage arbeidsvergoedingen – heeft geleid tot het bevragen van de werkcultuur. Omdat wij als redactie niet vanzelfsprekend in contact staan met de jongste generatie architecten, nodigden we twintig jonge werknemers van toonaangevende bureaus uit om zich uit te spreken over hun ambities en kansen om zich te ontwikkelen. Aangevuld met enkele individuele gesprekken met vakgenoten ontstond een beeld van de oorzaken van de heersende werkcultuur. Deze bijdrage aan het debat over werkcultuur is een poging de gesprekken in kleine kring (op sociale media, architectuur-platforms en -academies) breder te trekken.

Nogmaals, de geselecteerde projecten zijn geen illustratie van deze problematiek. Veel projecten laten juist zien dat architectenbureaus vindingrijk of standvastig genoeg zijn om in de weerbarstige praktijk bijzondere prestaties te leveren. Maar als redactie zien wij het als onze taak te zorgen voor verdieping, nuance en reflectie. Dat beperkt zich niet enkel tot het bespreken van projecten, maar gaat ook over processen en structuren. Naar elkaar luisteren, samen leren en het trans-paranter en coöperatiever maken van processen zien wij als essentieel voor het vak van de architect – niet alleen bij de totstandkoming van publicaties als het Jaarboek, maar in de gehele praktijk.

There is, however, a different way of doing things, as can be seen in Flanders and Brussels. To find out more we spoke to the government architect of the Brussels-Capital Region, Kristiaan Borret. Although ostensibly an outsider, Borret has hands-on experience of Dutch building practice. He notes that many Dutch clients apply the European building regulations 'automatically and mathematically'. He contrasts this with an open building culture. In Flanders this is best reflected in the system of Open Calls in which public project clients receive professional support from the government architect's team. It has been such a success that the system has been emulated in a number of Belgian cities where chief architects like Borret have a strong mandate.

Back home, Architectuur Lokaal organized a competition in the spirit of the Belgian system on behalf of the City of Groningen for a building to house nine dance and theatre companies. The first round, which was anonymous, attracted 107 entries from the Netherlands and Belgium. Out of the five short-listed entries, the design by Ard de Vries and Donna van Milligen Bielke was declared the winner. A marvellous opportunity for two talented young architects who otherwise – if this project had been put out to tender – would have had insufficient reference projects to be able to compete for the commission.

Opportunities for young practices and young assistant architects are few and far between in the Netherlands. Practices headed by architects below the age of forty seldom manage to realize a commission. Even when a young practice does win an occasional open tender and carries it through to realization, it rarely provides the architect with a sufficient reference for a subsequent commission. This limitation, together with the inequality of opportunity within Dutch architectural practices and the low salaries, has raised questions about the work culture. Because we are not normally in contact with the youngest generation of architects, we invited twenty young employees of leading practices to talk about their ambitions and opportunities for development. Supplemented by several one-to-one conver-sations with colleagues, a picture emerged of the root causes of the prevailing work culture. This contribution to the debate about work culture is an attempt to open up the insider conversa-tions – on social media, on architectural platforms and in the academies – to a wider audience.

To be clear, the selected projects are not representative of this issue. Indeed, many of them show that architectural practices are sufficiently resourceful or steadfast to deliver exceptional feats in the face of an unaccommodating practice. But as editors, we see it as our task to provide depth, nuance and reflection. That is not confined to the consideration of projects either, but extends to processes and structures as well. It is our view that listening to one another, learning together, and making processes more transparent and collaborative are essential to the profession of architect, not just in the production of publications like the Yearbook, but in architectural practice as a whole.

Foto/Photo: **Jules Pulles**

Foto's/Photos: **Stijn Bollaert**

Doorsneden/Sections

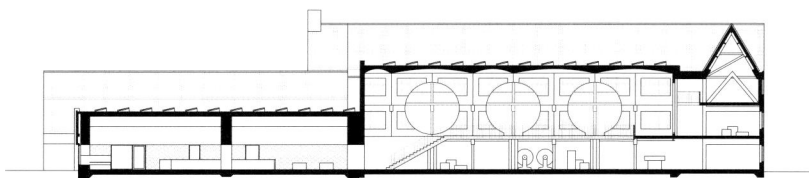

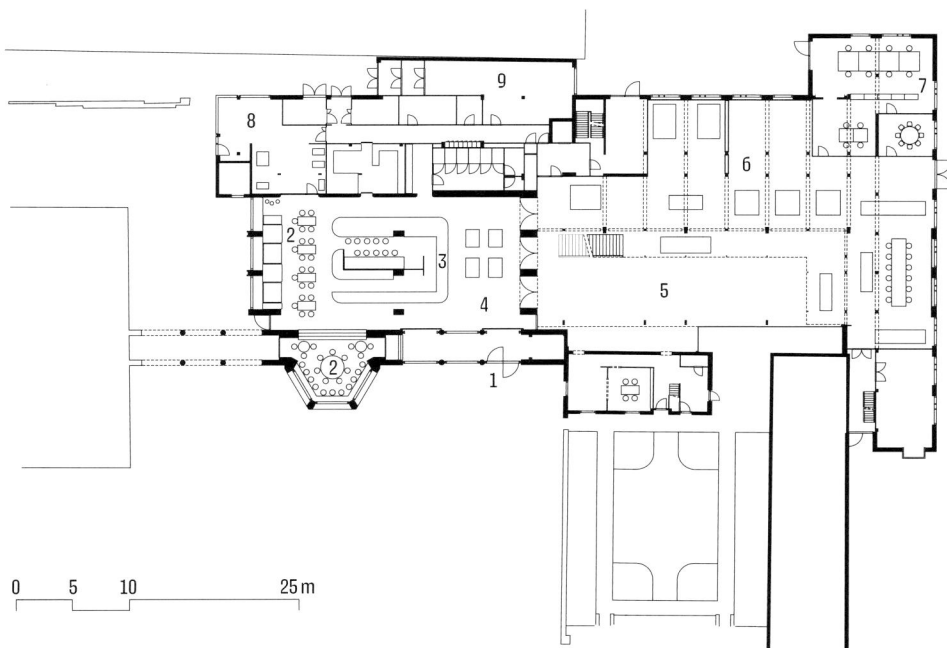

0 5 10   25 m

Begane grond/Ground floor

1 hoofdentree/main entrance
2 museumcafé/museum café
3 balie/reception
4 winkel/shop
5 tuinzaal/garden room

6 tentoonstellingszaal/
   exhibition space
7 kantoor/office
8 open werklabs/open laboratories
9 depot/depository

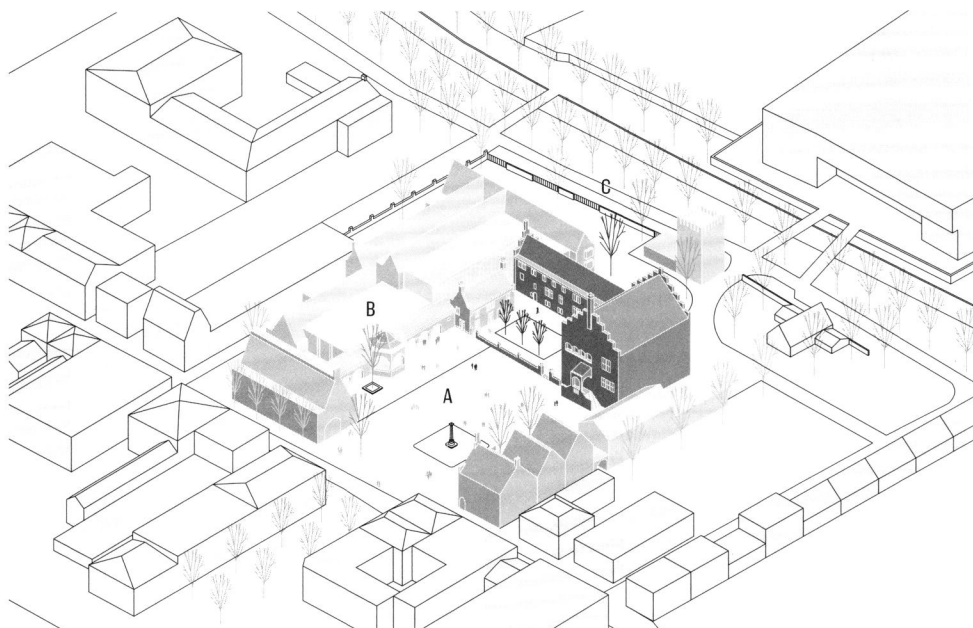

Civic Architects

Schoenenkwartier
Waalwijk
Opdrachtgever: gemeente Waalwijk

In 1954 openden schoenfabrikanten uit de regio van Waalwijk in een klein pand een museum, dat daarna meerdere malen van locatie en naam veranderde. De ooit bloeiende leerbewerkings- en schoenfabricage-industrie verdween in de jaren 1980, maar is nog steeds een belangrijk onderdeel van de geschiedenis en de trots van de regio. Met de komst van het Schoenenkwartier krijgt deze geschiedenis op een hedendaagse manier opnieuw betekenis. Het museum bevindt zich in het centrum van Waalwijk, in het in de jaren 1930 gerealiseerde raadhuisensemble naar ontwerp van architect Alexander Kropholler. Het gebouwen-complex, dat in de jaren 1980 al eens is uitgebreid, is voor de nieuwe functie deels aangepast en gerenoveerd, en uitgebreid met een nieuw gebouwdeel.

Het Schoenenkwartier bestaat uit tentoonstellingszalen, een kenniscentrum met onderzoeksbibliotheek, workshopruimte en auditorium, museumcafé met winkel en laboratoria voor ontwerp en prototyping. De gevel aan het plein heeft, op de plekken waar open arcades waren, nieuwe getoogde kozijnen. Hier komen bezoekers door royale taats- en schuifdeuren het entreegebied binnen, waar zich aan de linkerkant een werkcafé en open werklabs bevinden en aan de rechterkant een nieuw toegevoegde tuinzaal. Deze lichte ruimte heeft binnenbestrating, waardoor het oogt als een overdekt plein. Hier lopen bezoekers met een trap naar een galerij waarlangs grote ronde openingen een blik geven op de tentoonstellingsruimtes. De openingen zijn uit de gestripte gevel van de kantoorvleugel uit de jaren 1980 gezaagd. De toevoeging van de tuinzaal zorgt ervoor dat een in eerste instantie onaantrekkelijk jarentachtiggebouw kon worden hergebruikt, maar dat het ook het middelpunt van het museum werd. Minimalistische witte ruimtes zijn in het gebouw niet te vinden. Baksteen, staal, beton en hout zorgen voor een toegankelijk museum, waar verschillende geschiedenislagen afleesbaar zijn en waar met een collectie van 12.000 schoenen de oude schoenindustrie een nieuw leven krijgt.

Axonometrie, situatie/
Axonometric projection, site plan
A Raadhuisplein
B Schoenenkwartier
C Winterdijk

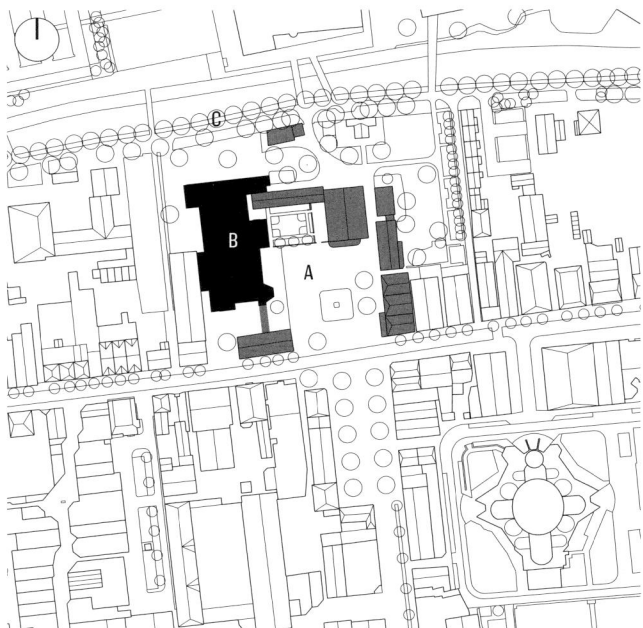

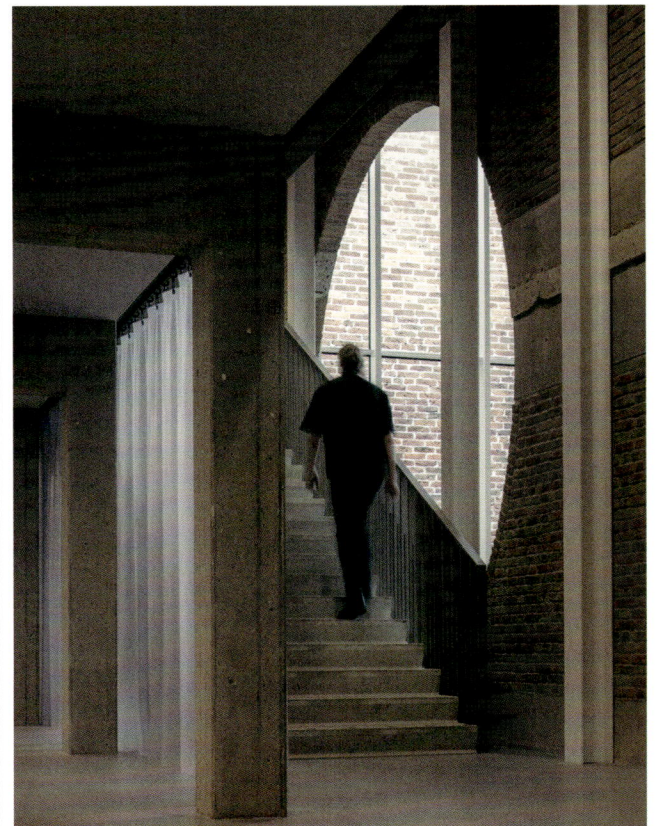

Schoenenkwartier

Waalwijk
Client: City of Waalwijk

In 1954 a group of shoe manufacturers from the Waalwijk area opened a modest museum that subsequently underwent several changes of location and name. Although the once flourishing leather-working and shoemaking industry disappeared in the 1980s, it is still an important part of the history and pride of the area. The arrival of the Schoenenkwartier development gives that history renewed significance in a contemporary manner. The museum is located in the centre of Waalwijk, in a former town hall ensemble built in the 1930s to a design by Alexander Kropholler. The building complex, which had already been extended once before in the 1980s, has been adapted, renovated and extended to accommodate the new function.

The Schoenenkwartier consists of exhibition spaces, a knowledge centre with research library, workshop and auditorium, museum café with shop, and laboratories for design and prototyping. In the elevation facing the square the previously open arcade arches have been glazed. Visitors enter here through generous revolving and sliding doors: the work café is to the left and to the right are open laboratories and the newly added garden room. This light-filled space is paved, giving it the appearance a covered square. From here visitors can take the stairs to a gallery where large round openings, sawn out of the stripped-back facade of the 1980s office wing, provide a glimpse of the exhibition spaces. The addition of the garden room made it possible to reuse an at first sight unattractive 1980s building, and to even make it the centre of the museum. There are no minimalist white spaces in this museum. Brick, steel, concrete and wood make for an accessible museum where different historical layers are legible and where a collection of 12,000 shoes breathes new life into the old shoe-making industry.

De Twee Snoeken

Huis van de gemeente Voorst
Twello
Opdrachtgever: gemeente Voorst

Het structuralistische gemeentehuis van de gemeente Voorst, opgeleverd in 1982 door Van den Broek en Bakema, is verregaand verduurzaamd. Ondanks dat het gebouw ruimtelijk volledig was dichtgeslibd, koos de gemeente Voorst ervoor het betonnen casco te hergebruiken. Daarbinnen is bijna alles vernieuwd, zodat de gemeente op een laagdrempelige manier haar diensten kan verlenen. Om ook op duurzaam gebied een voorbeeld te stellen, heeft het gebouw met gevels van kalkhennep een nieuwe, natuurlijke, uitstraling gekregen.

De milieu-impact van de renovatie is zo klein mogelijk gehouden. Om de ruimtelijke indeling te verbeteren is een latere uitbouw met een raadzaal, trouwzaal en kantine en een technische ruimte gesloopt. De kantine is herplaatst in het bestaande casco, de raadzaal en trouwzaal zijn samengevoegd en ondergebracht onder een dubbelhoge houtconstructie. De zaal is te bereiken vanuit een atrium. Dit is het nieuwe hart van het gebouw, waar inwoners geholpen worden. Door deze toevoeging van boven en aan weerszijden van glas te maken, ontstaat lucht in het voorheen wat benauwde interieur. Dwars door het gebouw ontstaat een zichtas vanuit de dorpskern van Twello op het fraaie landschap.

Het binnenklimaat in de werkruimtes op de verdieping is ten opzichte van het oude gebouw, waar de temperaturen in de zomer hoog opliepen, sterk verbeterd. Het helpt dat de gevel is gemaakt van een dikke laag kalkhennep. De gevel ademt en werkt als buffer. Bouwen met kalkhennep gebeurt met de hand en bevindt zich nog in een experimenteel stadium. Scheuren die kort na oplevering ontstonden, verwacht het bouwteam met een nieuwe keimlaag het hoofd te kunnen bieden.

Foto's/Photos: **Joep Jacobs**

Doorsnede/Section

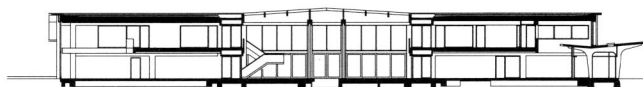

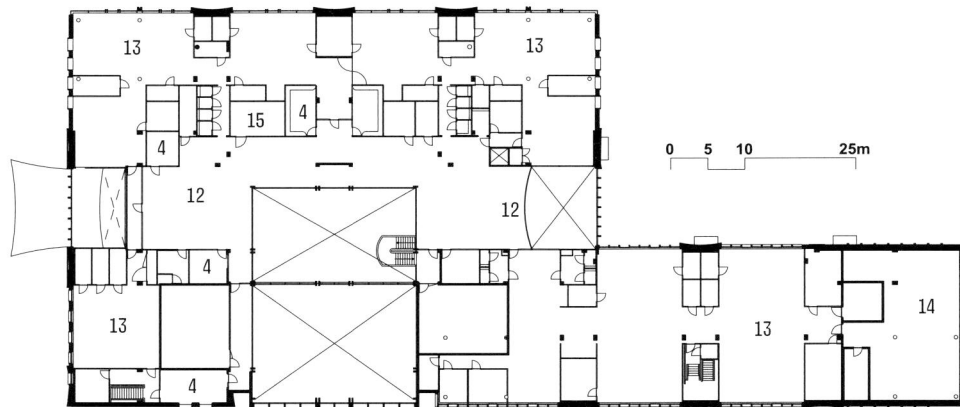

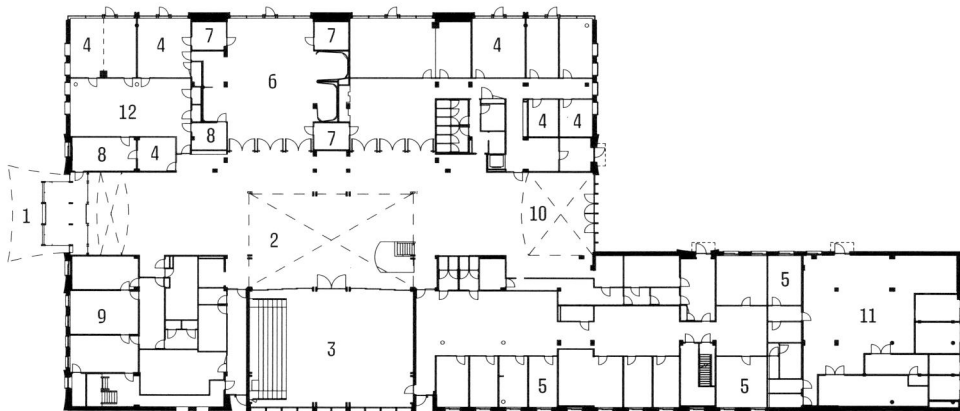

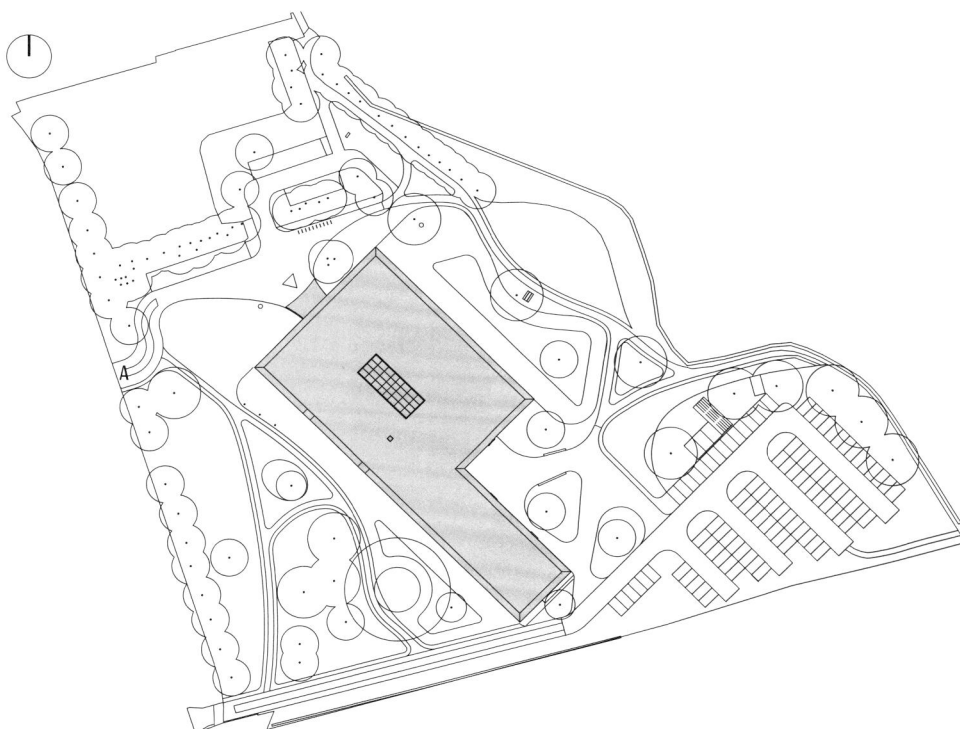

Eerste verdieping, begane grond/
First, ground floor
1. hoofdentree/main entrance
2. atrium
3. raadzaal/council chamber
4. overlegruimte/case conference room
5. kantoor/office
6. wachtruimte/waiting room
7. spreekruimte/consulting room
8. politieservicepunt/police service point
9. verloskundige-arts/midwife-doctor
10. kantine/canteen
11. fietsenstalling/bicycle storage
12. huiskamer/living room
13. werkplekken/workplaces
14. archief/archive
15. repro/print room

Situatie/Site plan
A   H.W. Iordensweg

Foto/Photo: De Twee Snoeken

Home of the municipality of Voorst

Twello
Client: Municipality of Voorst

The structuralist town hall of the municipality of Voorst, built in 1982 by Van den Broek en Bakema, has been extensively retrofitted for sustainability. Despite the severe spatial congestion inside the building, the council opted to reuse the concrete structure. Nearly everything within that framework has been renewed with a view to making council services as accessible as possible.
In addition, to set an example with respect to sustainability, the building's elevations are made from hempcrete, giving it a new, natural appearance.
The environmental impact of the renovation was kept to a minimum. To improve the spatial layout, a later extension consisting of a council chamber, wedding room, canteen and mechanical services room was demolished. The canteen was relocated inside the existing shell, while the council chamber and wedding room were merged and accommodated in a double-height timber structure. The new dual-use room can be reached from an atrium that is the building's new heart and the place where the council services the needs of its residents. The decision to glaze the roof and sides of this new addition has brought air into the previously stuffy interior. It opens up a visual axis from the centre of Twello to the beautiful landscape.
The indoor climate in the offices on the upper floor is a vast improvement on the old building where the temperature soared during the summer months. It helps that the facade consists of a thick layer of hempcrete that allows it to breathe and act as a buffer. Hempcrete construction, which involves working by hand, is still at the experimental stage. The construction team is confident of being able to deal with the cracks that appeared shortly after completion with a new coat of mineral paint.

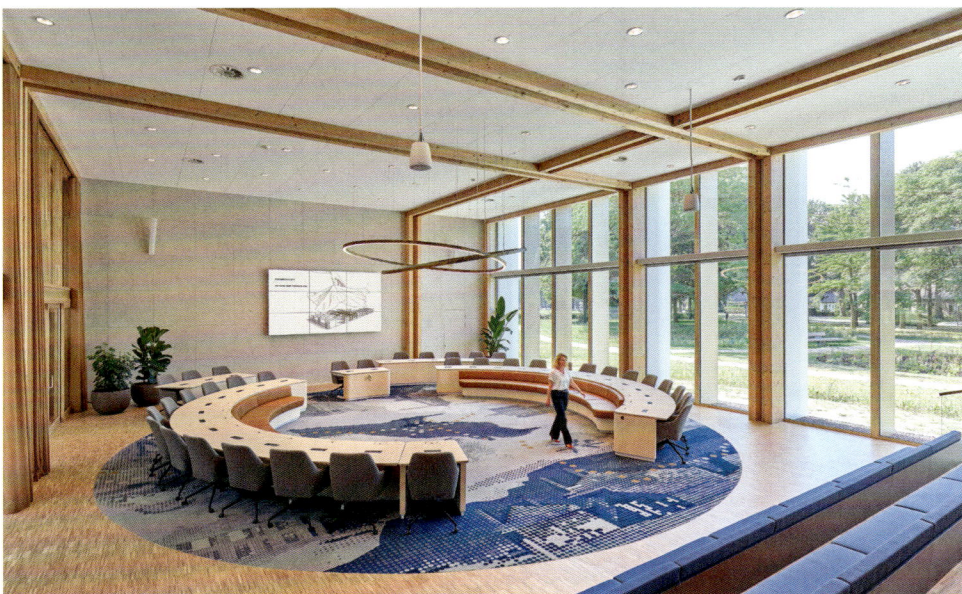

Foto's/Photos: **Karin Borghouts**

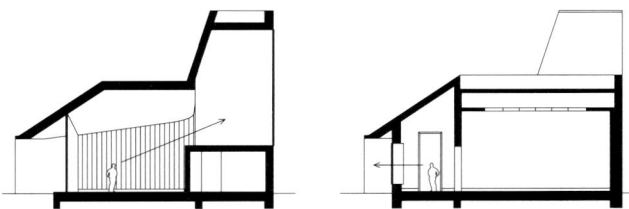

0 2 4   10 m

Doorsneden/Sections

Begane grond (oud/nieuw)/
Ground floor (old/new)
1   hoofdentree/main entrance
2   restaurant
3   theater/theatre
4   villa
5   museumwinkel/museum shop
6   atelier
7   museumentree/museum entrance
8   galerij/gallery
9   museumzaal/museum rooms
10 tuinkamer/garden room (café)
11 beeldentuin/sculpture garden

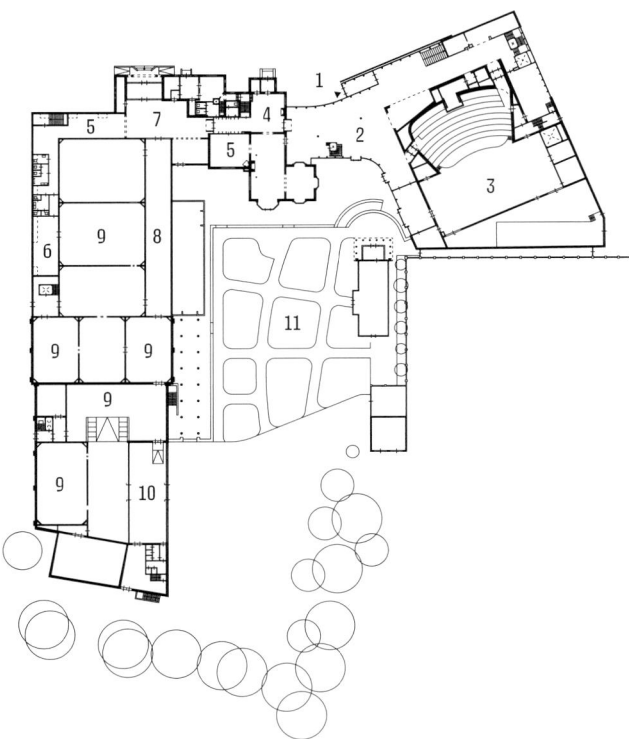

0 5 10   25 m

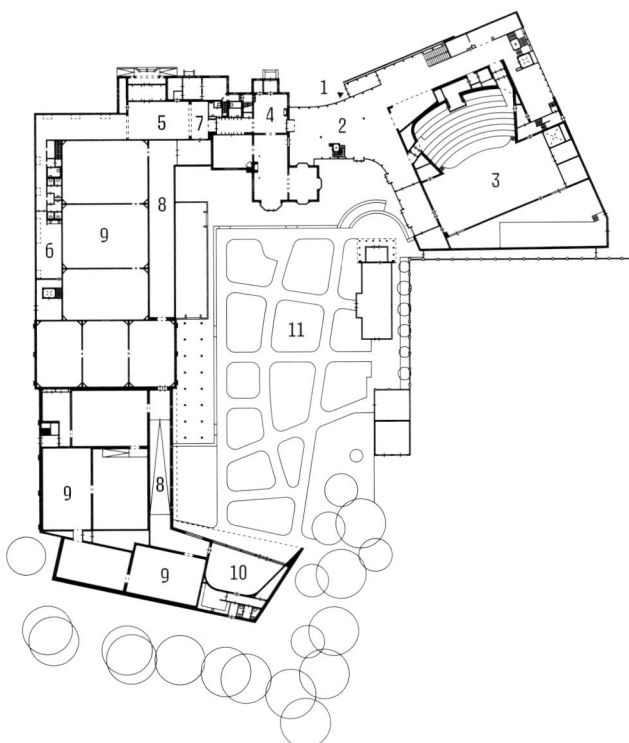

Situatie/Site plan
A   Oude Drift
B   Hein Keverweg
C   nieuwste uitbreiding/latest extension

Bedaux de Brouwer Architecten

Singer Laren
Laren
Opdrachtgever: Singer Laren

Met een vraag naar twee nieuwe museumzalen voor een privé-verzameling, ondernam Museum Singer Laren een zoveelste uitbreiding van de villa Wilde Zwanen, gebouwd in opdracht van de naamgevers van het museum in 1911. Doordat de uitbreidingen elk volgens verschillende architectuuropvattingen zijn gebouwd, was een potpourri van contrasterende bouwdelen ontstaan.
Voor de nieuwste uitbreiding is een depot opgeofferd dat in het verlengde van de in 1956 gerealiseerde tentoonstellingsvleugel lag. De galerij en bescheiden maatvoering van de zalen zijn doorgetrokken om de privécollectie, aangekocht om in een huiskamerachtige setting te tonen, tot haar recht te laten komen. Met enkele kleine ingrepen zoals eikenhouten omlijstingen van de doorgangen en nieuwe parketvloeren, eveneens in eikenhout, is de bezoekerservaring verbeterd. De overgang naar de nieuwe twee zalen verloopt ongemerkt, want de interieurs zijn hetzelfde vormgegeven.
De route slaat links een hoek om te eindigen in de tuinkamer, in gebruik als café. Het interieur bestaat uit een tot het plafond opgetrokken eikenhouten lambrisering en communiceert met de omgeving. Een forse lichtschacht haalt zonlicht naar binnen, terwijl een royale pui met glazen deuren de blik op de beeldentuin richt. Om de verbinding daarmee te benadrukken, is de vloer uitgevoerd in gebakken klinkers. Vanuit de beeldentuin zijn nieuw en oud nauwelijks van elkaar te onderscheiden.
De nieuwe daken zijn met dezelfde rode leipannen bekleed als het dak van de oudere zalen, de gevels zijn in dezelfde ritmiek geleed. Door consequent in materiaal en detail in te haken op de bestaande architectuur, is het ensemble weer in zijn kracht gezet.

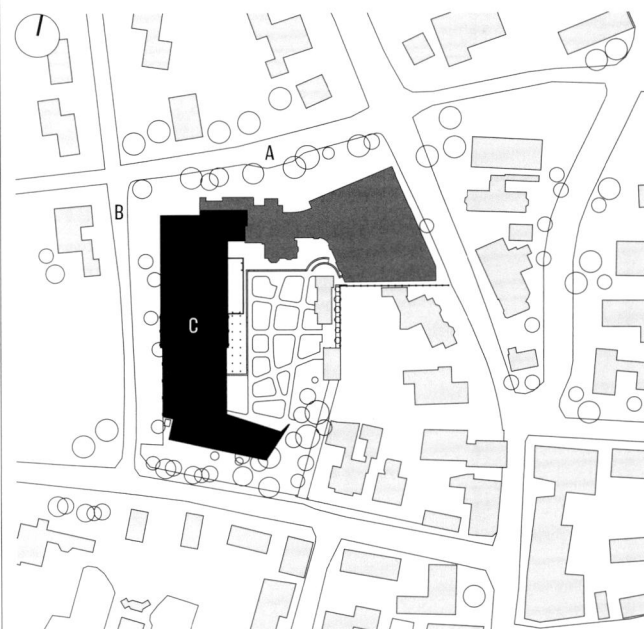

Singer Laren

Laren
Client: Singer Laren

With the request for two new museum rooms to house a private collection, Museum Singer Laren embarked upon yet another extension of the Wilde Zwanen villa, built in 1911 by the couple who gave their name to the museum. Because each extension was built according to a different architectural outlook the end result was a potpourri of contrasting wings.

For the latest extension a depository added to the end of the 1956 exhibition wing was sacrificed. The gallery and the modest dimensions of rooms continue, allowing the private collection, acquired to be displayed in a sitting-room-like setting, to be shown to advantage. The visitors' experience has been improved with just a few minor interventions, such as oak frames around the doorways and new parquet flooring, also in oak. The transition to the two new rooms goes unnoticed because the interiors are in the same style.

The route turns left around a corner, ending in a garden room in use as a café. The interior, which consists of floor-to-ceiling oak panelling, communes with the surroundings. A large light well draws sunlight indoors, while a generous glazed wall focuses attention on the sculpture garden. To emphasize the link with the garden, the floor is paved with clinker bricks. Seen from the sculpture garden, old and new are barely distinguishable. The new roofs are clad with the same red tiles as the roof of the older rooms, the elevations are articulated in the same rhythm. By consistently picking up on the materialization and detailing of the existing architecture, the ensemble has been restored to full strength.

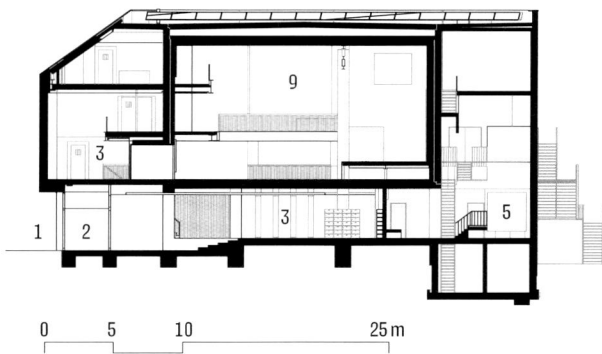

Foto's/Photos: **Mitchel van Eijk**

Doorsnede/Section

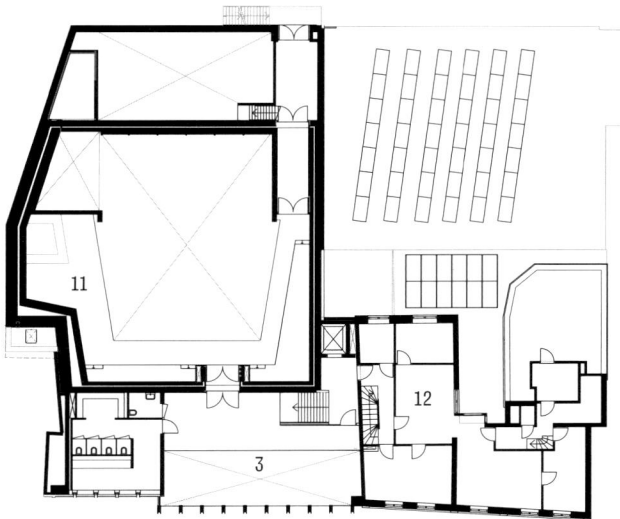

```
0    5    10         25 m
```

Tweede, eerste verdieping, begane grond/Second, first, ground floor
1 hoofdentree/main entrance
2 kassa/box office
3 foyer
4 kleine zaal/small auditorium
5 backstage ruimte/spaces
6 café
7 werkplaats/work space
8 entree artiestenbus/performers' bus entrance
9 grote zaal/large auditorium
10 balkon kleine zaal/small auditorium balcony
11 balkon grote zaal/large auditorium balcony
12 kantoor/office

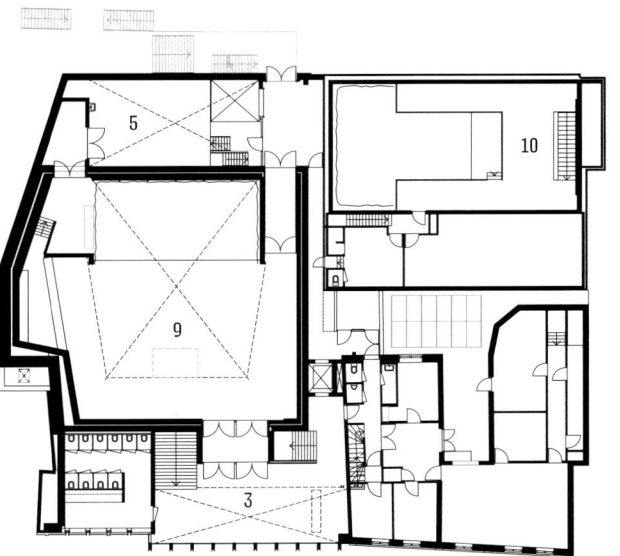

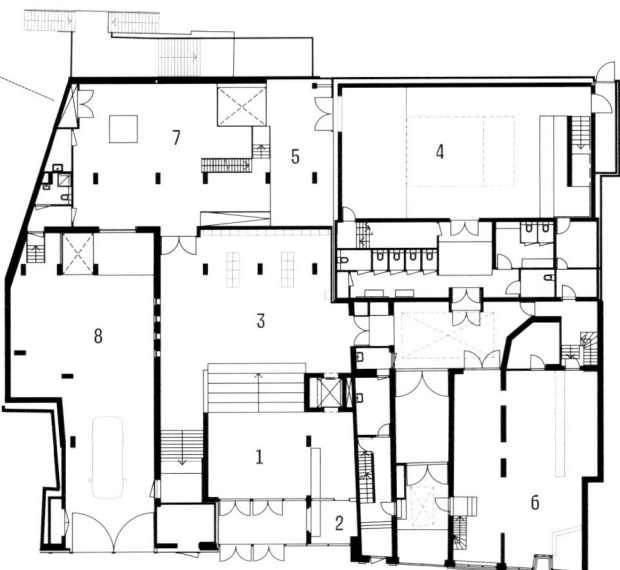

Situatie/Site plan
A Pancratiusstraat
B Gasthuisstraat
C Schelmahof (buitenpodium/outdoor stage)
D Sint Pancratiushof

diederendirrix architecten

Poppodium Nieuwe Nor
Heerlen
Opdrachtgever: gemeente Heerlen

De Nieuwe Nor is een poppodium voor de ontwikkeling en verspreiding van muzikaal talent in Heerlen en regio. In deze krimpregio is het voor de cultuur van de stad essentieel om jongeren te binden. Het bestaande pand van de Nor, waaraan de uitbreiding gekoppeld is, stamt uit de gloriejaren van de mijnindustrie en is rijk geornamenteerd. Twee naastgelegen panden zijn gesloopt om ruimte te maken voor een grote zaal en logistieke en publieksfaciliteiten. Samen met de huidige kleine zaal is er nu gelijktijdig plaats voor ruim duizend bezoekers. De uitbreiding, met een Cortenstalen gevel met een ritme van verticale lijnen, voegt zich door haar vorm mooi tussen de naastgelegen panden. De foyer van de grote zaal steekt iets naar buiten, waardoor passanten zicht hebben op wat er binnen gebeurt. Andersom hebben bezoekers vanuit binnen zicht op het pleintje voor de Nieuwe Nor, dat dient als buitenpodium. De entree voor de artiestenbus is onopvallend weggewerkt in de gevel. In de nieuwe hoofdentree komen oud- en nieuwbouw samen. Vanaf hier is er een heldere routing naar de foyerruimtes, beide zalen en het café. De grote zaal heeft een ondiepe, brede opzet, waardoor de akoestische en visuele beleving voor het publiek optimaal is en er veel interactie kan ontstaan tussen de artiesten en het publiek. De backstage ruimtes zijn comfortabel en efficiënt georganiseerd, wat zorgt voor een fijn verblijf voor artiesten.
De Nieuwe Nor is een toegankelijk platform voor allerlei subculturen. Er kan muzikale vernieuwing en experiment plaatsvinden, in samenwerking met mensen uit de stad en regio. Hiermee is een plek ontstaan waar Heerlenaren trots op kunnen zijn.

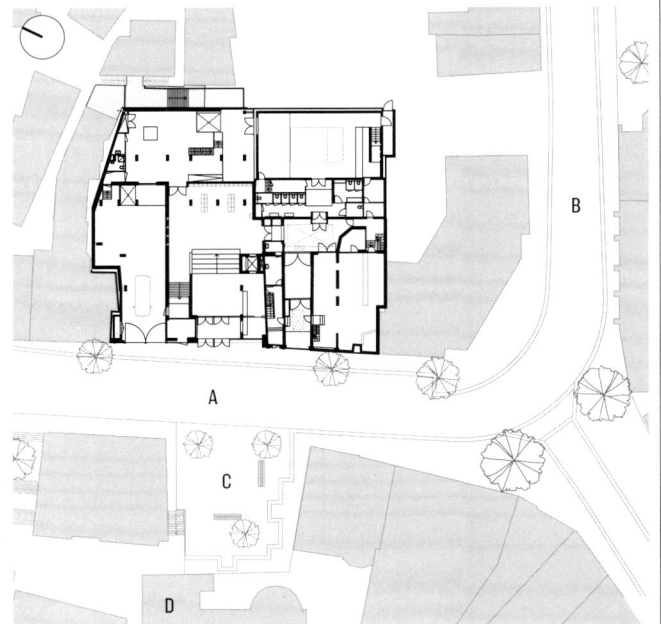

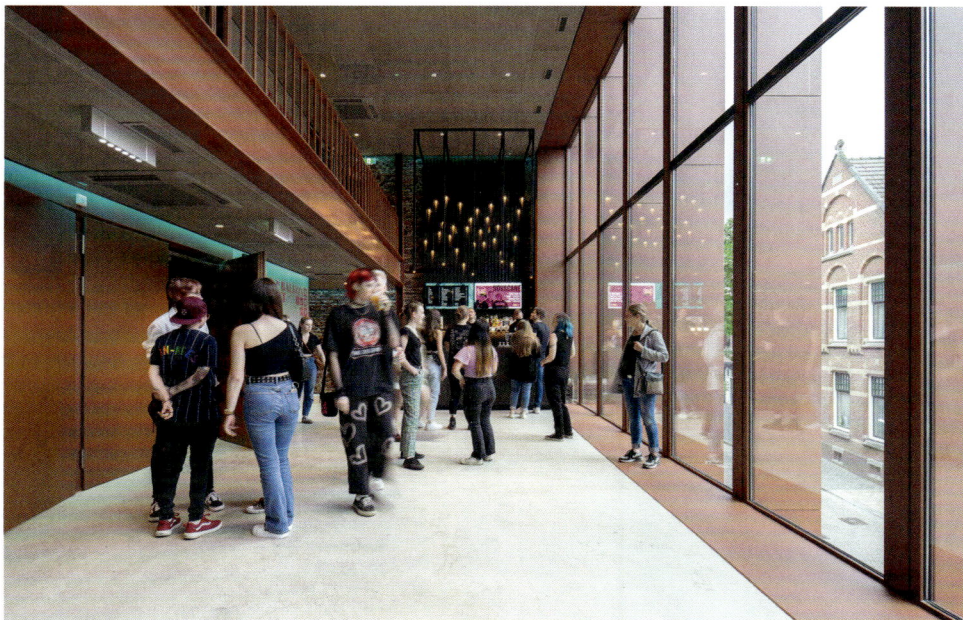

Nieuwe Nor Pop Concert Hall

Heerlen
Client: City of Heerlen

Nieuwe Nor is a pop music venue aimed at developing and propagating musical talent in Heerlen and environs. In this area of demographic decline, the cultural life of the city depends on attracting young people. The existing Nor building, to which the extension is connected, dates from the heyday of the mining industry and is richly decorated. Two adjoining buildings were demolished to make room for a large auditorium plus logistical and public facilities. Together with the current small auditorium there is now room for over a thousand concertgoers.

The extension, with a Cor-Ten steel facade cadenced by vertical lines, fits in well among the neighbouring buildings courtesy of its form. The foyer space of the large auditorium protrudes slightly, giving passers-by a glimpse of what is going on inside. Conversely, concertgoers have a view of the small square in front of Nieuwe Nor that doubles as an outdoor venue. The entrance for the performers' bus has been discreetly incorporated into the facade. Old and new buildings come together in the new main entrance from where there is a logical route to the foyers, the two auditoriums and the café. The large auditorium has a wide, shallow configuration that delivers an optimal acoustic and visual experience for the public and opportunities for interaction between performers and the public. The backstage spaces are comfortable and efficiently organized, providing an enjoyable experience for performers.

Nieuwe Nor is an accessible venue for all manner of sub-cultures. It can play host to musical innovation and experimentation, in collaboration with people from the city and the region. In short, it is a place of which the people of Heerlen can be proud.

Foto/Photo: **Sharik Derksen**

Benthem Crouwel Architects

Museum Arnhem

Arnhem
Opdrachtgever: gemeente Arnhem

De uitbreiding van Museum Arnhem maakt dankbaar gebruik van de fantastische belvedère op de stuwwal van de Rijn. Vier nieuwe tentoonstellingszalen en een daglichtzaal zijn ondergebracht in een abstract langgerekt volume, waarin uiteenlopende soorten kunst te zien zijn. Op enkele plekken dringt de omgeving door grote vensters naar binnen, met een vista op het centrum van Arnhem als hoogtepunt.

Als constructieve basis voor de uitkragende expositiezalen is het depot deels ingegraven in de stuwwal. Het onderscheid in functie is benadrukt met twee contrasterende materialen: donkere baksteen voor het basement met erboven een gevel van handgemaakte tegels. Die verkleuren in referentie naar het landschap van aardse tinten aan de walkant tot ijsblauw aan de rivierzijde.

De uitbreiding bood gelegenheid het monument uit 1873, een ontwerp van Cornelis Outshoorn, in ere te herstellen. Daarvoor zijn twee latere toevoegingen van architecten Eschauzier (1956) en Henket (2000) verwijderd. Om het centrale koepelgebouw ruimtelijk te benutten als entree, gecombineerd met café en winkel, zijn bestaande wanden en plafonds opgeofferd. Het nieuwe interieur is luchtig vormgegeven door Studio Modijefsky. Toegang tot de uitbreiding leidt door een oude expositieruimte aan de rechterzijde, terwijl ook aan de linkerzijde enkele zalen liggen. Dit levert een wat atypische routing op. De volumeopbouw pakt buiten wel goed uit waar oude en nieuwe bouwdelen gezamenlijk de beeldentuin omarmen. Een trap die halverwege door het volume prikt, vergroot het belang van de tuin door dienst te doen als tribune voor tuinvoorstellingen. Wie doorloopt, bereikt een balkon met uitzicht over de luwe, lommerrijke westzijde.

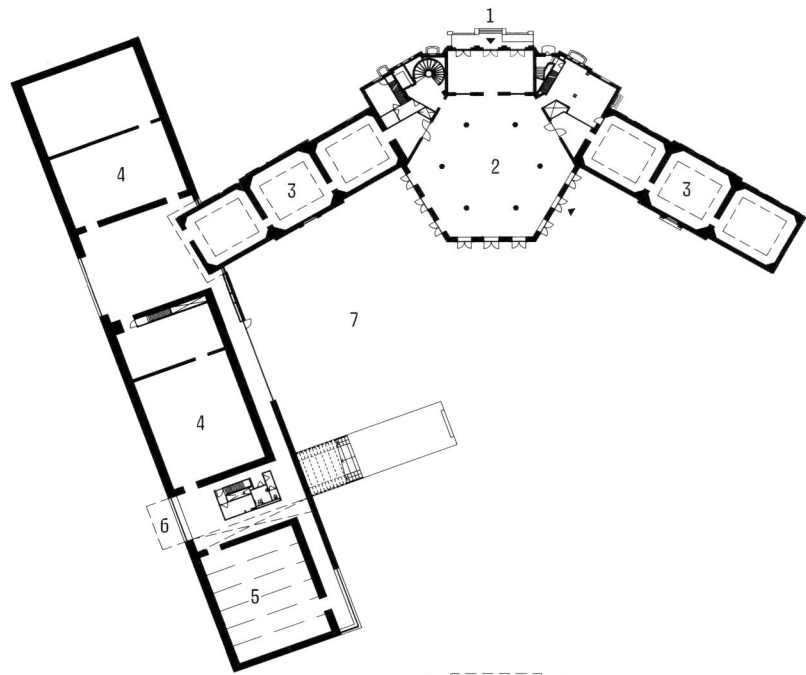

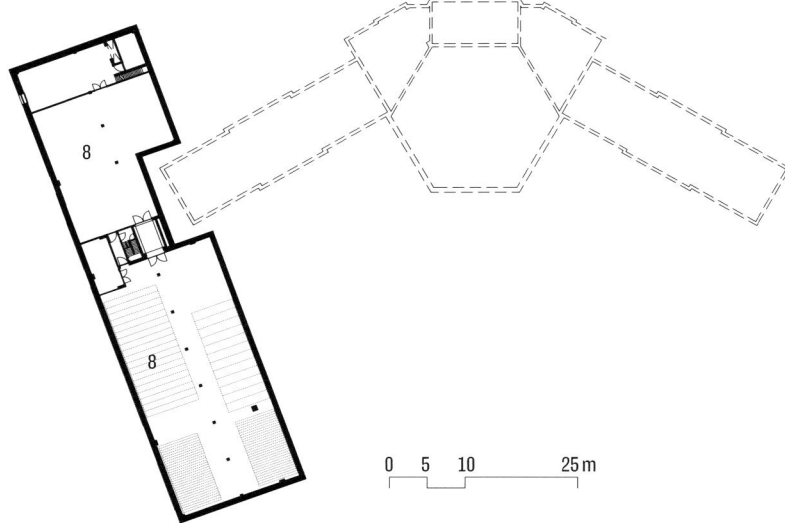

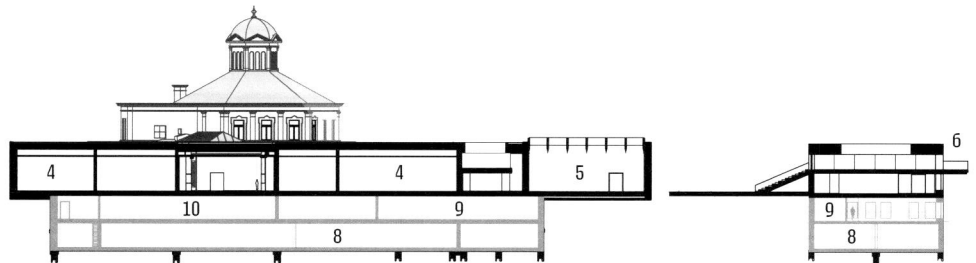

Foto's/Photos: **Jannes Linders**

Begane grond, souterrain (-2)/
Ground floor, basement (-2)
1 hoofdentree/main entrance
2 café en winkel/and shop
3 expositiezaal bestaand/existing exhibition room
4 expositiezaal nieuw/new exhibition room
5 daglichtzaal/daylight room
6 balkon/balcony
7 beeldentuin/sculpture garden
8 museumdepot/museum depository
9 kantoor/office
10 werkplaats/work space

Doorsneden/Sections

Situatie/Site plan
A Utrechtseweg
B spoor/railway line

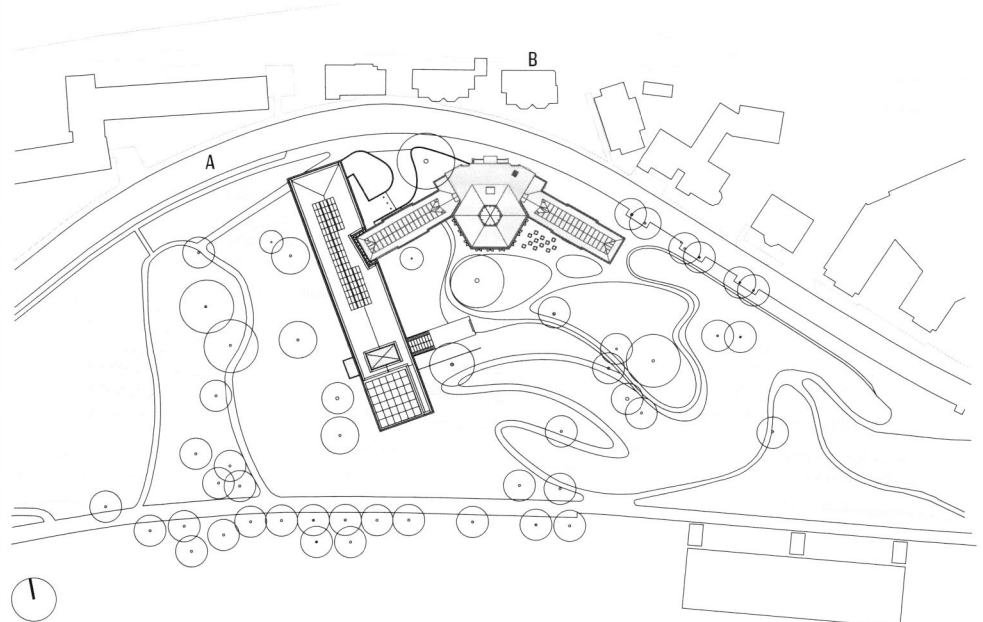

Museum Arnhem

Arnhem
Client: City of Arnhem

The extension of Museum Arnhem takes full advantage of the wonderful belvedere on the glacial ridge of the Rhine. Four new exhibition rooms and a daylight room are contained within an abstract elongated volume in which various types of art are displayed. Here and there the surroundings penetrate the interior through large windows, the highlight being a view of the centre of Arnhem.

Providing the structural basis for the cantilevered exhibition rooms is the museum's depository, which is partially buried in the glacial ridge. The functional difference is accentuated with two contrasting colours: dark brick for the base and above that a facade cladding of handmade tiles that change colour in reference to the landscape, from earthy tones on the quay side to icy blue on the river side.

The extension provided an opportunity to refurbish the 1873 heritage building designed by Cornelis Outshoorn. To that end, two later additions by the architects Fritz Eschauzier (1956) and Hubert-Jan Henket (2000) were removed. The existing walls and ceilings of the central domed building were sacrificed in order to use the space as the museum entrance, combined with a café and shop. The interior has been given a light and airy makeover by Studio Modijefsky. Access to the extension runs through an old exhibition space on the right side, while there also are a few rooms on the left side. This results in a somewhat atypical routing. The volumetric composition works out well on the outside where old and new sections together embrace the sculpture garden.

A flight of steps that pierces the centre of the volume enhances the importance of the garden by doubling as seating during garden performances. Keep walking and you will reach a balcony with a view over the sheltered, leafy west side.

Vakwerk Architecten

Isala Meppel en Reestdal Revalidatie
Meppel
Opdrachtgever: Isala Klinieken en Zorggroep Noorderboog

Het Isala ziekenhuis in Meppel is met een holistische benadering ontworpen, met als doel een omgeving te creëren die vitaliteit, beweging en gezondheid stimuleert. Het programma van het verouderde Diaconessenhuis moest in het nieuwe onderkomen worden teruggebracht van 40.000 naar 17.000 m². Dankzij een optimale daglichttoetreding, oriëntatie op de bestaande groene omgeving en het kleur- en materiaalgebruik, voelt het gebouw meer aan als een gezondheidscentrum dan een ziekenhuis. Door het personeel in werkgroepen bij de indeling van het ontwerp te betrekken, konden de stromen en processen in het gebouw zo efficiënt mogelijk worden gemaakt. De relatie tot de omgeving is een belangrijk onderdeel van het gebouw. Wachtplekken zijn langs de gevel ontworpen, gangen hebben uitzicht op het omliggende landschap en er loopt zowel binnen als buiten een beweegroute. De lange gangen worden doorbroken door verdiepte deuren en het gebruik van kleuren op de wanden. Met strategisch ontwerpbureau Komovo is een palet van natuurlijke beelden ontworpen die verwerkt zijn in het gebouw, zoals messing bladeren in de vloer, interactieve muurprojecties en afdrukken van dieren en planten op muren, deuren, ramen en gordijnen. De architecten hebben met een grote zorgvuldigheid en oog voor detail ook de patiëntenkamers ontworpen. In de verhoogde plinten is medische apparatuur weggewerkt en de hoogte van de ramen is gebaseerd op het zicht naar buiten vanuit het bed.

De gevel is bekleed met gevouwen aluminiumplaten. De vouwen hebben verschillende groottes, waardoor er een gevarieerd, strak beeld ontstaat en het licht op verschillende manieren gereflecteerd wordt. De holistische ontwerpbenadering is verfrissend en het levert een gebouw op met een vriendelijke uitstraling die gebruikers stimuleert om op dezelfde manier hun gezondheid te benaderen.

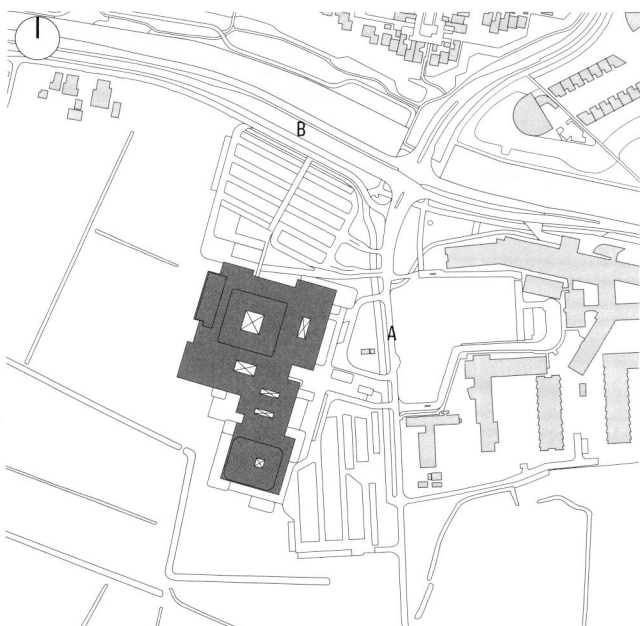

0   10   20   50 m

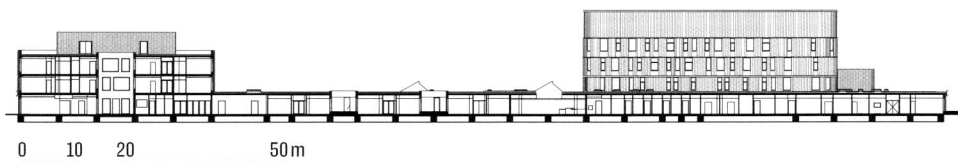

0   10   20   50 m

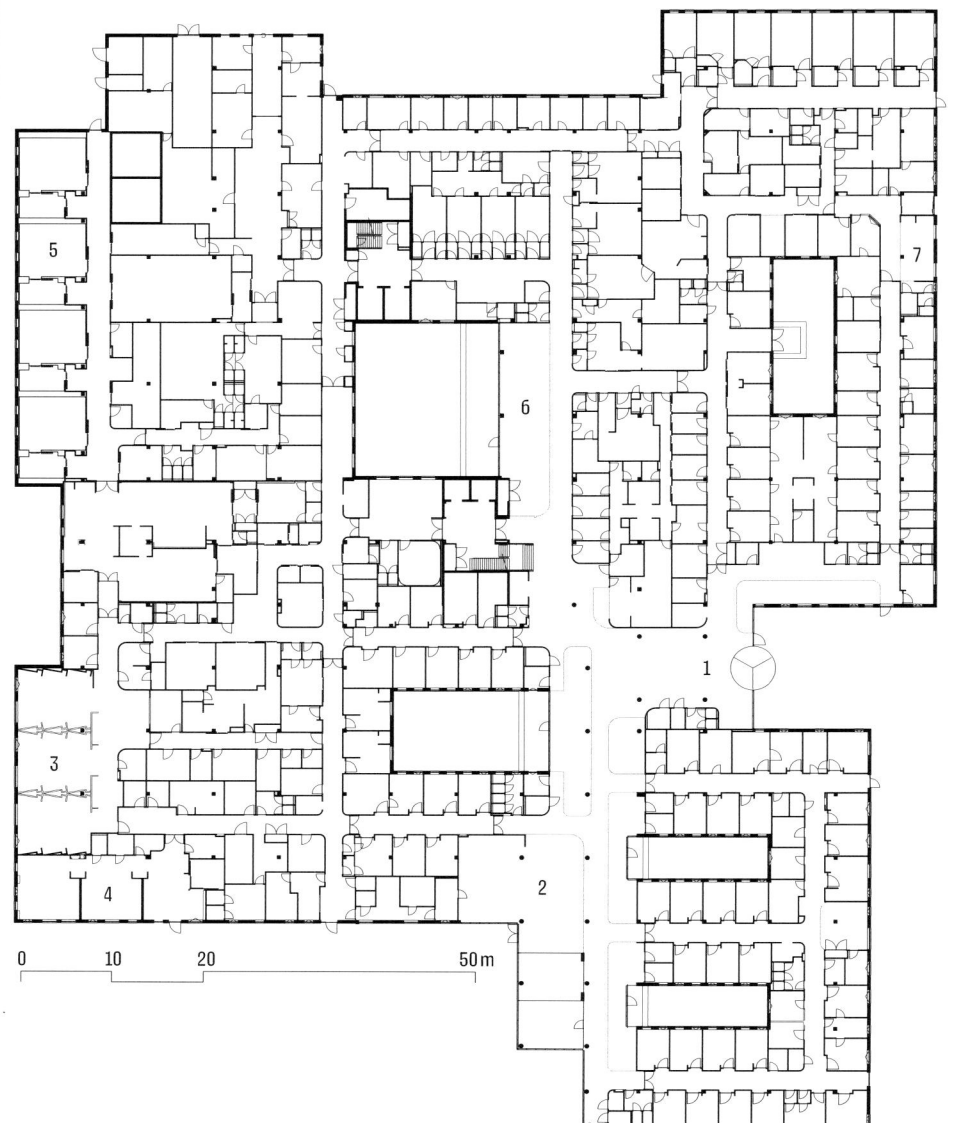

Foto's/Photos: **Egbert de Boer**

Doorsnede/Section

Begane grond/Ground floor
1 hoofdentree/main entrance
2 restaurant
3 dagbehandeling/day-patient unit
4 dialyse/dialysis
5 operatiekamers/operating theatres
6 centrale wachtruimte/central waiting room
7 entree spoedzorg/emergency care entrance
8 oefenzalen revalidatiezorg/ rehabilitation therapy rooms
9 ontvangsruimte revalidatiezorg/ rehabilitation reception area

Situatie/Site plan
A Reggersweg
B Hoogeveenseweg

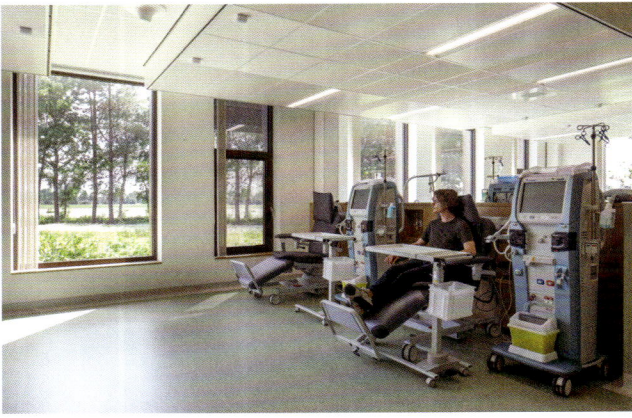

Foto/Photo: **Melanie Samat**

Foto/Photo: **Leon van der Velden**

Foto/Photo: **Melanie Samat**

Foto/Photo: **Leon van der Velden**

Isala Meppel and Reestdal Revalidatie

Meppel
Client: Isala Klinieken and Zorggroep Noorderboog

The design of the Isala hospital in Meppel is informed by a holistic approach to medicine, the aim being to create an environment that fosters vitality, movement and health. The relocation from old to new premises entailed a reduction in floor space from 40,000 to 17,000 m². Thanks to optimal daylight penetration, orientation on the existing green surroundings and the choice of colours and materials, the building feels more like a health centre than a hospital. Pre-design consultation with staff working groups allowed the architects to maximize the efficiency of the flows and processes within the building. The relationship with the outdoor environment is an important aspect of the building: waiting areas are located along the facade, corridors overlook the surrounding landscape, and there are internal and external exercise routes. The long corridors are relieved by recessed doors and a subtle use of colour on the walls. A palette of nature images, designed in consultation with the Komovo design office, have been incorporated into the building, such as bronze leaves in the flooring, interactive wall projections and prints of plants and animals on the walls, doors, windows and curtains. The wards have been designed with enormous care and an eye for detail. Medical equipment is tucked away behind an extra tall skirting board and the height of the windows is based on the view from the beds.

The elevations are clad with folded aluminium panels. The folds vary in depth, generating a subtly variegated, taut facade that reflects light in different ways. The holistic design approach is refreshing and results in a building with a friendly ambience that encourages users to take a similar approach to their health.

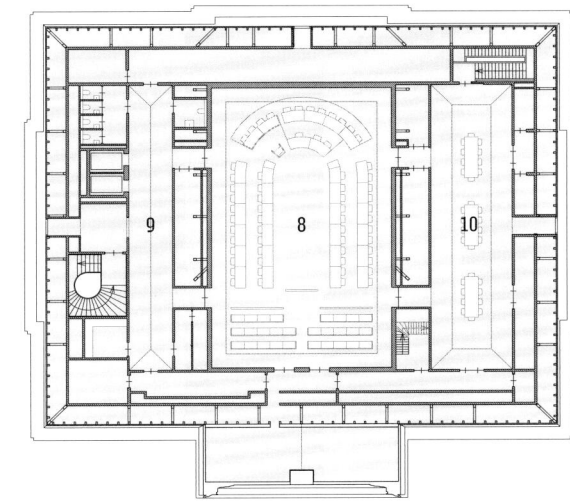

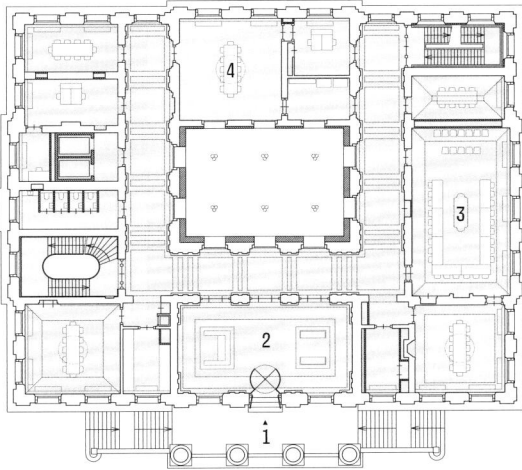

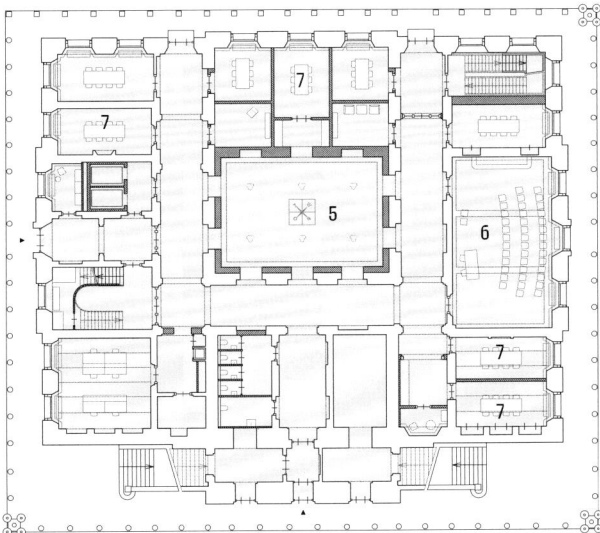

0 2 4   10 m

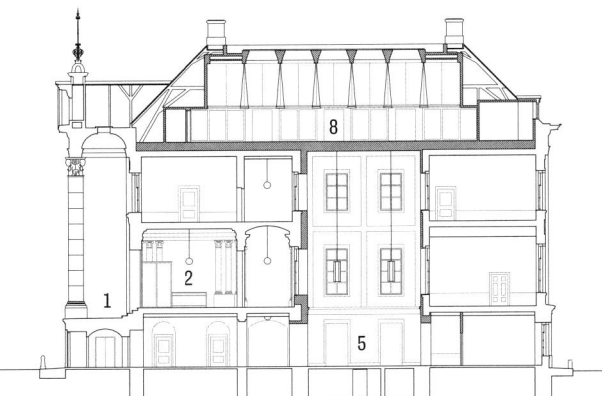

Foto's/Photos: **René de Wit**

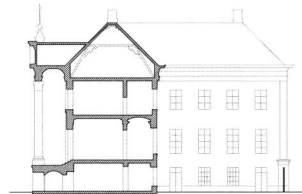

1810

1869

1995

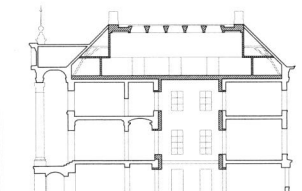

2022

**Derde, eerste verdieping, begane grond/
Third, first, ground floor**
1   hoofdentree/main entrance
2   vestibule
3   oude raadzaal/old council chamber
4   werk- en vergaderkamers/office
     and meeting rooms
5   Anda Kerkhovenzaal/public hall
6   trouwzaal/wedding room
7   fractiekantoren/political parties'
     offices
8   raadzaal/council chamber
9   lobby
10   foyer

Doorsnede/Section

Happel Cornelisse Verhoeven i.s.m. with architectenbureau Fritz

Stadhuis Groningen
Groningen
Opdrachtgever: gemeente Groningen

Na een gemeentelijke herindeling waarbij Groningen, Haren en Ten Boer zijn samengevoegd, leidde de behoefte aan een grotere raadzaal tot een revitalisering van het stadhuis in Groningen. Dit neoclassicistische rijksmonument is ontworpen door architect Jacob Otten Husly en gebouwd in 1793. In 1810 werd het U-vormige stadhuis gesloten tot een alzijdig carré. Bij de recente opknapbeurt is het gebouw volledig verduurzaamd. Het exterieur, met onder andere een natuurstenen zuilenportiek aan de Grote Markt, is zorgvuldig gereinigd, gerepareerd en op kleur gebracht. De vestibule en de gangen op de bel-etage zijn behandeld met marmerimitatie en eiken houtimitatie, in de geest van Husly's visie. De werk- en vergaderkamers zijn in een meer sobere stijl onder handen genomen. Daar is zoveel mogelijk meubilair hergebruikt.
De grootste ruimtelijke ingreep is de plaatsing van de raadzaal op zolder. Door deze slimme vondst kon de identiteit van het gebouw behouden blijven. In de raadzaal zorgen geprofileerde houten wanden, cassetteplafond en op maat gemaakte meubel-stukken en armaturen voor een formele, maar sfeervolle omge-ving voor de gebruikers. Om de zolderverdieping te kunnen maken, werd het voormalige lichthof gesloten. De bebouwing van het lichthof op de eerste verdieping, daar aangebracht in de jaren negentig, is verwijderd, met als resultaat een drielaagse ruimte voor de ontvangst van burgers. Deze publieke ruimte is Anda Kerkhovenzaal genoemd, naar de vermoorde verzets-vrouw. Als herinnering aan het oude lichthof schilderde grafisch ontwerper Reynoud Homan een sterrenhemel op het nieuwe plafond van de burgerzaal. Elke ster representeert een gemeente van de provincie Groningen.

Situatie/Site plan
A   Grote Markt
B   Guldenstraat

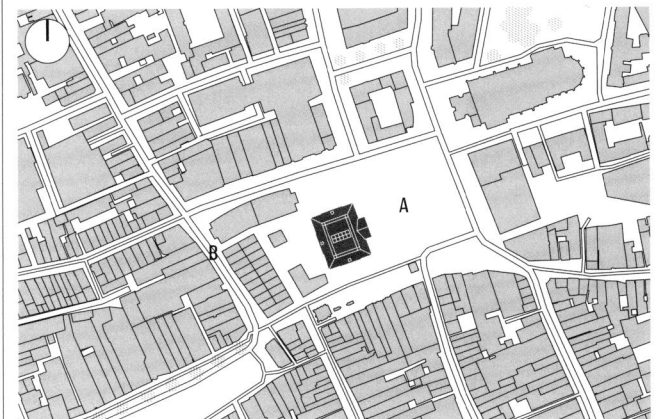

Groningen Town Hall

Groningen
Client: City of Groningen

Following a municipal reorganization resulting in the amalgamation of Groningen, Haren and Ten Boer, the need for a larger council chamber led to a major revitalization of Groningen's town hall. Built in 1793, the neoclassical nationally listed building was designed by Jacob Otten Husly. In 1810 the original U-shaped building was closed off, creating an omni-directional square. During the recent refurbishment the building was retrofitted for sustainability. The exterior of the building, including a stone-pillared entrance facing the Grote Markt square, was painstakingly cleaned, repaired and colour-matched. In the vestibule and the corridors on the main floor, the pilasters were marbleized, and the doors were painted with faux oak wood grain, in keeping with the spirit of the original design vision. The offices and meeting rooms were decorated in a more sober style and furniture was recycled wherever possible.

The main spatial intervention concerned the relocation of the council chamber to the top floor, an inspired move that allowed the building to retain its original identity. Inside the council chamber, the profiled timber panelling, coffered ceiling and bespoke furniture and light fittings make for a formal, but atmospheric setting for the users. To create the new top floor, the former light well was capped. Alterations to the light well at first floor level dating from the 1990s were removed, generating a triple-height space in which to receive citizens. This public hall has been named after the Second World War resistance martyr, Anda Kerkhoven. As a reminder of the old light well, graphic designer Reynoud Homan painted a star-studded sky on the new ceiling of the public hall. Each star represents a municipality of the Province of Groningen.

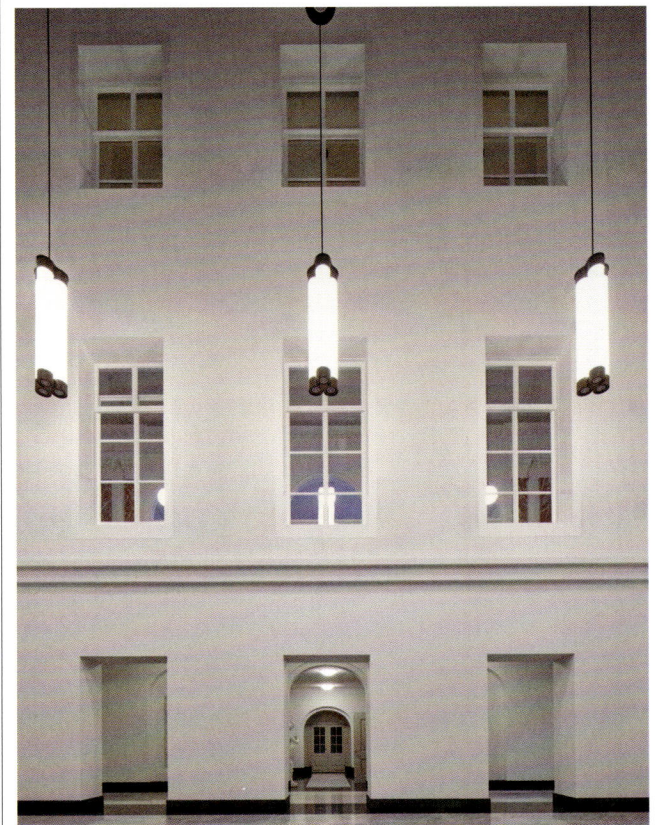

België als voorland van een open bouw- cultuur

De Jaarboekredactie in gesprek met de Brusselse bouwmeester Kristiaan Borret

Marieke Berkers

Belgium points the way to an open architectural culture

The Yearbook editors in conversation with the government architect of the Brussels-Capital Region, Kristiaan Borret

Kristiaan Borret (1966) is een Belgisch architect en hoogleraar. Van 2006 tot 2014 was hij stadsbouwmeester van Antwerpen. In 2015 werd Borret aangesteld als bouwmeester maitre architecte (BMA) in Brussel. Hij werkt daar rechtstreeks in opdracht van de regering in een onafhankelijke positie. De BMA werkt transversaal samen met alle overheidsinstanties die een impact hebben op de stadsontwikkeling van Brussel, zowel op federaal, gemeentelijk als gewestelijk niveau. Ook is Borret sinds 2017 supervisor voor Oostenburg en het Hamerkwartier in Amsterdam. Door zijn kennis van Belgische en Nederlandse stadsontwikkeling in de vorm van aanbestedingen, wedstrijden en ontwerpend onderzoek kan hij uitstekend reflecteren op de werking van opdrachtgeverschap in de Lage Landen.

Kristiaan Borret (b. 1966) is a Belgian architect and professor. From 2006 to 2014 he was chief architect of the City of Antwerp. In 2015 Borret was appointed government architect (bouwmeester maitre architecte, BMA) in Brussels, where he occupies an independent position answering directly to the government. The BMA operates transversely together with all public administrations that impact the urban development of Brussels, at the federal, regional and municipal level. Since 2017 Borret has also been supervisor for the Oostenburg and Hamerkwartier developments in Amsterdam. Thanks to his familiarity with both Belgian and Dutch urban development in the form of tenders, competitions and research by design, he is well placed to reflect on how commissioning functions in the Low Countries.

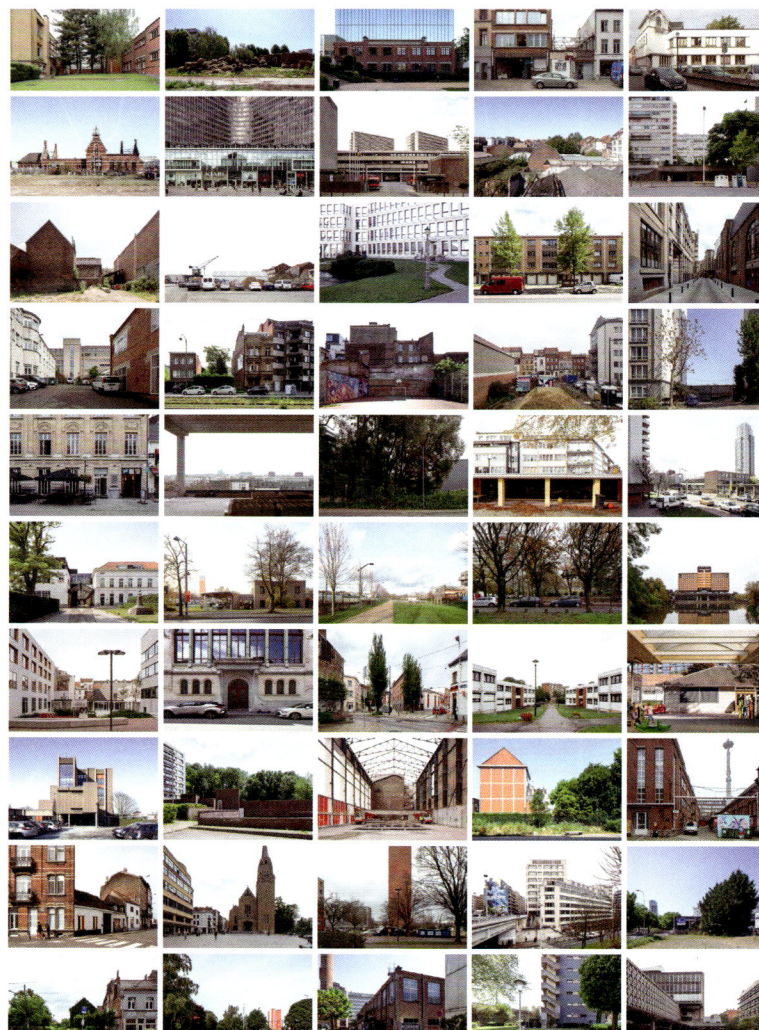

Mozaïek van locaties van verschillende architectuur- prijsvragen in Brussel

Mosaic of various architecture competition sites in Brussels
Foto's/Photos: Séverin Malaud

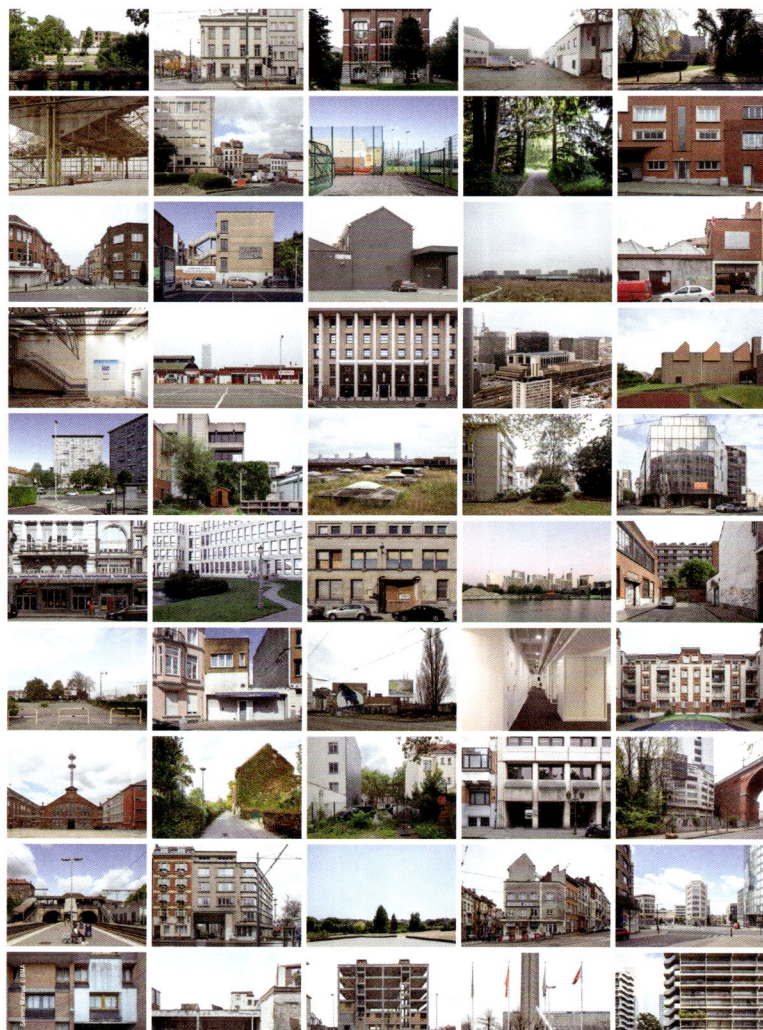

Waar voorheen de Vlamingen naar de Nederlanders keken als het gaat om architectonische kwaliteit, is het tegenwoordig eerder andersom. Zo zetten de Vlamingen een geolied systeem op van Open Oproepen, waarbij kwaliteit een belangrijke factor voor beoordeling is. Bovendien zijn er sinds 2000 op nationale en stedelijke schaal overal bouwmeesters aan de slag gegaan. Wat levert zo'n bouwcultuur op en wat kunnen we er in Nederland van leren? De Jaarboekredactie vraagt het aan Kristiaan Borret, bouwmeester van het Brussels Hoofdstedelijk Gewest. Met zijn supervisorschap voor Oostenburg en het Hamerkwartier in Amsterdam, beide binnenstedelijke transformatieprojecten, kent hij bovendien de Nederlandse praktijk van binnenuit.

De Jaarboekredactie is per trein afgereisd naar Brussel om daar, in zijn eigen Brusselse biotoop, stadsbouwmeester Kristiaan Borret te spreken. Al bij het binnenrijden van de trein valt vanuit het treinraam de kenmerkende Brusselse stedenbouwkundige chaos te aanschouwen: de rommelige, grauwe achterkanten van woningen in de wijk Schaarbeek, de glimmende jarenzeventig- en -tachtigtorens van zakendistrict Noordwijk en juist voordat de trein de tunnel induikt naar Brussel-Centraal gaapt een metersdiepe bouwput.

In de *Intentienota 2020–2024*, die Borret als Brusselse bouwmeester schreef, duidt hij Brussel als 'stad van de meervoudigheid'. 'Niet per se harmonieus', vult hij aan als we even later met elkaar aan tafel zitten in het restaurant van museum Bozar. 'Je moet ook niet dromen om die harmonie in deze stad te willen brengen, de chaos maakt Brussel juist specifiek en charmant. Heel anders dan Amsterdam, dat een patchwork van verschillende harmonieuze delen is.' Ook werken in de stad Brussel is als enigszins ordeloos te omschrijven. Borret: 'Er is gebrek aan overleg. Projecten lopen daardoor nogal eens blok en moeten dan overnieuw. Dat maakt dat het proces van ontwikkelen hier trager gaat dan in Nederland.'

Whereas the Flemish used to look to the Dutch when it came to architectural quality, the reverse is now the case. The Flemish have established a well-oiled system of Open Call in which quality is a key assessment factor. Moreover, since 2000 a host of chief architects have been appointed at both the national and city level. What does such an architectural culture produce, and what can we in the Netherlands learn from it? That was the question Yearbook editors put to Kristiaan Borret, government architect of the Brussels-Capital Region. As supervisor of Oostenburg and Hamerkwartier, two inner-city redevelopment projects in Amsterdam, he also knows the Dutch system inside out.

The editors travelled to Brussels by train to speak to Kristiaan Borret on his own home ground. As soon as the train reaches the outskirts of the city the typical Belgian urban chaos is on view: the messy, drab backs of housing blocks in the Schaarbeek district, the shiny 1970s and '80s towers of the Noordwijk business district and, just before the train enters the tunnel to Brussel-Centraal station, a metres-deep construction pit.

In the *Intentienota 2020–2024* that Borret wrote in his capacity as Brussels chief architect, he characterizes Brussels as a 'city of multiplicity'. 'Not necessarily harmonious,' he adds when, a little while later, we are all sitting around a table in the restaurant of the Bozar museum. 'Nor should you dream of bringing that harmony to this city; it's the chaos that makes Brussels distinctive and charming. Very different from Amsterdam, which is a patchwork of individually harmonious parts.' Working in Brussels can also be described as somewhat disorganized. Borret: 'There's a lack of consultation. Projects occasionally stall because of that and have to start over from scratch. It makes the development process slower here than in the Netherlands.'

Op de loer liggen

'Maar traagheid heeft ook een voordeel, als het gaat om kwaliteit', aldus de bouwmeester. Je kunt dat terugzien aan de wijk Heyvaert nabij de Kanaalzone in Brussel. Hier is een visie ontwikkeld voor een binnenstedelijke ontwikkeling met veel publiek groen. De uitvoering ervan is afhankelijk van de vele eigenaren die het gebied telt. Die moet je verleiden om mee te bewegen. 'Een strategie van op de loer liggen', noemt hij het. 'Anders dan met blauwdrukplanning kun je door stapje voor stapje te ontwikkelen beter meegaan met de tijd. Zo ontstaat uiteindelijk een betere buurt. "*Slow Urbanism*" was mijn motto voor de herontwikkeling van Het Eilandje in Antwerpen

'Omdat de tender-eisen in Nederland zó hoog zijn, ontstaat er architectuur die conformistisch is'

en we pakken het eigenlijk nu ook zo aan voor de Kanaalzone in Brussel. In deze stad met haar ingewikkelde overheidsstructuur kan het ook niet anders. Het nadeel van de Brusselse traagheid is dat je niet goed snel kunt reageren op acute noden. Zo bestaat in Brussel bijvoorbeeld een wachtlijst voor sociale huur van 50.000 gezinnen, dat is tien procent van de Brusselse bevolking. Voor de middenhuur en het dure segment wordt veel gebouwd, maar voor deze tien procent niet.'

Open-wedstrijdcultuur

De traagheid van het systeem lijkt evengoed een bloeiende bouwcultuur gericht op architectonische kwaliteit niet in de weg te zitten. Met enige jaloezie kijkt de Jaarboekredactie naar wat ze ziet als belangrijke condities om kwaliteit voor

Lying in wait

'But there's an upside to slowness when it comes to quality,' according to Borret. 'You can see it in the Heyvaert district near the Canal zone in Brussels. A vision was formulated here for an inner-city development with a lot of public green space. Its implementation depends on the area's many property owners who have to be enticed into going along with it.' He calls it a 'strategy of lying in wait'. 'Unlike blueprint planning, step by step development makes it easier to evolve with the times. Ultimately it results in a better neighbourhood. *Slow Urbanism* was my motto for the redevelopment of Het Eilandje in Antwerp and we're using the same approach now for the Canal Zone in Brussels. It's also the only way to operate in a city with such a

'The very high tender requirements in the Netherlands result in conformist architecture'

complex administrative structure. The disadvantage of the Brussels slowness is that you can't react quickly to urgent needs. There's a social housing waiting list in this city of 50,000 families, that's ten per cent the Brussels population. A lot of housing is being built for the mid-priced rental and the expensive segments of the market, but not for that ten per cent.'

Open competitions system

The slowness of the system doesn't seem to stand in the way of a flourishing architectural culture focused on architectural quality either. The Yearbook editors are rather envious of what they regard as key conditions for achieving quality: the specifically Belgian interpretation of the role of the chief architect and an

elkaar te krijgen: de specifieke Belgische invulling van het bouwmeesterschap en een instrument als de Open Oproep. Borret vertelt er graag meer over.

Borret vervulde van 2006–2014 een rol als bouwmeester voor de stad Antwerpen en de afgelopen acht jaar die voor het Brussels Hoofdstedelijk Gewest. 'De Belgen namen de naam van bouwmeester over van de Nederlanders, maar de invulling ervan is in essentie zeer verschillend', vertelt hij. 'In Nederland is de rol van de rijksbouwmeester beperkt tot het zo goed mogelijk laten verlopen van bouwopdrachten van het rijk. Een rijksbouwmeester als Floris Alkemade rekte deze positie op door zeer agendastellend te werk gegaan met prijs-

'Wij vragen om referentieprojecten die de grootte hebben van dertig tot vijftig procent van de bouwsom, waardoor ook jonge bureaus kans hebben om mee te doen aan prijsvragen'

vragen voor ontwerpend onderzoek en andere programma's, maar de focus blijft liggen op het rijksvastgoed en infrastructuur.' In België reikt de invloed van een bouwmeester verder. Een belangrijk instrument daarbij zijn de Open Oproepen, waarop alle publieke en semipublieke opdrachtgevers in Vlaanderen een beroep kunnen doen in hun zoektocht naar het vinden van een ontwerper voor een landschappelijke, stedenbouwkundige, infrastructuur- of architectuuropdracht. Ook in Brussel is sinds 2009 een systeem van open wedstrijden uitgebouwd, dat bovendien ook voor private opgaves van projectontwikkelaars functioneert. Borret: 'We organiseren in Brussel wel vijftig prijsvragen per jaar. Negentig procent van de publieke opdrachten verloopt via het wedstrijdsysteem

van de bouwmeester. Als de Nederlandse overheid al met ontwerpwedstrijden werkt, gaat het vaak over een klein paviljoen in plaats van pakweg een hogeschool of een museum.'

Actief reactief

Naast de praktijkgerichte sturing van bouwprojecten heeft de bouwmeester ook een visionaire rol. Een van Borrets verdiensten als bouwmeester, zowel in Antwerpen als in Brussel, is het inzetten van ontwerpend onderzoek als middel om opgaven goed te doordenken. Borret: 'Soms zetten we het in om een tegenplan te laten maken, als de realitycheck van een bestaand plan. We werken zo actief reactief.'

Ook heeft een Belgische bouwmeester verregaande vrijheid van spreken en handelen. 'In Brussel is de positie bijzonder, omdat Brussel ruimtelijk een stad maar institutioneel een gewest is, naast Vlaanderen en Wallonië. Ik hoef geen verantwoording af te leggen aan de hoogste ambtenaar van het ministerie, de Directeur-Generaal, maar doe dat rechtstreeks aan de gewestregering. Ik kan me, anders dan de hoogste ambtenaren, publiekelijk kritisch uitlaten over projecten. Zo heb ik ontwikkelaars wel eens tegen de schenen geschopt, iets wat een DG zich lastiger kan veroorloven. Omdat ik onafhankelijk opereer, kan ik ook dingen zeggen die contrair regelgeving of regeringsbeslissingen zijn. Al moet je met die vrijheid van spreken natuurlijk wel zuinig aan doen...'

Zoektocht naar het beste potentieel

Over de Belgische wedstrijdcultuur wil de redactie graag meer weten. Het vormt een alternatief op het Nederlandse systeem van aanbesteden, waar architecten zich flink over beklagen, waaronder ook de jongste generatie. Het beperkt hen zich in de praktijk te manifesteren. Het is in allerlei opzichten namelijk weinig gericht op stimuleren van archi-

instrument like the Open Call system. Borret is happy to tell us more about it.

From 2006 to 2014 Borret was chief architect for the city of Antwerp and for the past eight years he has fulfilled the same role for the Brussels-Capital Region. 'The Belgians adopted the title of 'chief government architect' from the Dutch, but they have interpreted the role quite differently,' he explains. 'In the Netherlands the role of the Chief Government Architect is confined to ensuring the smooth running of the government's building projects. A chief architect like Floris Alkemade extended that role by adopting an agenda-setting approach, with competitions for research by design and other programmes, but the focus remains on government real estate and infrastructure.' In Belgium

'We ask for reference projects the size of thirty to fifty per cent of building costs, which also gives young practices an opportunity to enter competitions'

the chief architect's influence is more extensive. One of the main instruments is the Open Call system, that all public and semi-public clients in Flanders can avail themselves of in their search for a designer for a landscape, urban design, infrastructural or architectural project. In addition, since 2009 Brussels has been developing its own system of open competitions that are also open to property developers' private sector projects. Borret: 'We hold as many as fifty competitions a year in Brussels. Ninety per cent of public contracts are awarded via the chief architect's competition system. To the extent that the Dutch government employs design competitions, they are often for a modest pavilion rather than, say, a college or a museum.'

Actively reactive

In addition to the practical role of supervising building projects, the chief architect also has a more visionary role. One of Borret's achievements as chief architect, in both Antwerp and Brussels, has been the introduction of research by design as a means of thinking through a project thoroughly. Borret: 'Sometimes we use it to make a counter-plan as a reality check on an existing plan. It's an actively reactive way of working.'

The Brussels chief architect also enjoys far-reaching freedom of speech and action. 'The Brussels post is unique because Brussels is spatially a city but administratively a region, alongside Flanders and Wallonia. I don't answer to the Director General of the ministry, but directly to the regional government. Unlike top civil servants, I can make critical public statements about projects. On occasion I've rapped developers over the knuckles, something a DG would find more difficult to do. Because I operate independently, I can also say things that go against regulations or government decisions. Although you have to use that freedom of speech sparingly of course...'

Looking for the best potential

The editors want to hear more about the Belgian competition culture. It is an alternative to the Dutch system of tendering that architects are constantly complaining about, including the youngest generation. It limits their ability to show what they can do in practice. The truth is that in many respects it is not geared to encouraging architectural quality and dialogue. Frequent complaints concern excessive portfolio requirements, complex regulations and minimal transparency. A mathematical assessment system that awards applicants with points for meeting the specified requirements is anathema to many architects. Price usually plays a decisive role in the assessment. Architects can frequently be heard muttering that the second-placed plan was of higher quality.

Timeline & Map

Foundation   Publication   Prize

1 Start / First...   Appointed as...

Stichting Architectuurmuseum
Architecture Museum Foundation
(Ghent)

Belgian Public Procurement Act

Architectuurwijzer
(Hasselt)

Yearbook Architecture Flanders

Participation of the Wallonia-Brussels Federation in the Venice Architecture Biennale

Spatial Structure Plan for Flanders

Stad en Architectuur
City and Architecture
(Leuven)

Participation of the Flanders Community in the Venice Architecture Biennale

CIVA Centre International pour la Ville, l'Architecture et le Paysage (Brussels)

bOb Van Reeth:
1st Flemish Government architect

Meesterproef
→ Flemish Government Architect

René Daniels:
1st Antwerp City Architect

Open Call
→ Flemish Government Architect

Flanders Architecture Institute VAi (Antwerp)

Prijs Bouwheer
→ Flemish Government Architect

Belgian Architecture Prize → Federation of Belgian Architects or FAB

Flanders Architectural Yearbook → Flanders Architecture Institute

White book of french-speaking community → Wallonie – Brussels: Who's afraid of architecture?

Marcel Smets:
Flemish Government Architect

Kristiaan Borret:
Antwerp City Architect (1)

Olivier Bastin:
Brussels Government Architect (BMA)

Urbagora
(Liège)

Ar-Tur
(Turnhout)

Cellule architecture with Chantal Dassonville as director

1983 1991 1993 1994 1996 1997 1998 1999 2000 2001 2003 2004 2005 2006 2007 2008

2009 2010 2011 2012 2013 2014 2015 2016 2017 2018 2019 2020 2021 2022

Peter Swinnen:
Flemish Government Architect

Architectures Wallonie-Bruxelles Inventaires #0 Inventories 2005–2010 → Cellule architecture

Wallonia Brussels Architecture (WBA)

Architecture Workroom Brussels (AWB)

Kristiaan Borret:
Antwerp City Architect (2)

MOP Prize (Public procurement award) → Cellule architecture

Labo Ruimte
→ Flemish Government Architect

Georgios Maïllis:
1st Charlerloi City Architect (1)

Pilot Projects starts with Invisible Care, other projects will follow → Flemish Government Architect

Practical Guide to Architecture Markets → Cellule architecture

Stefan Devoldere: acting Flemish Government Architect

Kristiaan Borret: Brussels Government Architect

Wivina Demeester Prize for inspiring commissioning → Flemish Government Architect

bOb Van Reeth and Christoph Grafe: temporary chairs of, respectively, the building committee and the new A committee pending the appointment of a new Antwerp City Architect

Guides to modern and contemporary architecture (Liège) → Cellule architecture

Peter Vanden Abeele:
1st Ghent City Architect

Bouwmeester Scan
→ Flemish Government Architect

Competitions, design research and Quality Chamber → BMA

Leo Van Broeck:
Flemish Government Architect

Christian Rapp:
Antwerp City Architect (1)

Erik Wieërs:
Flemish Government Architect

Kristiaan Borret:
Brussels Government Architect (2)

Architecture Curating Practice (Brussels)

ICA/WB (Cultural Institute of Architecture Wallonia-Brussels)

Z33 House for Contemporary Art, Design & Architecture

Renewed quality, city, design, city architect and advisory chamber → Ghent City Architect

Georgios Maïllis:
Charlerloi City Architect (2)

Davos Declaration: towards a high-quality building culture for Europe

Thomas Moor: coordinator Cellule architecture

Ghent Architecture Prize

Brussels Architecture Prize awarded → A+ in collaboration with Urban Brussels

Christian Rapp:
Antwerp City Architect (2)

Foundation

Number of staff

Geographical scope

Flanders Architecture Institute
▶ 2001
👤 24
▪ Flanders, Brussels (by extension: international)

Ghent City Architect
▶ 2017
👤 3
▪ territory of Ghent

Timelab
▶ 1990, relaunch 2008
👤 4
▪ international

Ar-Tur
▶ 2007
👤 2–4
▪ Antwerp Kempen (by extension: Flanders, the Netherlands)

Antwerp City Architect
▶ 1999
👤 10
▪ territory of Antwerp

Z33 House for Contemporary Art, Design & Architecture
▶ 2018
👤 20
▪ Euregional, international

Architectuurwijzer
▶ 1991
👤 4
▪ Limburg (by extension: Flanders)

A+ Architecture in Belgium
▶ 1973
👤 7
▪ Belgium (by extension: international)

ACP Architecture Curating Practice
▶ 2020
👤 2
▪ Brussels

Architecture Workroom Brussels
▶ 2009
👤 20
▪ Brussels (by extension: international)

Bozar Architecture
▶ 2006
▪ Brussels, Belgium, international

Cellule Architecture
▶ 2007
👤 9
▪ Wallonia, Brussels (by extension: international)

Brussels Government Architect
▶ 2008
👤 17
▪ Brussels (by extension: international)

Flemish Government Architect
▶ 1999
👤 16
▪ Flanders, Brussels (by extension: international)

CIVA
▶ 1999
▪ Brussels (by extension: international)

Charlerloi City Architect
▶ 2013
👤 4
▪ territory of Charlerloi

ICA/WB (Cultural Institute of Architecture Wallonia-Brussels)
▶ 2019
👤 4
▪ Wallonia, Brussels (French-speaking Belgium)

Urbagora
▶ 2008
👤 4
▪ Liège

Stad en Architectuur
▶ 1997
👤 2
▪ Flanders

ANTWERPEN TURNHOUT GENT BRUSSEL/BXL LEUVEN HASSELT LIÈGE NAMUR CHARLEROI

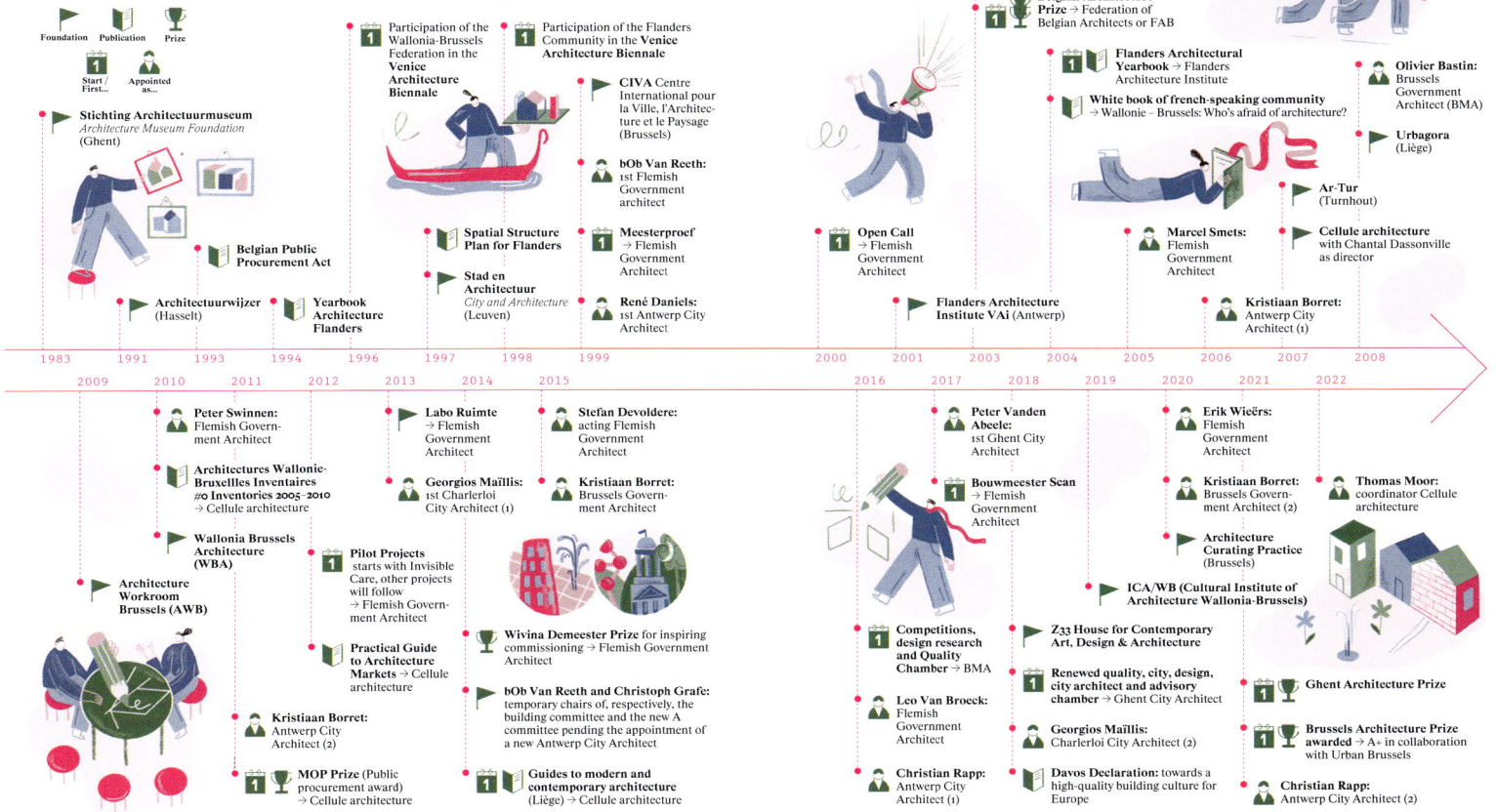

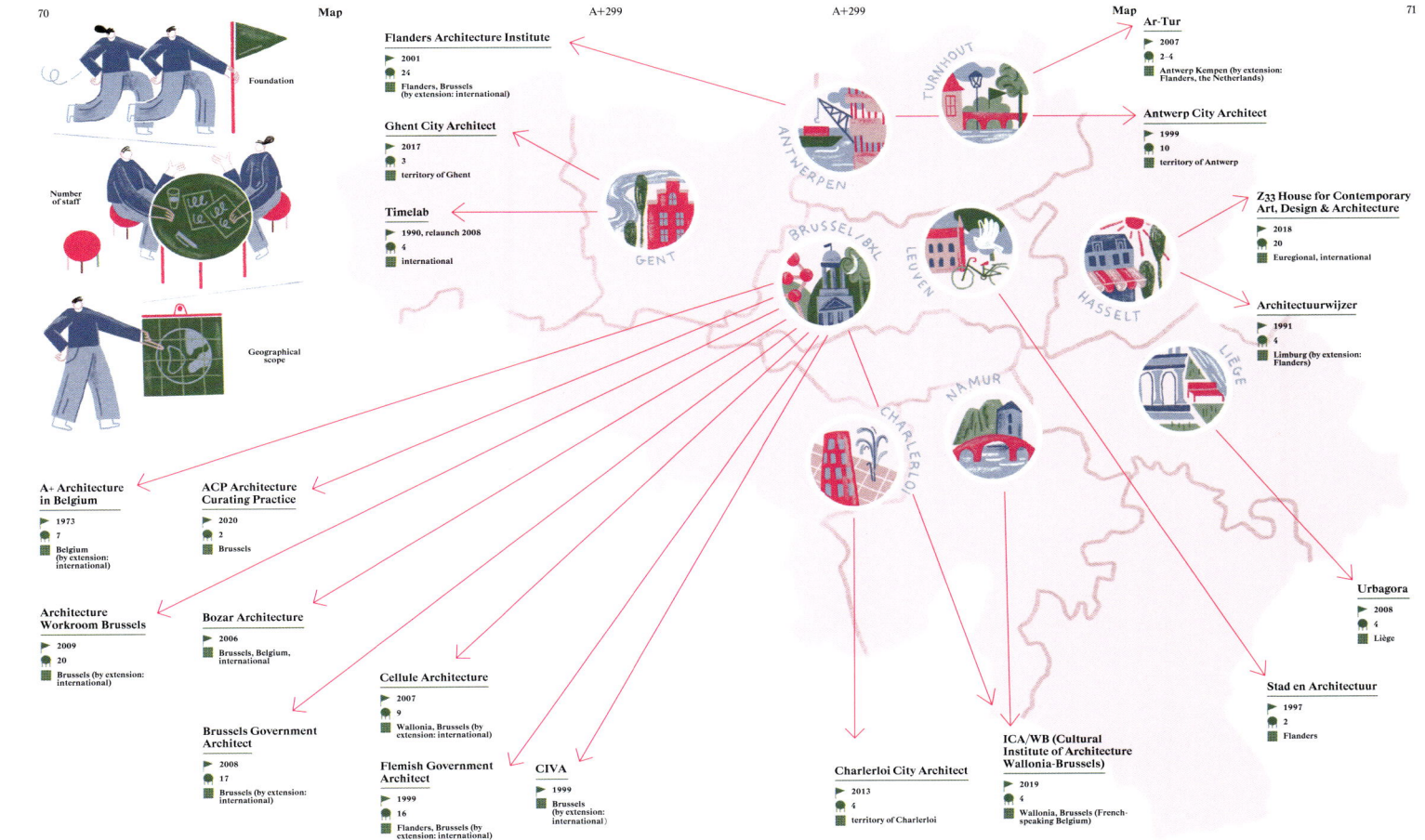

Uit/From: *A+ Architecture in Belgium* 299 (Dec. 2022/Jan. 2023), Special Edition: *Quality Matters.*
© Elise Buntinx

tectonische kwaliteit en dialoog. Vaak is er sprake van buitensporige eisen rondom portfolio's, complexe regelgeving en minimale transparantie. Een mathematisch toetsingssysteem waarbij inschrijvers punten kunnen krijgen voor gestelde eisen is veel architecten een doorn in het oog. In de beoordeling speelt de prijs veelal een doorslaggevende rol. Onder architecten wordt dikwijls verzucht dat de nummer twee veelal een plan van hogere kwaliteit indiende.

'Veel van de begeleiding in Nederland is gericht op beeldkwaliteit in plaats van bijvoorbeeld op woonkwaliteit'

Borret ziet het met lede ogen aan: 'Omdat de tender-eisen in Nederland zó hoog zijn, ontstaat er architectuur die conformistisch is. Je wordt als architect niet beloond als je uitgesproken bent. Zo'n systeem lokt uit dat je als architect moet overleven. In België volgen we een andere toepassing van – nochtans dezelfde – Europese regelgeving inzake overheidsopdrachten dan in Nederland. We kijken niet zozeer naar omzetcijfers, maar kiezen de ontwerper met het beste potentieel.'

Opwaartse mobiliteit

De secuur opgezette prijsvraagprocedure accommodeert zo'n uitkomst. Het begint al bij de start van het wedstrijdtraject. Samen met de bouwmeester stelt de opdrachtgever een bestek op waarin het ambitieniveau van het project, het budget en de beschikbare middelen, de timing van de procedure en de voorziene vergoedingen voor de ontwerpers worden vastgesteld. De bouwmeester is van meet af aan in een proces betrokken en kan, als het nodig is vanwege te lage ambities, een opdrachtgever, zoals een gemeente, terugfluiten. In Brussel wordt bij

Borret is dismayed by all this: 'The very high tender requirements in the Netherlands result in conformist architecture. Idiosyncratic architects are not rewarded. That kind of system engenders a survival mentality in architects. In Belgium we apply the – very same – European regulations on public tendering differently than in the Netherlands. Rather than focusing on turnover figures, we choose the designer with the best potential.'

Upward mobility

The meticulously conceived competition process allows for such an outcome. It starts at the very beginning of the competition pathway. Together with the chief architect, the client draws up a

'Much of the guidance in the Netherlands is focused on visual quality rather than, say, housing quality'

brief establishing the level of ambition of the project, the budget and the available resources, the detailed planning of the procedure and the allocated designer fees. The chief architect is involved from the outset and can, if he or she considers the level of ambition too low, bring a client, such as a municipality, back into line. In Brussels a set fee is announced at the beginning of every competition and so it is no longer a criterion during the final assessment. The entry conditions are also set low to ensure that the competition really is open. Borret: 'In the Netherlands architects are often required to have carried out reference projects similar to the competition project. We ask for reference projects the size of thirty to fifty per cent of building costs, which also gives young practices an opportunity to enter competitions. That in turn ensures upward mobility. The judging process is professional, too. The majority of jury members must be architects

elke wedstrijd een vastgelegd ereloon bekendgemaakt en vormt het dus geen criterium meer tijdens de finale beoordeling. Ook de toegangsvoorwaarden worden laag gesteld om de wedstrijd voldoende open te houden. Borret: 'In Nederland moeten architecten vaak verschillende referentieprojecten gelijkwaardig aan de opdracht uitgevoerd hebben. Wij vragen om referentieprojecten die de grootte hebben van dertig tot vijftig procent van de bouwsom, waardoor ook jonge bureaus kans hebben om mee te doen aan prijsvragen. Dat zorgt voor een opwaartse mobiliteit. Er is ook een vakmatige manier van beoordelen van inzendingen. De meerderheid van de jury moet vakgenoot zijn, waardoor architectonische kwaliteit nooit een discutabel of te veronachtzamen criterium is. Kosten zijn geen doorslaggevend onderdeel van de tender. We geven punten op de geloofwaardigheid van de raming. Dat geeft een architect ook de mogelijkheid in te dienen met de opmerking en bewijslast dat de gepresenteerde raming niet klopt. Hij of zij kan dus gemotiveerd een eigen raming toevoegen.'

Toetsen op kwaliteit

Deze op dialoog gebaseerde wijze van samenwerken helpen de opdrachtgever en de bouwmeester om een keuze voor een ontwerpteam te maken. Nog voordat een plan gereed is, is het sturen op ambities en kwaliteit feitelijk al begonnen. Daarmee onderscheidt het Belgische systeem zich van het Nederlandse, waar toetsing meestal pas na realisatie van een planfase plaatsvindt, op het moment dat de welstand of een supervisor in actie komt.

Borret: 'Als supervisor Oostenburg en het Hamerkwartier opereer ik binnen al vastgestelde kaders. Dat heeft ook een fijne kant, het maakt voor mij het supervisiesysteem werkbaar. Je kunt als de stedenbouwkundige plannen al gereed zijn niet nog eens over een aanpassing van kaders beginnen. De keerzijde ervan is dat veel van de begeleiding gericht is op

so that architectural quality is never a debatable or disregarded criterion. Cost is not a deciding factor for the tender. We award points on the credibility of the estimate. This allows an architect to submit their entry with the comment and evidence that the estimate presented is incorrect. He or she is therefore free to append their own substantiated estimate.'

Assessing on quality

The dialogue-based collaboration helps the client and chief architect to choose a design team. The focus on ambition and quality begins even before the plan has been completed. This is where the Belgian system differs from the Dutch one, where assessment usually occurs after the planning phase is complete, at the moment when the *welstand* (design review) system or a supervisor gets involved.

Borret: 'As supervisor of Oostenburg and the Hamerkwartier I operate within fixed parameters. That has its advantages, as it makes the supervision system workable for me. Because the urban plans have already been approved there's no point talking about adjusting them. The downside is that much of the guidance is focused on visual quality rather than, say, housing quality. 'The Dutch system stands in the way of a fundamental conversation taking place between client and architects. The dialogue there is about whether rules have been followed or not, or the budget. If the rules have been properly complied with but you think the dwelling doesn't get good daylight, it's too late to demand more daylight.' It's the same point architect Fenna Haakma Wagenaar makes in our conversation with her (p. 80). Borret: 'One of the reasons for this is that the dwelling is regarded as a commodity. Housing quality in the Netherlands is really going downhill, a sad state of affairs.'

Is it still enjoyable being a 'supervisor' in the Netherlands with those predetermined parameters? Borret nods: 'It is. You steer in a different way. If you're not allowed to demand higher

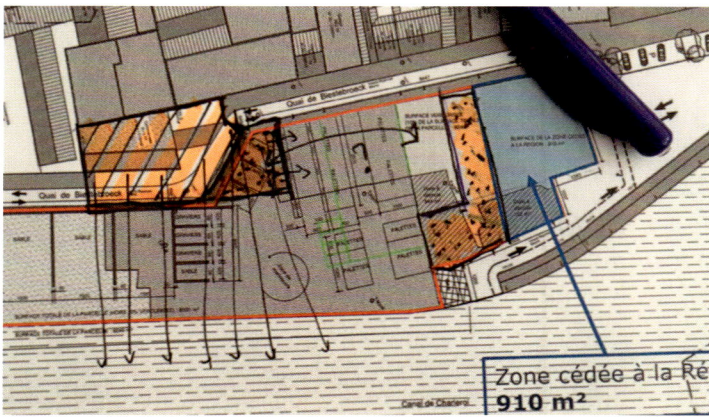

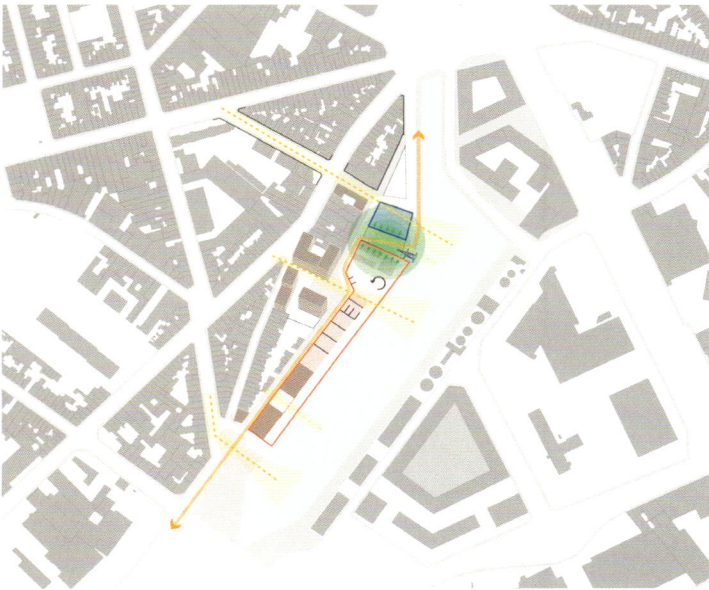

Nieuw productiegebouw bierbrouwer Brussels Beer Project (BBP) langs kanaal in Anderlecht. Van boven naar onder: ontwerpend onderzoek voor bouwlocatie met bestaande bebouwing en fietsroute (2017), stedenbouwkundig schema uit architectuurprijsvraag (2018), uitgevoerd ontwerp prijsvraag-winnaar OFFICE Kersten Geers David Van Severen (2020).

New canal-side brewery for Brussels Beer Project (BBP) in Anderlecht. Top to bottom: research by design for development site with existing buildings and cycle route (2017), spatial design plan from architecture competition (2018), executed prize-winning design by OFFICE Kersten Geers David Van Severen (2020). Foto/Photo: Xavier Hudsyn (schets/ sketch), BAM (schema en foto/plan and photo)

beeldkwaliteit in plaats van bijvoorbeeld op woonkwaliteit.'

Het Nederlandse systeem zit in de weg dat er überhaupt een gesprek over woonkwaliteit kan plaatsvinden tussen opdrachtgever en ontwerpers. De dialoog gaat over wel of niet gevolgde regels of budget. Als de regeltjes netjes gevolgd zijn en je vindt dat een woning onvoldoende daglicht krijgt, kun je dat niet meer afdwingen.' Eenzelfde constatering als architecte Fenna Haakma Wagenaar doet in ons gesprek met haar (p. 80). Borret: 'Een van de oorzaken van dit systeem is dat de woning als *commodity* wordt beschouwd. De woonkwaliteit gaat in Nederland echt naar beneden, een treurige zaak.'

Is het met die kaders die al vastliggen nog wel leuk om te 'supervisoren' in Nederland? Borret knikt: 'Toch wel. Je stuurt anders. Als je niet mag komen aan de eis een plafond in een woning hoger te maken dan 2,60 meter, kun je ontwerpers en hun opdrachtgevers proberen te verleiden om elders kwaliteit toe te voegen. Zo heb ik meermaals gestuurd op het samen-voegen van de entree naar woningen en een fietsenberging. Zo ontstond er meer ruimte en kansen voor sociale interactie en daarmee kwaliteit.'

Als supervisor van Oostenburg ondernam Borret een poging iets van het Belgische systeem de hoofdstad in te trekken. 'Ik overtuigde woningcorporatie Stadgenoot om voor een bepaald bouwblok een wedstrijd te organiseren. Dat ging niet vanzelf, want er is geen dienst in Amsterdam die zoiets kan organiseren en er bestaat ook geen platform waar je een wedstrijd kan aankondigen. Architectuur Lokaal hielp ons op weg. Als ik in Amsterdam bouwmeester was, zou ik meteen een systeem van wedstrijden invoeren', klinkt het op besliste toon.

Transparantie

Juist het open karakter van de wedstrijden draagt bij aan het succes, is de overtuiging van Borret. 'Het woord 'open' uit de

ceilings, you can try to persuade clients to add quality somewhere else. I've often steered clients towards combining the entrance to dwellings with bicycle storage. The result was more space and opportunities for social interaction and thus quality.'

As supervisor of Oostenburg Borret attempted to introduce a bit of the Belgian system to the capital. 'I convinced the Stad-genoot housing association to organize a competition for a certain building block. It wasn't straightforward, because there's no municipal department in Amsterdam capable of organizing such a thing and nor is there any platform on which to announce a competition. The Architectuur Lokaal organization helped us get started. If I were chief architect of Amsterdam, I'd immediately introduce a system of competitions,' Borret adds decisively.

Transparency

Borret is convinced that it is the open character of the Brussels competitions that contributes to their success. 'The word "open" from the name of the scheme, Open Call, says it all; we do every-thing in full public view. That way you avoid architects lodging an appeal against one another. All the competition results are posted on our website. We're also increasingly working with open presentations. Sharing knowledge generates not only content expertise but also knowhow about presenting a proposal. In the Netherlands the tender process is more business-like. The architect, the government body and the developer talk to one another in financial terms, so the information is more sensitive and that is an obstacle to transparency. We also ask developers who claim that sustainable or high-quality solutions are too expensive to put their accounts on the table. If you can't afford it, show us. We are happy to talk on the basis of argumentation; it should never be a power play. If it does turn out that certain solutions really are too expensive, the chief architect should take that into account.'

naam Open Oproep zegt het al, we spelen alles publiek. We zorgen voor afdoende verslag van een prijsvraag. Zo kun je vermijden dat architecten in beroep gaan tegen elkaar. Alle resultaten van een wedstrijd zetten we op de website. Ook werken we steeds vaker met open presentaties. Door kennis te delen, ontstaat zowel inhoudelijke knowhow als kennis over hoe een voorstel goed te presenteren. In Nederland zijn de aanbestedingen bedrijfsmatiger. De architect, de overheid en de ontwikkelaar spreken in financiële termen met elkaar, de informatie is gevoeliger. Dat zit transparantie in de weg. Ook vragen we projectontwikkelaars die beweren dat duurzame of kwalitatieve oplossingen te duur zijn hun boeken open op tafel te leggen. Laat maar zien als je iets niet kunt betalen. We willen graag een gesprek voeren op basis van argumentatie; het mag nooit een machtsspel zijn. Als dan blijkt dat oplossingen écht te duur zijn, moet je dat als bouwmeester wel meenemen.'

De bouwmeester als huwelijksmakelaar

Een van Borrets behaalde wapenfeiten van zijn Brusselse bouwmeesterschap is het openbreken van het wedstrijdmodel voor niet-publieke partijen, zoals projectontwikkelaars. 'In Brussel bestond een ons-kent-onsmentaliteit. Van oudsher werkten de Brusselse projectontwikkelaars met een select, hun bekend groepje architecten. Mijn doelstelling was dat systeem te doorbreken, zodat er ook in hun projecten meer diversiteit zou komen. Ik heb de ontwikkelaars voor het blok

Studio Architectuur MAKEN, studiogebouw, Oostenburgereiland kavel 2, Amsterdam. Van boven naar onder: schetsen voor 'doorzon-studio's' en circulaire loods voor fietsparkeren met gemeenschappe-lijke wasruimte, huiskamer en dakterras. V.l.n.r. getande bakstenen noordgevel langs spoor zorgt voor geluidsluw binnengebied, extra brede galerij aan zuidgevel en collectieve circulaire loods aan binnentuin.

Studio Architectuur MAKEN, studio building, Oostenburgereiland plot 2, Amsterdam. Top to bottom: sketches for dual-aspect studios and circular shed for bicycle parking with communal laundry, living room and roof terrace. From L to R: indented brick north elevation alongside railway delivers a low-noise courtyard, an extra wide deck on south elevation and shared circular shed adjoining the courtyard. Schetsen en foto's/Sketches and photos: Studio Architectuur MAKEN

gezet: samenwerken of niet! En vervolgens zetten we *soft power* in door hen te verleiden met ons wedstrijden te organiseren. Best spannend, zetten we zo onze onafhankelijke positie niet op het spel? Het had een positief effect. De projectontwikkelaars kwamen in contact met allerhande ontwerpers die ze niet kenden en gingen beseffen dat de markt van de architecten veel groter was dan ze dachten. Ze waren geflatteerd toen bleek dat er wel vijfentwintig architecten geïnteresseerd waren in hun opgave, veel meer dan de drie die ze normalerwijs zelf uitnodigden. Toen de offertes met de plannen binnenkwamen, realiseerden ze zich bovendien dat ze al die jaren slecht bediend waren geweest. De hun bekende architecten leverden magere plannen in met weinig documentatie, want die waren niet gewend dat ze met goede informatie moesten overtuigen. De nieuwe partijen leverden veel meer informatie en kwaliteit. We hebben echt opgetreden als huwelijksmakelaar', lacht Borret. 'Nu valt dit systeem helaas wat terug, doordat ontwikkelaars zelf wedstrijden zijn gaan organiseren. Die zijn anders van opzet, en vervallen in herhaling door opnieuw in dezelfde vijver te vissen. Een vijver met inmiddels nieuwe vissen, dat wel, maar toch. Ik vind als bouwmeester dat een wedstrijd open moet blijven voor vernieuwing.'

Civil society

Ondanks de bloeiende Belgische bouwcultuur is Borret van mening dat Nederland toch nog steeds architectuur met een gemiddeld hogere kwaliteit heeft. 'Wat daarbij helpt is dat de stedenbouw in Nederland beter is gestructureerd dan in België, wat zorgt voor meer kwaliteit in de openbare ruimte en kansen om op welgekozen plekken iconen te bouwen. België kent ook wel iconen, maar die zijn vaak toevallig ontstaan. Bijvoorbeeld het Havenhuis naar ontwerp van Zaha Hadid in Antwerpen. Dat is nooit als icoon in de markt gezet.'

'Ook is de Belgische situatie footloose, want afhankelijk van

de persoon die bouwmeester is. Met elke nieuwe bouwmeester is er ruimte voor een persoonlijke invulling van de functie. In Nederland bestaat een gevestigd systeem dat beter gefinancierd is dan hier. Zo is hier geen systeem van welstand, wordt het *Architectuurboek Vlaanderen* niet jaarlijks uitgegeven en zijn er geen jarenoude en door het rijk gefinancierde organisaties zoals het Nieuwe Instituut of het Stimuleringsfonds. Neem het ICA – het architectuurinstituut van Franstalig België, dat is nog heel nieuw en staat daarom nog in de kinderschoenen.'

Jaloers is hij op een instituut zoals Pakhuis de Zwijger in Amsterdam. 'Dat opent het debat voor de civil society. Op zo'n sociaal-maatschappelijke manier het debat voeren, doen we in België niet genoeg. Stadsform in Antwerpen probeert dat te

'We vragen projectontwikkelaars die beweren dat duurzame of kwalitatieve oplossingen te duur zijn hun boeken open op tafel te leggen. Laat maar zien als je iets niet kunt betalen'

doen, dat is een beginnetje. Al lijkt er de laatste tijd wat te verschuiven.' Borret doelt op wat relletjes, bijvoorbeeld rondom de Boerentoren naar ontwerp van architect Daniel Libeskind in het centrum van Antwerpen. Dat werd in de media weggezet als 'spektakelarchitectuur'. Ook leidde een besluit in Gent om een monumentaal gebouw uit de vijftiende eeuw in te richten als fietsenstalling tot felle discussies. Borret ziet de positieve kant van alle heibel. 'Die zorgt ervoor dat andere mensen dan architecten over architectuur praten en lokt architecten uit over maatschappelijke thema's te spreken in plaats van over puur architectonische onderwerpen.'

The chief architect as marriage broker

One of Borret's achievements as chief architect of Brussels has been the opening up of the competition model to non-public parties such as property developers. 'There was a cliquish mentality in Brussels. The property developers there had always worked with a select group of architects already known to them. My aim was to put an end to that system so that there would be more diversity in their projects as well. I put the developers on the spot: cooperate or not! And then we employ soft power by inducing them to organize competitions with us. Quite tense because weren't we putting our independent role at risk? The outcome was positive. The developers came into contact with all kinds of designers they didn't know and started to realize that the pool of architects was much bigger than they had thought. They were flattered when it turned out that as many as twenty-five architects were interested in their project, many more than the three they would normally have approached. When the quotes with plans came in, they also realized that they had been poorly served during all those years. The architects they knew had submitted meagre plans with little documentation because they were not used to having to persuade someone with detailed information. The new players provided a lot more information and quality. We really acted as marriage broker,' Borret laughs. 'Unfortunately the system has been backsliding somewhat because the developers have started organizing the competitions themselves. These are structured differently and lapse into repetition by continuing to fish in the same pond. A pond replenished with new fish, admittedly, but still. As chief architect I think a competition must remain open to renewal.'

Civil society

Despite the flourishing architectural culture in Belgium, Borret thinks that Dutch architecture is still on average of higher

quality. 'What helps is that urban planning in the Netherlands is better organized than in Belgium, which results in more quality in the public space and opportunities to build icons on well-chosen sites. Belgium has its icons, too, but they are often unintentional. Take the Havenhuis in Antwerp designed by Zaha Hadid. That was never marketed as an icon.'

'The Belgian situation is also fluid in that it depends on the individual who is chief architect. Each new chief architect is free to interpret the function in their own way. In the Netherlands there is an established system that is better funded than ours.

'We ask developers who claim that sustainable or high-quality solutions are too expensive to put their accounts on the table. If you can't afford it, show us'

Here there is no design review system, the *Flanders Architectural Review* is not published annually and there are no really long-standing, government-funded organizations like the Nieuwe Instituut or the Creative Industries Fund. Take the ICA – the architecture institute of Francophone Belgium, it is completely new and consequently still in its infancy.'

Borret is envious of an institute like Pakhuis de Zwijger in Amsterdam. 'It opens the debate up to civil society. Engaging in debate in such a whole of society way is something we don't do often enough in Belgium. Stadsform in Antwerp is trying to do it, that's a modest beginning. Although lately it seems as if things are shifting slightly.' Borret is referring to a few public spats, like the one about the Daniel Libeskind-designed Boerentoren in the centre of Antwerp, which was dismissed in the media as 'spectacle architecture'. And a decision to use a fifteenth-century heritage building in Ghent as bicycle storage provoked fiery discussions.

Jonge generatie

Een andere beloftevolle ontwikkeling in België is de trend van
een steeds meer horizontaal in plaats van verticaal georgani-
seerde architectuursector. Borret: 'Bureaus staan steeds vaker
onder leiding van een coöperatie van partners in plaats van
een directeur. Dat geeft de jonge generatie meer kansen op
doorgroeien. Jongeren hebben ook meer de overtuiging dat
een structuur zonder kennisdeling niet goed werkt, het loont
om samen teams te vormen. Dat was voorheen anders, dan
waren de architecten heel solitair en weinig bereid om samen
te werken, omdat ze dan niet hun eigen stempel kunnen druk-
ken.' De opgaven zijn er ook niet meer naar om in je eentje op
te gaan lossen, dat helpt. Ook is er meer diversiteit aan jobs
gekomen, zoals medewerker in teams van de bouwmeesters,
meer onderzoeksgerichte organisaties zoals Architecture
Workroom of culturele spelers zoals het Vlaams Architectuurinstituut. Borret: 'Je kunt enerzijds als architect gemakke-
lijker een andere carrière opbouwen dan die van ontwerpend
architect of academicus. Anderzijds zitten architecten als
burgers ook in Brusselse actiecomités, want daar wordt het
maatschappelijk debat zeker wél gevoerd. Sociale inclusie is
sterker dan ooit.'

Zichtbaar effect

Wat levert zo'n architectuurcultuur met Open Oproepen en
bouwmeesters met verregaande vrijheden nu zichtbaar op,
voor de stad en voor de professie? Borret veert op bij zo'n
vraag, want hij ziet een groot verschil in de architectuur voor
en na het systeem van prijsvragen. 'Voorheen was het systeem
soms simpelweg politiek gekleurd: een rode minister gaf zijn
project aan een rode architect. Nu vertoont de architectuur
meer verscheidenheid en kwaliteit. Stromingen in stijlen zijn
minder dominant, omdat je veel meer persoonlijkheden toe-

laat, waaronder ook relatief veel jonge bureaus, gerund door
mensen tussen de dertig en veertig jaar oud. In Nederland zijn
projecten professioneel, maar ook regulier. Daardoor is de
stijl vaak conformistischer dan bij ons.'

Kritiek is er ook op het Belgische systeem. 'Van binnenuit.
Iedereen mag aan de Open Oproepen meedoen, ook buiten-
landse bureaus. Die krijgen in België dus heel veel kansen,
terwijl het voor Belgische architecten lastiger is om in het
buitenland kansen te krijgen. Veel prijsvraagsystemen over
de grens zijn minder open en gericht op de eigen nationale
achterban.

'Maar', benadrukt Borret, 'we zitten België ook in een histo-
risch moment, met enkele generaties vol talent. Laat ons niet
vergeten dat goede architecten vooral goed zijn omdat ze talent
hebben. Al hebben die talenten dankzij onze aanpak wél veel
kansen gekregen.'

volgende pagina:
**Mozaïek van winnende projecten
van architectuurprijsvragen in
Brussel**

next page:
Mosaic of winning architecture
competition projects in Brussels

Borret can see the positive side of all that furore. 'It ensures that
people other than architects talk about architecture and
encourages architects to talk about social issues instead of purely
architectural topics.'

Young generation

Another promising development in Belgium is the trend towards
a more horizontally than vertically organized architectural sector.
Borret: 'Practices are increasingly likely to be run by a cooperative
rather than a single principal. That gives the younger generation
more opportunities for advancement. Young architects are also
more convinced that a structure without knowledge sharing does
not function well, that it pays to work in teams. That was different
in the past. Back then architects tended to be very solitary and
disinclined to collaborate because it meant they couldn't put
their stamp on the work.' And it helps that today's problems are
more difficult to solve on your own. There is also greater diversity
in jobs, such as working on one of the chief architect's teams,
or for more research-oriented organizations like Architecture
Workroom or cultural players like the Flemish Architecture
Institute. Borret: 'On the one hand it's easier for architects to
pursue a different career than that of design architect or academic.
On the other hand, architects sit as citizens on Brussels action
committees, because that's where the social debate really does
take place. Social inclusion is stronger than ever.'

Visible effect

What visible effects does that architectural culture of Open Calls
and chief architects with far-reaching freedoms have – for the
city and for the profession? Borret perks up at the question
because he sees a huge difference in the architecture built before
and after the introduction of the competition system. 'In the
past the system was sometimes quite simply politically biased:

a leftist minister awarded his project to a leftist architect. Now
the architecture displays more diversity and quality. Stylistic
tendencies are less dominant because we're admitting a greater
variety of architects, including relatively young practices run by
people between thirty and forty years of age. In the Netherlands
projects are professional, but also conventional. That's why the
style is often more conformist than in Belgium.'

There is also criticism of the Belgian system. 'From the inside.
Everyone can participate in the Open Calls, including foreign
practices. They are given a lot of opportunities in Belgium,
whereas it's more difficult for Belgian architects to secure
opportunities in other countries. Many competition systems in
other countries are less open and more focused on their own
national constituency.

'But,' Borret emphasizes, 'we are also at an historic moment in
Belgium, with several highly talented generations. Let's not
forget that good architects are good chiefly because they have
talent. Even if, thanks to our approach, those talents have been
given a lot of opportunities.'

Foto's/Photos: **Stijn Bolleart**

Doorsneden/Sections

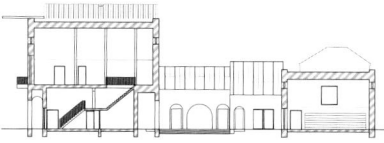

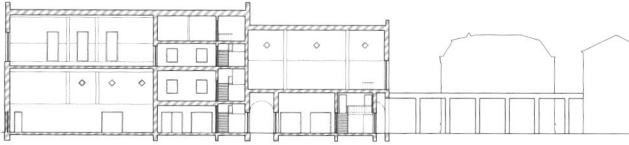

0 5 10   25 m

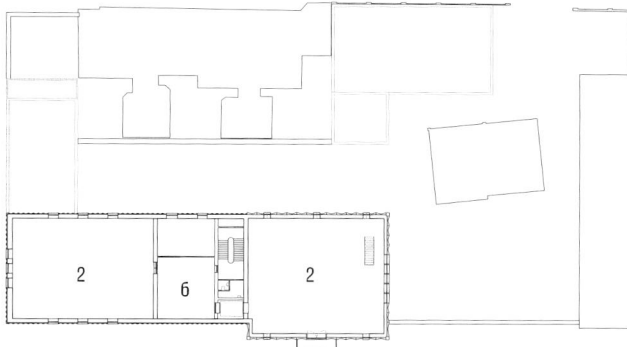

Tweede, eerste verdieping, begane grond/Second, first, ground floor
1 entree/entrance
2 oefenruimte/rehearsal space
3 huiskamer/living room
4 kantoor/office
5 collectieve binnentuin/public courtyard
6 werkplaats/workspace

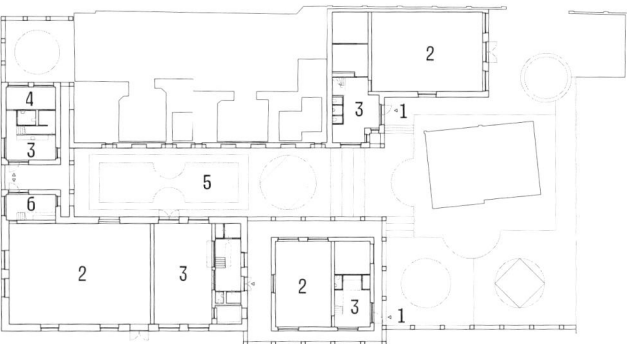

Axonometrie wand/ Axonometric projection wall

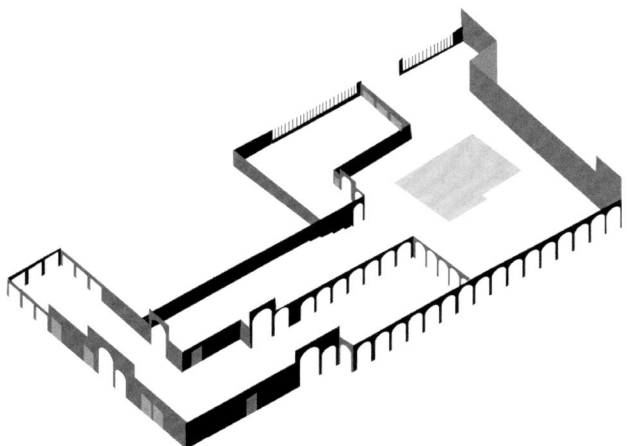

Situatie/Site plan
A Bloemsingel
B Bloemstraat
C oude/old villa

Ard de Vries Architecten & Studio Donna van Milligen Bielke

Kunstwerf
Groningen
Opdrachtgever: gemeente Groningen

In de Kunstwerf komen negen Groningse theater- en dansgezelschappen samen in één gebouwenensemble, waar een bijzondere relatie is ontstaan tussen de bestaande en de nieuwe architectuur. Op de locatie stond een negentiende-eeuwse gemeentelijke gasfabriek. Een monumentale machinefabriek, een regulateurshuis, een villa en werknemerswoningen zijn overgebleven, waarin nu vijf organisaties gehuisvest zijn. De overige vier organisaties hebben een plek gekregen in de nieuwe gebouwen. De architecten kozen ervoor om geen gesloten blok te maken, maar vier gebouwen waarin de huiskamer en oefenruimte van elke gezelschap boven elkaar zijn gepositioneerd. Hierdoor kon een collectieve binnentuin worden gecreëerd voor de gezelschappen die tevens ook publiek toegankelijk is. De geschiedenis is er voelbaar en tegelijkertijd is er ruimte voor nieuwe vormen van toe-eigening.

De oude ommuring van de gasfabriek, waarvan nog enkele kleine stukken aanwezig zijn, is in het ontwerp een belangrijk element geweest om op voort te bouwen. Zo vormt een nieuwe, donkere betonnen muur een scheidend en verbindend element. De muur is onderdeel van de gevel en omsluit de publieke binnentuin. Hij verspringt in hoogte, waardoor hij poorten en entrees accentueert. De binnentuin, ontworpen door Piet Oudolf, is vanaf verschillende kanten benaderbaar en vormt het ontmoetingspunt voor de vier gezelschappen en de inwoners van de stad.

Ieder gezelschap heeft een eigen gebouw met een andere relatie tot de stad en de binnentuin. Het interieur is door henzelf ingericht. De expressieve gevel van de nieuwbouw bestaat uit een donkere betonnen plint met daarop lagen van lichtgekleurd beton en geanodiseerd aluminium. De gevel is relatief gesloten, maar door de opbouw en de structuur ervan oogt het geheel helder en speels. Met de Kunstwerf heeft Groningen een plek gekregen waar de theater- en dansgezelschappen zichtbaar en relevant zijn. Dankzij de versmelting van oud en nieuw zijn ze onderdeel geworden van het stedelijk weefsel van de stad.

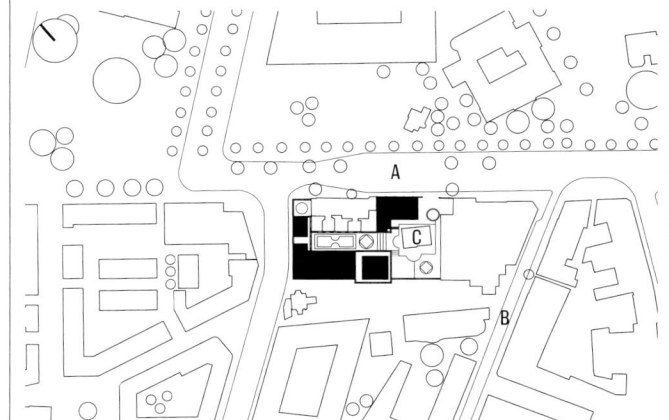

Kunstwerf

Groningen
Client: City of Groningen

The Kunstwerf provides accommodation for nine Groningen theatre and dance companies in a single building complex where a special relationship has emerged between the existing and new architecture. The site was previously occupied by a nineteenth-century gasworks. A monumental machine hall, a regulator's house, a villa and workers' housing remained and now house five organizations. The other four organizations have found a home in the new buildings. Instead of a perimeter block, the architects opted to place the spaces used by the individual companies – a living room and rehearsal space – above one another in four separate buildings arranged around a shared courtyard garden that is also open to the general public. The history of the place is still redolent and at the same time there is scope for new forms of appropriation.

The gasworks' old encircling wall was an important source of inspiration for the design, in which a dark concrete wall acts as both a dividing and a binding element. The wall is part of the facade and also encloses the public courtyard. The staggered height of the wall serves to accentuate the gateways and entrances. The Piet Oudolf-designed courtyard garden, which can be approached from different sides, is a congenial meeting place for the four companies and local residents.

Each company has its own building with a different relationship with the garden and the city. The interiors were designed by the companies themselves. The expressive elevation consists of a dark concrete podium topped by light-coloured concrete and anodised aluminium. It is relatively imperforate, but owing to the composition and the structure the overall impression is one of clarity and light-heartedness. The Kunstwerf provides Groningen with a place where its theatre and dance companies are visible and relevant and, owing to the subtle blending of old and new, they have become part of the urban fabric of the city.

Foto/Photo: **Iwan Baan**

Foto/Photo: **Iwan Baan**

Koen van Velsen architecten

Busknooppunt UMCG Noord
Groningen
Opdrachtgever: gemeente Groningen

Op de plek waar de Groningse Bloemsingel en de Oostersingel in elkaar overgaan, was er behoefte aan een goed functionerende openbare ruimte voor voetgangers, fietsers en bussen. Hier bevindt zich een belangrijke vertrek- en aankomsthalte in het regionale busnetwerk. Wat begon als een vraag aan de architect om met verschillende partijen te praten over de mogelijkheid van een nieuw busknooppunt, resulteerde in een plan voor een groen stedelijk openbaar gebied met een openbaarvervoer-knooppunt met zes haltes.

De belangrijkste ingreep, die de drager vormt van de vernieuwde openbare ruimte, is het weghalen van hekken, de verbreding van de weg en de toevoeging van een rij meerstammige Meta-sequoia's. Deze bomenrij verbindt verschillende gebieden, zoals de aangrenzende en voorheen afgesloten campussen van de Rijksuniversiteit Groningen en het Universitair Medisch Centrum Groningen.

Door de materialisatie en de kleurkeuze is het voor de passant direct zichtbaar dat de stad hier even verandert. De wachtvoor-zieningen hebben natuurstenen zitelementen en een stalen constructie met overkapping in een bruinroze kleur. De over-kapping is tevens een plantenbak waarin kleine bomen zijn geplant. De standaardbestrating van de stad en die van het ver-nieuwde gebied – ook in een bruinroze kleur – lopen geleidelijk in elkaar over. Dit maakt het knooppunt herkenbaar. Omdat de architect de mogelijkheid kreeg de gehele openbare ruimte te tekenen, zit er een precisie in de detaillering van de bestrating die je normaal gesproken niet in de openbare ruimte ziet. Hierdoor zijn de straat en de bushaltes, die vaak als secundaire publieke ruimtes worden gezien, een plek geworden met identiteit.

Foto's/Photos: **René de Wit**

Situatie/Site plan
A   Bloemsingel
B   Oostersingel
C   Bloemstraat
D   Kunstwerf
E   campussen/campuses GU-UMCG
F   bushalte/bus stop

UMCG Noord Bus Interchange

Groningen
Client: City of Groningen

On the stretch of road where the Groningse Bloemsingel and Oostersingel merge into one another, an efficient public space serving pedestrians, cyclists and buses was sorely needed. The area is an important arrival and departure node in the regional bus network. What began with a request that the architect should speak with the various parties involved and then develop a vision, culminated in a plan for a new green public urban space hosting a public transport node with six bus stops.

The main intervention, which underpins the refurbished public space, entailed the removal of fencing, the widening of the road and the addition of a row of multi-trunked Metasequoias. This row of trees connects several areas, including the adjacent and previously closed off campuses of Groningen University and the University Medical Center Groningen.

The materialization and colour scheme send a clear signal to passers-by that the city momentarily changes gear here. The waiting areas, furnished with stone benches, consist of a steel structure with a brownish-rose canopy that doubles as a planter containing small trees. The city's standard paving and that of the refurbished area – also in a brownish-pink colour – merge gradually. Because the architect was invited to design the entire public space, there is a pleasing precision in the detailing of the paving that one does not normally find in the public domain. As a result, the street and the bus stops, often regarded as secondary public spaces, have become a place with a distinct identity.

De Zwarte Hond

Kindcentrum Zuiderkroon

Hoogezand
Opdrachtgever: gemeente Midden-Groningen

Foto's/Photos: **Eva Bloem**

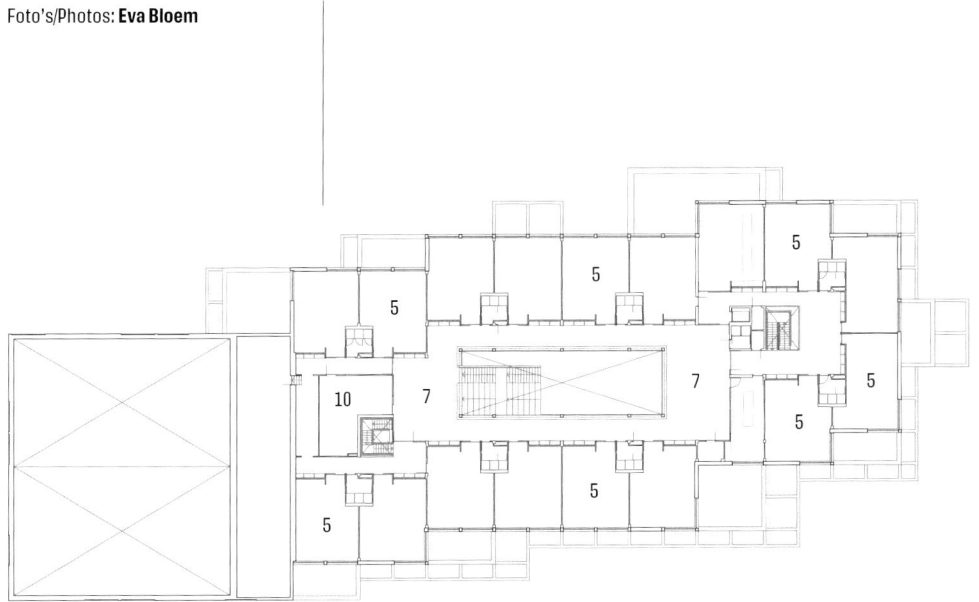

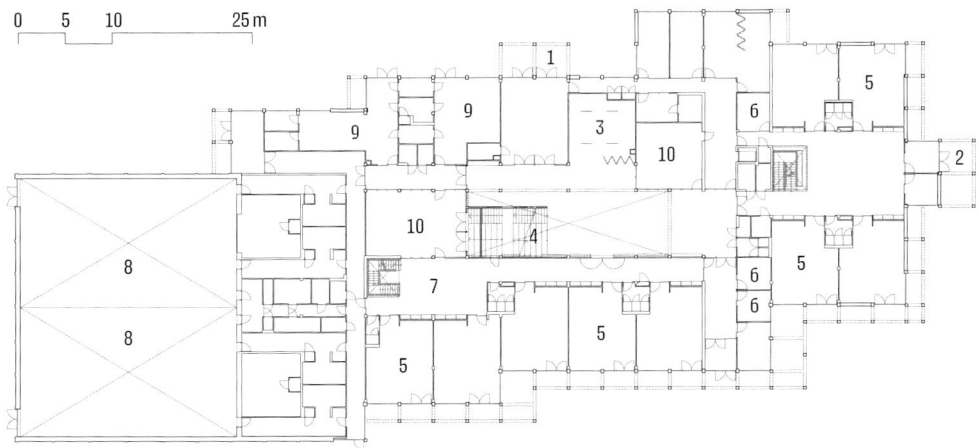

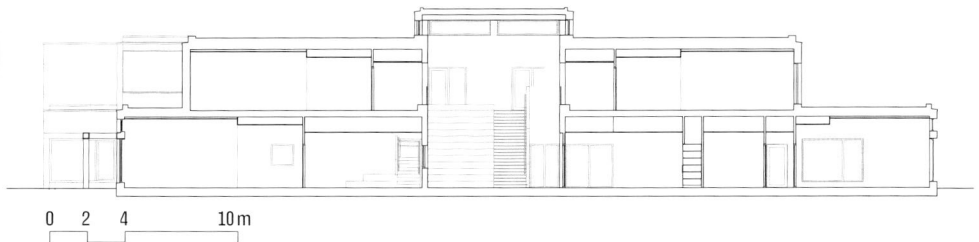

Kindcentrum Zuiderkroon, met een openbare basisschool, een basisschool voor speciaal onderwijs en een kinderdagverblijf, is gebouwd in het kader van het scholenprogramma Midden-Groningen. Dit programma heeft als doel om veilige en toekomstbestendige onderwijsvoorzieningen te maken in een gebied dat kampt met aardbevingen en bevolkingskrimp. Voor de realisatie van deze scholen is vanuit de Nederlandse Aardolie Maatschappij (NAM) vijf procent extra budget bijgelegd als compensatie voor de aardbevingsschade.

Het exterieur van het gebouw bestaat in de onderste laag uit betonnen kolommen die de structuur van het gebouw zichtbaar maken. Dezelfde betonnen kolommenstructuur is ook binnen het gebouw afleesbaar. Een betonnen pergola vormt de overgang tussen binnen en buiten. De bovenste laag is afgewerkt met handgemaakte groenblauw geglazuurde tegels, die in samenwerking met Koninklijke Tichelaar zijn ontworpen en vervaardigd.

De opdracht voor de architect beperkte zich niet tot de gebouwarchitectuur, ook het gehele interieur is ontworpen. Een grote houten trap vormt het hart van het kindcentrum. Daaromheen liggen de lokalen, een keuken, een technieklokaal en twee gymzalen. De deuren tussen het reguliere en het speciaal onderwijs staan altijd open, waardoor uitwisseling mogelijk is. Het ontwerp biedt zowel vanuit het blikveld van de leerlingen als van de docenten een geheel eigen zicht op de ruimtes en de omgeving. De wanden van de grote en lichte glaslokalen hebben in de gangen aan de onderkant houten kasten en aan de bovenkant glas. Dit zorgt voor rust en intimiteit voor kinderen, en tegelijkertijd hebben werknemers zicht op elkaar en de lokalen. Binnen in het gebouw is zichtbaar dat de extra vijf procent budget een hogere kwaliteit oplevert, wat voor scholen in deze regio en voor kinderen die uit kansarme wijken komen, van grote meerwaarde is.

Eerste verdieping, begane grond/
First, ground floor
1 entree openbare basisschool/
   public primary school entrance
2 entree basisschool speciaal onder-
   wijs/special needs primary school
   entrance
3 keuken/kitchen
4 houten trap/timber stair
5 klaslokaal/classroom
6 spreekkamer/consulting room
7 leerplein/learning zone
8 gymzaal/gym
9 kinderdagverblijf/day care centre
10 technieklokaal/craft room

Doorsnede/Section

Situatie/Site plan
A Zuiderkroon
B Andromeda

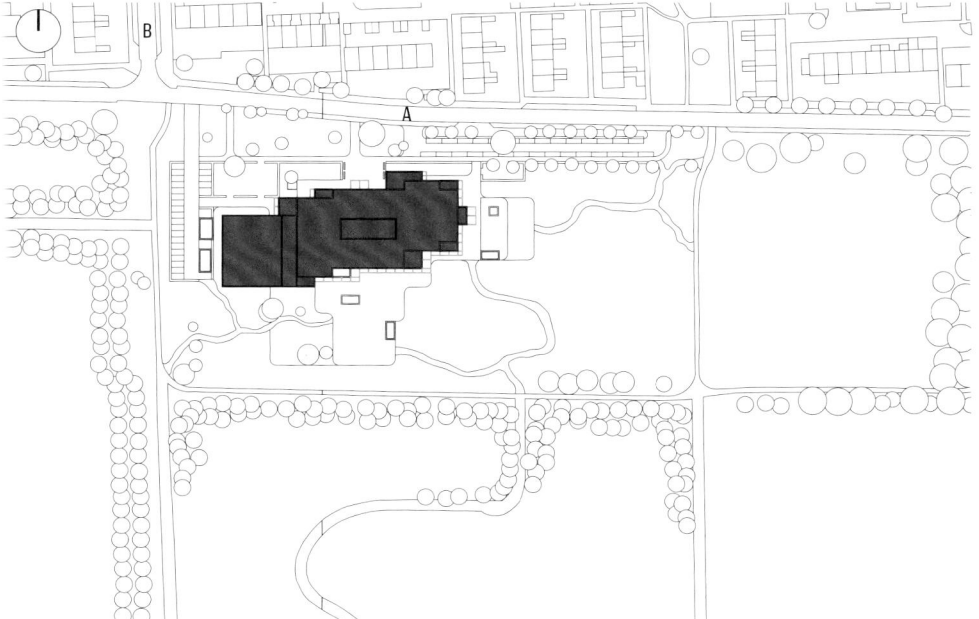

Zuiderkroon Children's Centre

Hoogezand
Client: Municipality of Midden-Groningen

Zuiderkroon Children's Centre, combining a public primary school, a special needs primary school and a day care centre, was built as part of Midden-Groningen's schools programme, which aims to provide safe and future-proof educational facilities in an area subject to earthquakes and demographic decline. The construction budget for these schools receives an additional five per cent from the Dutch natural gas company (NAM) as compensation for the damage caused by earthquakes.

At ground level, the exterior of the building consists of concrete columns that accentuate the structure of the building. The same concrete column structure is legible inside the building. A concrete pergola forms the transition between inside and outside.

The upper level is finished in handmade, green-blue glazed tiles designed and produced in collaboration with Koninklijke Tichelaar.

The architect's brief was not confined to the architecture, but also extended to the design of the whole interior. Here a grand timber stair forms the heart of the children's centre. Arranged around it are the classrooms, a kitchen, a craft room and two gyms. The doors between the mainstream and special education areas are always open to facilitate interchange. The design ensures that pupils and teachers alike have a view of the school spaces and the surroundings. In the corridors, the walls of the large, light classrooms have wooden lockers at ground level and above that glass, an arrangement that provides a calm and intimate environment for the children while allowing staff a view of one another and the classrooms. Inside the building it is clear that the extra five per cent budget has delivered extra high quality, which represents enormous added value for schools in this area and for children from disadvantaged districts.

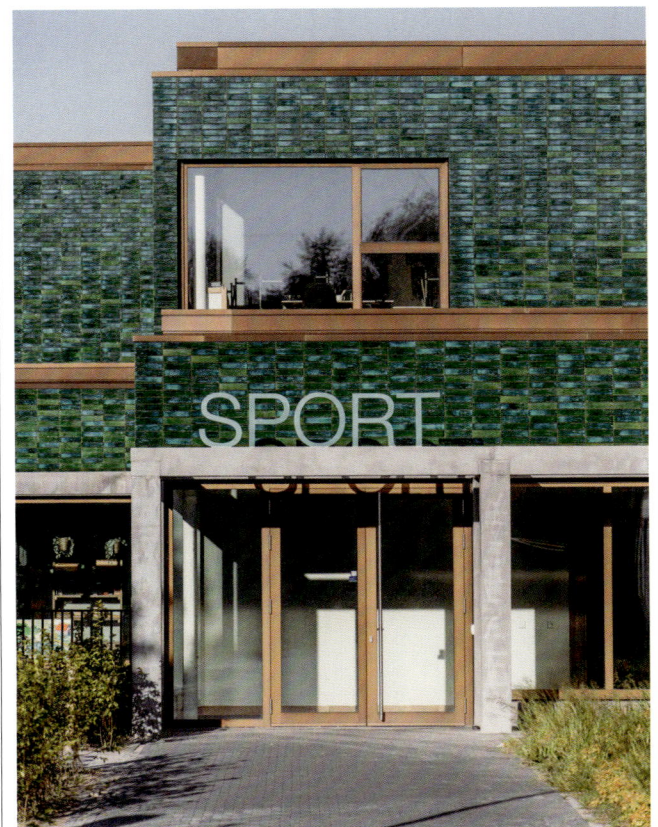

Zecc Architecten

Watertoren Amsterdamsestraatweg
Utrecht
Opdrachtgever: particulier

Foto's/Photos: **Stijn Poelstra**

Te midden van honderd jaar oude arbeidersbuurten fungeert de majestueuze watertoren (1917) aan de Amsterdamsestraatweg als baken. Na jaren van leegstand en talloze kraakacties kocht een ondernemer de toren in 2012. Tien jaar later zijn er vier woningen in opgeleverd: een woning die zes woonlagen bestrijkt met eronder drie huurstudio's. De belofte van een koffietentje op de begane grond, die de toren toegankelijk maakt voor de buurt, is vooralsnog onvervuld.

De renovatie bracht talloze uitdagingen met zich mee. Tussen de gevel en het watervat, gemaakt van plaatstaal met grove klinknagels, zat een verouderde stalen draagconstructie verstopt in een 60 centimeter diepe spouw. Het ontwerpen en maken van de vervangende betonconstructie en leidingen in de spouw was technisch complex. Daarnaast moesten er diverse raamopeningen komen om de woningen van daglicht te voorzien. Door elke woonlaag anders te benaderen, is een reeks ruimtelijke verrassingen ontstaan.

Op de vierde verdieping, de onderste verdieping van de grote woning, drukt de bolle onderzijde van het waterreservoir de ruimte in. Een laag hoger is de binnenkant van het vat voor het eerst te ervaren. Dan volgen twee slaapverdiepingen, waarin de *master bedroom* zich onderscheidt door een loggia met zicht op de Domtoren. Deze opening vormt de enige grote ingreep in de rondom doorlopende metselwerk rollagen en natuurstenen ornamenten. De bovenste twee (woon)verdiepingen, tot slot, zijn licht en luchtig. Onder de ijle stalen vakwerkconstructie, die tot in het puntje van de kap doorloopt, is een panoramaraam uitgesneden. Bijna alle oorspronkelijke elementen van de toren zijn met grote mate van precisie geïntegreerd in de herbestemming.

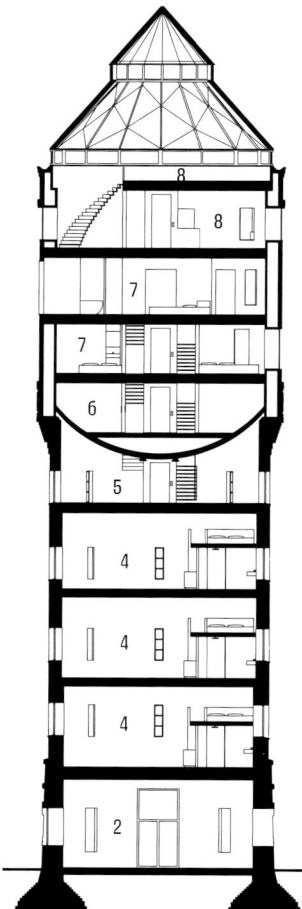

Doorsnede/Section

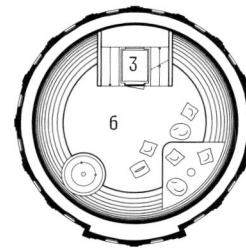
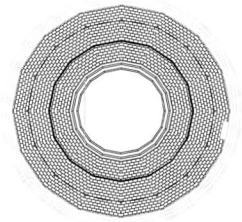
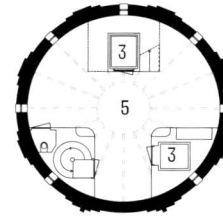

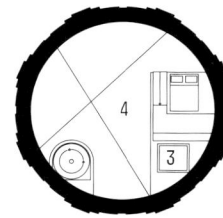
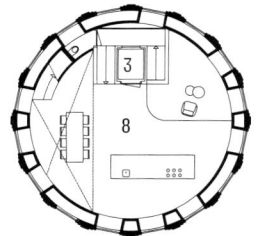
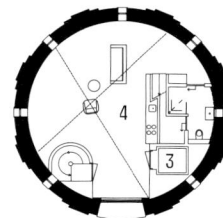
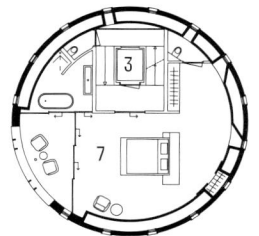
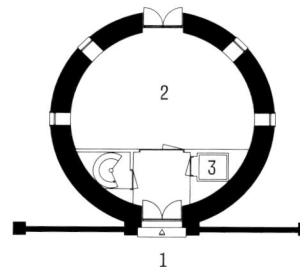
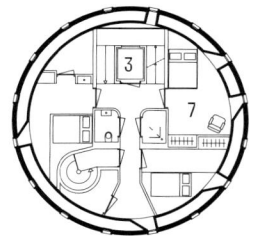

Vijfde, vierde, studio entresol, studio verdieping, begane grond/
Fifth, fourth, studio mezzanine, studio, ground floor
Dak, negende, achtste, zevende, zesde verdieping/
Roof, ninth, eighth, seventh, sixth floor

1   entree/entrance
2   potentieel/potential café
3   lift
4   studio
5   entree penthouse/penthouse entrance
6   muziekruimte/music room
7   slaapverdieping/sleeping level
8   woonverdieping/residential floor

Situatie/Site plan
A   Amsterdamsestraatweg
B   Korenbloemstraat
C   Hyacintstraat

0   2   4   10 m

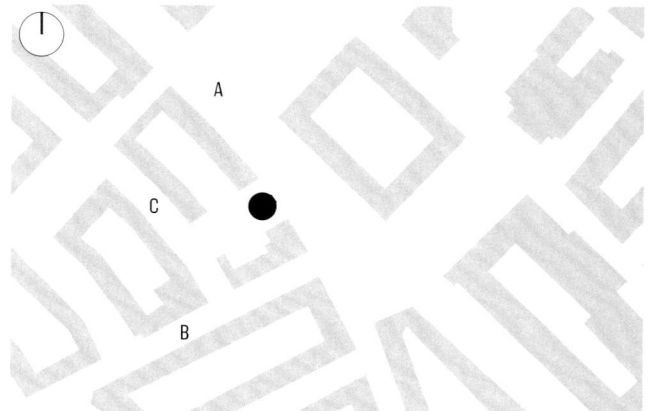

Amsterdamsestraatweg Water Tower

Utrecht
Client: private

In the midst of hundred-year-old working class districts, this majestic water tower (1917) acts as a beacon on the Amsterdamsestraatweg. After years of standing empty (apart from squatters) the tower was bought by a developer in 2012. Ten years on it now contains four dwellings: one at the top extending over six floors and three rental studios on the floors below. The promise of a coffee bar on the ground floor, intended to draw people from the surrounding area, is yet to be fulfilled.

The renovation entailed numerous challenges. Between the outer wall and the water tank, made of sheet steel with industrial rivets, was an antiquated steel supporting structure concealed in a 60-centimetre-deep cavity. Designing and making the replacement concrete structure and ducting in the cavity was technically complicated. Then various window openings had to be made to provide the dwellings with daylight. The adopted approach of treating each residential level differently has produced a series of spatial surprises.

On the fourth floor, the lowest floor of the large apartment, the rounded underside of the water tank intrudes into the space. On the next floor up the inside of the tank is perceptible for the first time. There follow two sleeping levels where the master bedroom is distinguished by a recessed balcony with a view of the Dom Tower. This opening is the only major intervention in the tower's masonry wall, which includes some beautiful decorative brickwork and stone ornamentation. The two topmost (residential) floors are light and airy. Beneath the slender steel framework, which continues right into the point of the roof, a picture window has been cut out. Nearly all the original elements of the tower have been integrated into the conversion with painstaking precision.

de Architekten Cie.

EDGE Amsterdam West

Amsterdam
Opdrachtgever: EDGE Technologies, Amsterdam

Het voormalig hoofdkantoor van het Sociaal Fonds voor de Bouwnijverheid (SFB) vlak bij station Amsterdam Sloterdijk is getransformeerd naar EDGE Amsterdam West, dat verschillende bedrijven en instellingen huisvest. Het gebouw stamt uit 1970 en is van bureau Oyevaar, Stolle & Van Gool, de voorloper van de huidige Architekten Cie. Het was ontworpen als een kantoortuin met open kantoorvloeren, met als doel om gelijkwaardigheid tussen de werknemers te creëren. Het 60.000 m² grote gebouw bestaat uit acht delen die bestaan uit vier achthoeken. Ze omsluiten een tuin die door tuinarchitect Mien Ruys is ontworpen.

Om het verouderde kantoor te transformeren in een gezonde, sociale en duurzame werkomgeving zijn er verschillende ruimtelijke ingrepen gedaan in de geest van architect Oyevaar. Op de vrij indeelbare kantoorvloeren zijn schachten omgevormd tot lichtkokers. De bovenste verdieping, die dienstdeed als technische ruimte, is nu een kantoorruimte waarvan de gevel is voorzien van glazen bouwstenen. De originele façade is grotendeels intact gebleven; enkel de ramen zijn vervangen. Door 6.000 m² aan zonnepanelen en thermische energieopslag onder de grond is het gebouw energiepositief.

De spectaculairste ingreep is het atriumdak over de oude binnentuin, in de vorm van een koepelconstructie die 76 meter overspant. In deze lichte ruimte zijn werk- en ontmoetingsplekken gemaakt die ook voor mensen van buiten het gebouw toegankelijk zijn. Nieuwe trappenhuizen zijn in het zicht geplaatst om het gebruik van de trap aan te moedigen. Op de eerste verdieping zijn platforms toegevoegd die ook dienen als plekken om te werken en te ontmoeten. Vanuit het atrium zijn overal mensen te zien die werken, vergaderen, koffiedrinken of elkaar spontaan tegenkomen. De menselijke maat die Oyevaar ambieerde, is door deze transformatie nog meer aanwezig.

0 10 20   50 m

Foto's/Photos: **Ernst van Raaphorst**

**Tweede verdieping, begane grond/
Second, ground floor**
1   hoofdentree/main entrance
2   atrium
3   atriumdak/atrium roof
4   lichtkoker met daklicht/lightwell
    with rooflight
5   nieuwe trappenhuizen/
    new staircases
6   platform voor werken en ontmoeten/
    for working and socializing
7   kantoor/office
8   parkeren/parking

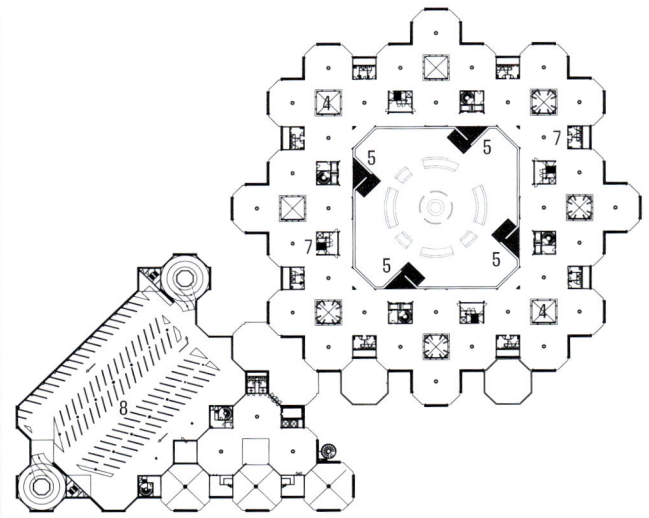

0 10 20   50 m

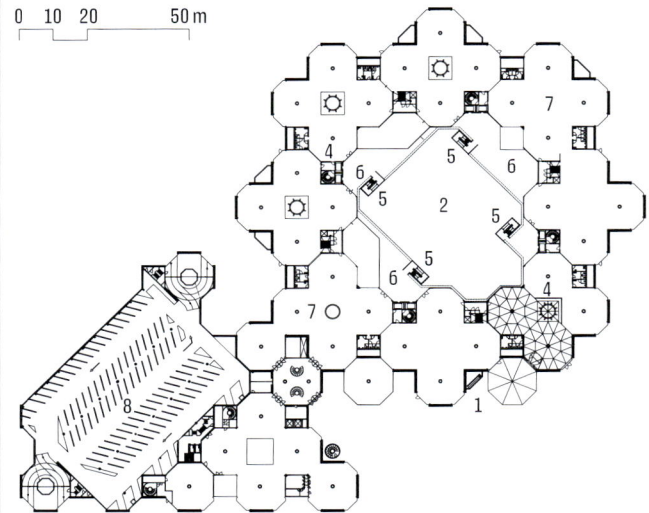

Doorsnede/Section

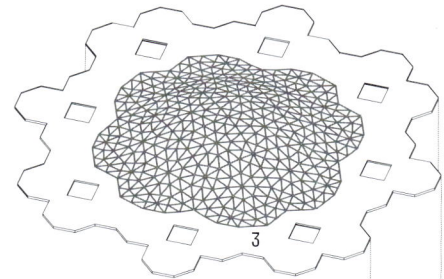

Situatie/Site plan
A   A5
B   Basisweg

Axometrie/Axonometric projection

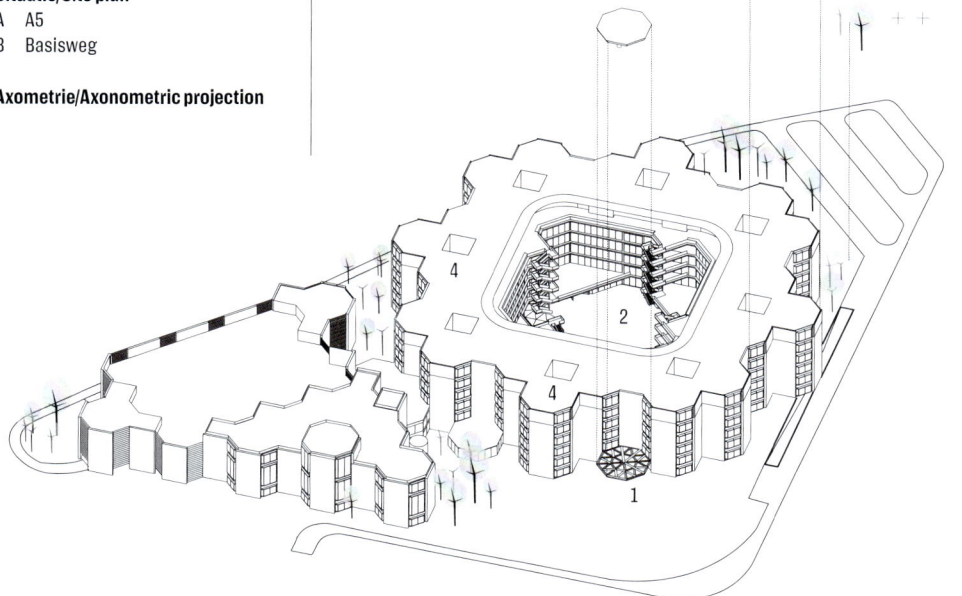

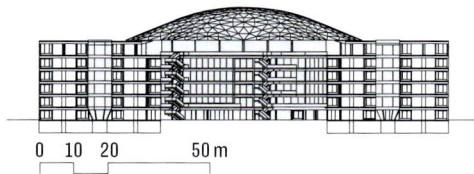

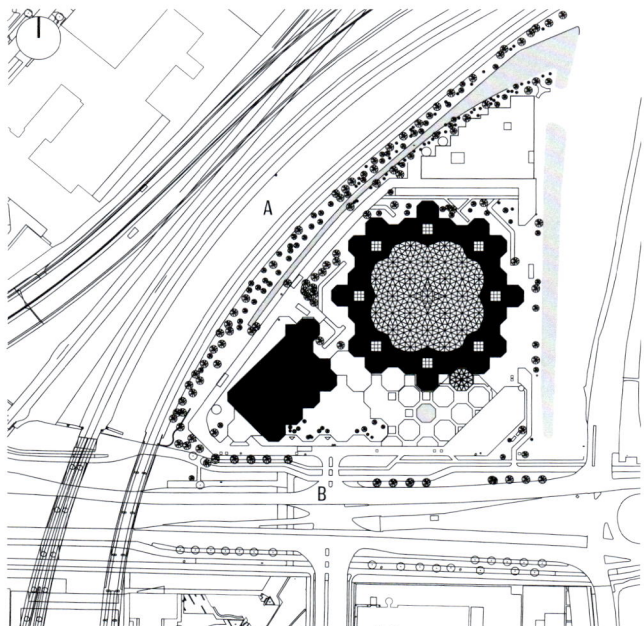

Foto/Photo: **Stijn Poelstra**

EDGE Amsterdam West

Amsterdam
Client: EDGE Technologies, Amsterdam

The former headquarters of the Social Fund for the Building Industry, close to the Sloterdijk station in Amsterdam, has been transformed into EDGE Amsterdam West, a multi-tenanted office building. The original 1970 building was by the forerunner of today's Architekten Cie., Oyevaar, Stolle & Van Gool, who designed it as an 'office garden' with open office floors that were intended to engender equality among its users. The 60,000 m² building has eight sections made up of four octagonal volumes that surround a garden designed by the landscape architect Mien Ruys. To turn the outdated office building into a healthy, sociable and sustainable work environment several changes were made in keeping with the spirit of the original architect A.N. Oyevaar. Shafts running through the free-plan office floors were converted into lightwells. The top floor, previously the technical area, is now office space with a facade cladding of glass blocks. Apart from the windows, the original elevations have remained largely intact. The building has achieved a positive energy rating thanks to 6000 m² of solar panels and underground thermal energy storage. The most spectacular intervention is the atrium roof placed over old courtyard garden in the form of a domed structure spanning 76 metres. Scattered around this light and airy space are work spaces and meeting places that are also accessible to people from outside the building. New staircases have been prominently located to encourage people to use the stairs. On the first floor platforms have been added that double as places to work and to socialize. The view from the atrium is a busy tableau of people working, meeting, drinking coffee or running into one another by chance. The human dimension aspired to by Oyevaar is more in evidence than ever thanks to this transformation.

Foto/Photo: **Your Captain Luchtfotografie**

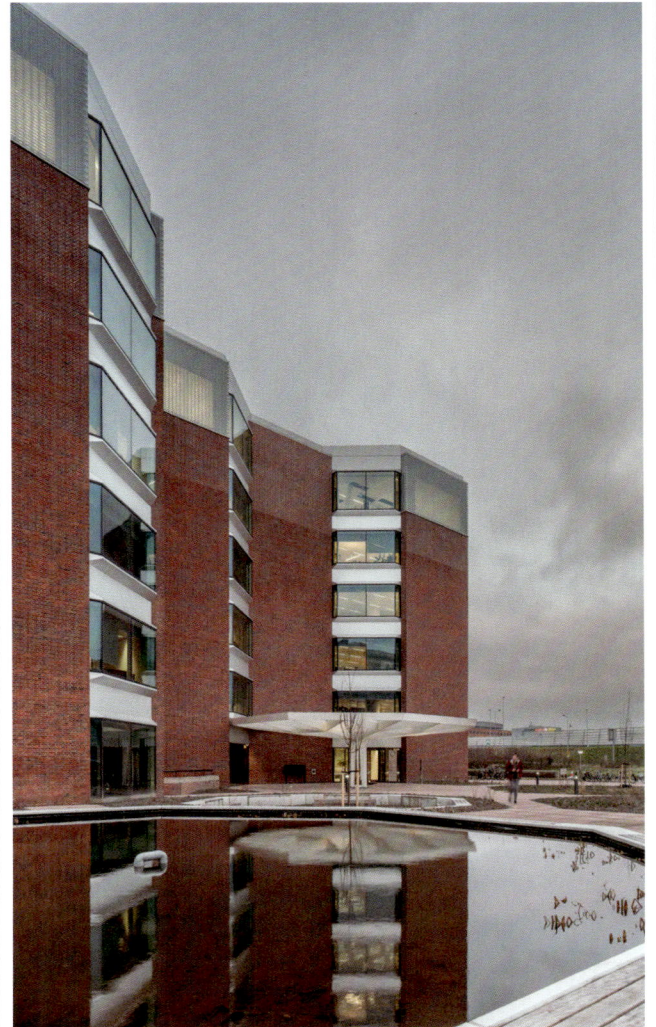

Ronald Janssen Architecten, Bastiaan Jongerius Architects & Buro Harro

Groenmarkt

Amsterdam
Opdrachtgever: Edwin Oostmeijer Projectontwikkeling en HBB Groep

Groenmarkt is ontstaan vanuit een tenderselectie waarbij de teams van architecten en ontwikkelaar gevraagd werd een plan voor de plek te bedenken en op het niveau van stedenbouw, architectuur, programma en gebruik uit te werken. Dit heeft geleid tot een ensemble van een alzijdig georiënteerd bouwblok met entree aan een nieuw buurtplein en een woongebouw dat zich oriënteert op de straat. De plinten van de gebouwen hebben kleinschalige bedrijvigheid. Beide blokken liggen stedenbouwkundig in lijn met hun omgeving. Zo bestaat het Marnixstraatblok uit beneden-bovenwoningen met een voordeur aan de straat. Het woningtype en het gedetailleerde metselwerk refereren aan de negentiende-eeuwse panden in de Marnixstraat.
Het Singelgrachtblok, op de Groenmarktkade, is onderdeel van een reeks moderne uitzonderingen in het historische stadsbeeld, zoals de Europarking-parkeergarage ontworpen door architect Zandstra. Het Singelgrachtblok is een naar buiten gekeerd gebouw. De balkons verspringen en er groeit groen langs de gevel en op het dak. Dit zorgt voor een levendig beeld. Dikke horizontale betonbanden houden het gebouw bij elkaar. Het blok heeft 39 woningen, waarvan op de eerste verdieping dertien sociale zorgwoningen voor ouderen uit de Jordaan, met een collectieve woonkamer en eetkeuken. De beukmaat van de woningen is 6,30 meter. Deze maat biedt ruimte voor de plaatsing van een tweepersoonsbed, iets wat uitzonderlijk is voor zorgwoningen. Dit heeft de maatvoering van de constructie van het gehele gebouw bepaald. Op de tweede en derde verdieping zijn koopwoningen met unieke plattegronden. De entree, gangen en trappenhuis zijn ruim opgezet. Op het dak is door Buro Harro een bijzonder 'uitwaailandschap' gemaakt, met zand, duinplanten, schelpenpaden, zwembad en een strandpaviljoen. Het geeft identiteit aan de plek en gedurende het hele jaar kunnen bewoners zich er terugtrekken, wandelen en zwemmen. Omdat de servicekosten niet in het huurcontract van de bewoners van de zorgwoningen zijn inbegrepen, hebben zij helaas geen toegang tot het dak. Groenmarkt is een bijzonder stukje stad geworden, omdat het van stedenbouw tot gebruik in hoge kwaliteit is uitgewerkt.

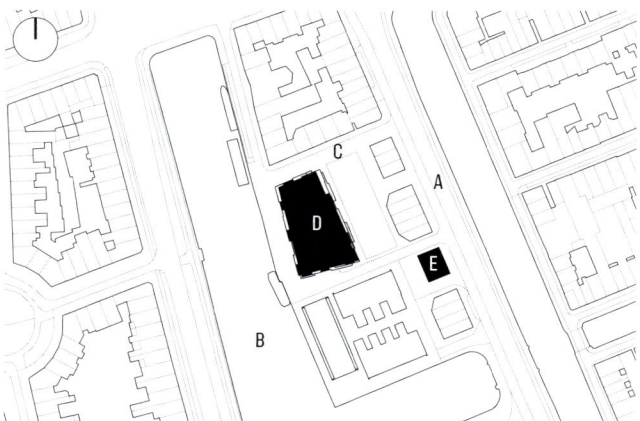

Foto's/Photos: Sebastian van Damme

Doorsnede/Section Singelgrachtblok/block

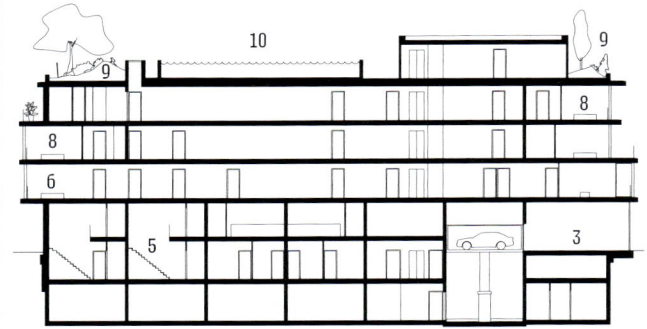

Tweede, eerste verdieping, begane grond, souterrain/Second, first, ground floor, basement
1   hoofdentree/main entrance
2   kantoor/office
3   inrit parkeergarage/car park entrance
4   fietsenstalling/bicycle storage
5   maisonnette met souterrain/ maisonette with basement
6   sociale zorgwoningen/assisted living apartments for elderly
7   collectieve ruimte/communal space
8   koopwoningen/owner-occupied apartments
9   daktuin/roofgarden
10 zwembad/swimming pool

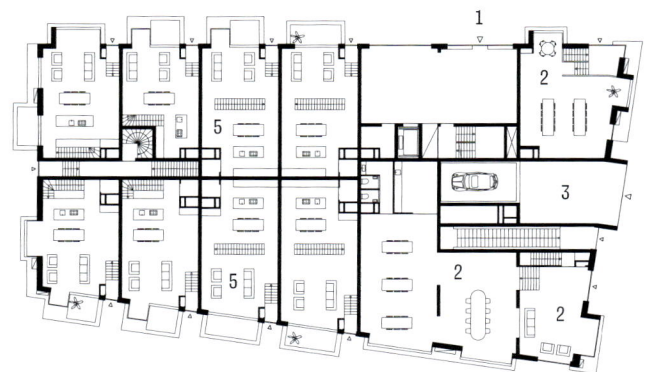

Situatie/Site plan
A   Marnixstraat
B   Singelgracht
C   Groenmarktkade
D   Singelgrachtblok/block
E   woongebouw

0   5   10   25 m

Groenmarkt

Amsterdam
Client: Edwin Oostmeijer Projectontwikkeling and HBB Groep

Groenmarkt is the outcome of a tendering process in which architect/developer teams were asked to come up with a concept for the site and to elaborate it in terms of urban design, architecture, programme and use. The winning scheme is an ensemble made up of an omni-directional residential block with an entrance on the new neighbourhood square and a residential block facing the street. The ground floors of the buildings host a range of small-scale businesses. Both buildings respond to their immediate spatial context. For example, the Marnixstraat block, like the other buildings lining that street, consists of downstairs and upstairs dwellings with front doors on the street. The housing type and detailed brickwork is a reference to the nineteenth-century buildings along Marnixstraat.

The Singelgracht block, on Groenmarktkade, is one of a series of modern exceptions in the historical streetscape, such as the Europarking garage designed by Piet Zandstra (1905-2003). The Singelgracht block is an outward-oriented building. The staggered balconies and the plants growing along the facade and on the roof make for a lively image. Wide horizontal concrete bands hold the building together. The block contains 39 dwellings, including thirteen assisted living apartments for elderly local residents on the first floor, along with a shared living room and eat-in kitchen. The apartments have a bay width of 6.3 metres, which is wide enough to accommodate a double bed and quite exceptional for care dwellings. This bay width determined the structural dimensions of the entire building. On the second and third floors are owner-occupied apartments with unique floor plans. The entrance, corridors and staircase are spacious. On the roof Buro Harro has designed a year-round 'sea breeze' landscape with sand dunes, dune plants, shell paths, swimming pool and beach pavilion. It gives identity to the place and provides residents with a year-round retreat where they can relax, walk and swim. However, because the service costs are not included in the rental contract of the care dwellings, those residents have no access to the roof. With Groenmarkt, a high quality elaboration encompassing every aspect from spatial integration to use has resulted in an outstanding addition to the urban fabric.

Foto's/Photos: **Jannes Linders**

Twintigste, achttiende, eerste verdieping, begane grond/Twentieth, eighteenth, first, ground floor
1   hoofdentree woontoren/residential tower main entrance
2   centrale hal/central hall
3   commerciële ruimte/commercial space
4   parkeerlift/car park lift
5   lifthal/lift lobby
6   daktuin/roofgarden
7   balkon/balcony
8   ondergrondse parkeergarage/underground car park

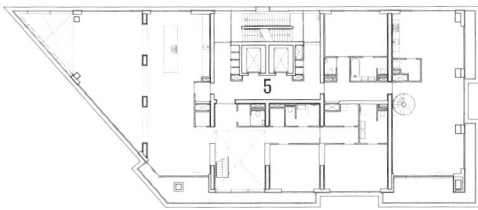

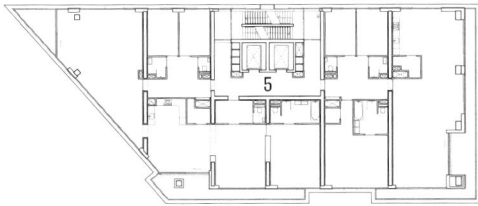

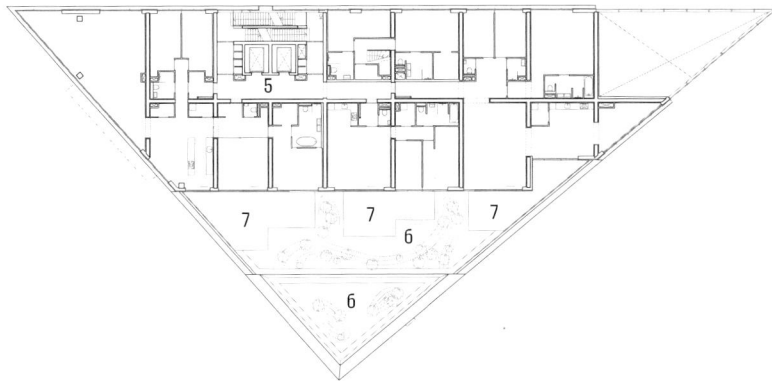

0   5   10   25 m

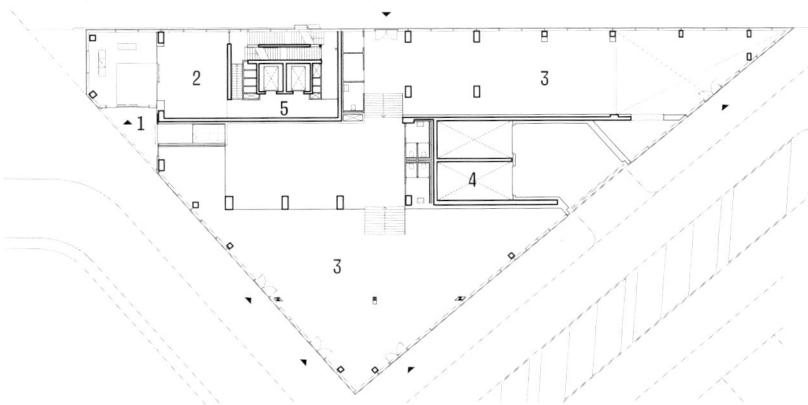

Situatie/Site plan
A   Spaklerweg
B   Amstel
C   Welnastraat

Doorsnede/Section

Team V Architectuur

HAUT
Amsterdam
Opdrachtgever: Lingotto, Amsterdam

Met zicht over de Amstel neemt HAUT Amsterdam een prominente plek in het nieuwe woongebied Amstelkwartier in. De gemeente Amsterdam zocht in 2016 voor dit kavel naar een zeer duurzaam concept voor een woontoren. De toren bestaat uit 52 koopwoningen in 15 verschillende varianten, verdeeld over 21 verdiepingen en is daarmee een van de hoogste houten gebouwen ter wereld. De milieuwinst is aanzienlijk: dankzij de bouwvoorbereiding in een houtfabriek in Duitsland is een forse besparing in CO_2-uitstoot en transportbewegingen behaald. Hoewel het project geldt als een pionier voor het bouwen met kruislaaghout (CLT), is niet het hele gebouw daarvan gebouwd. De fundering, kelder, liftkern en de toplaag van de vloeren zijn om constructieve redenen van beton gemaakt. Verspringende banden, die de gevel tot leven wekken, zijn uitgevoerd in microbeton. Aan de Amstel maakt de toren een scherpe hoek, waar inspringende balkons een dynamisch beeld opleveren. Dankzij de transparante gevel zijn de houten plafonds van de woningen van buitenaf goed zichtbaar.

In de woningen zijn de natuurlijke kwaliteiten van het hout deels te ervaren. Zo zijn de woningscheidende wanden met gips bekleed om aan de eisen voor brandveiligheid en geluidsisolatie te voldoen. Wel levert de dikke houtconstructie mooie diepe neggen op. HAUT is hiermee een toonbeeld van de huidige stand waarin de bouw zich bevindt. Hoewel de innovatie in materiaalgebruik nog enkele beperkingen kent, zet de toren wel met overtuiging in op een transitie. Ontwerpteams die hier nu en in de toekomst ook op grote schaal willen inzetten, kunnen zich erdoor laten informeren.

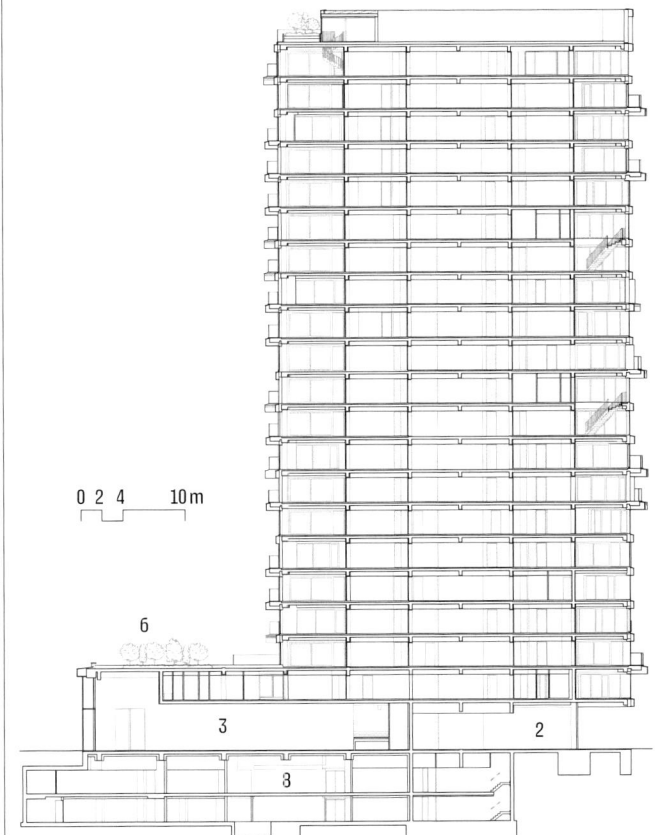

0 2 4   10 m

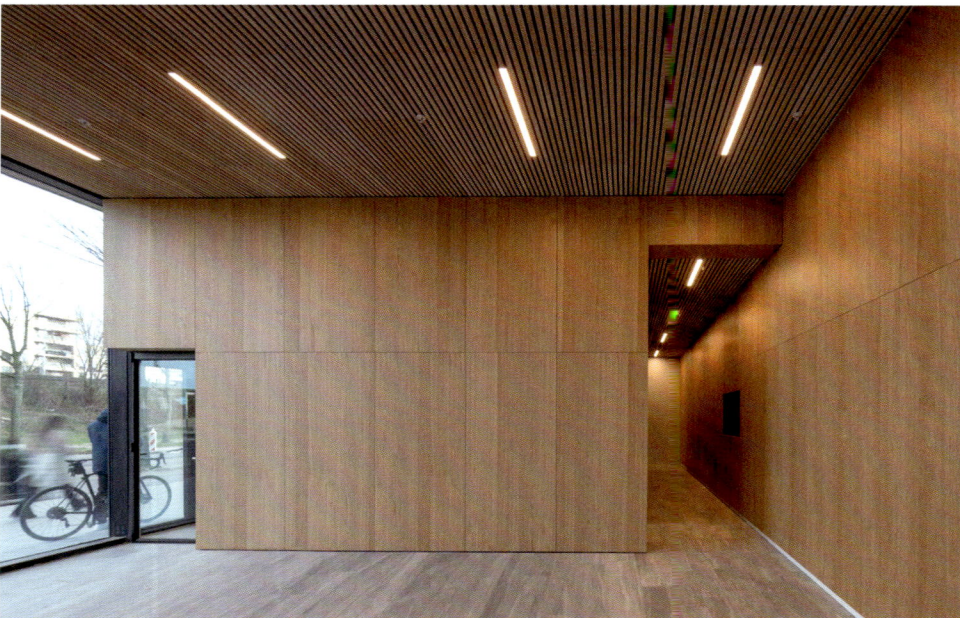

HAUT Amsterdam

Amsterdam
Client: Lingotto, Amsterdam

With views over the Amstel river HAUT occupies a prominent place in the new Amstelkwartier residential district. In 2016 the City of Amsterdam issued a tender calling for a highly sustainable residential tower concept for this plot. The tower consists of 52 owner-occupied apartments in 15 different versions, distributed across 21 floors, making it one of the tallest timber buildings in the world. The environmental benefit is considerable: the pre-fabrication in a timber factory in Germany delivered substantial savings in CO_2 emissions and transport movements.

Although the project is a pioneer in building with cross-laminated timber (CLT), it was not used throughout the building. The foundations, basement, lift core and top layer of the floorplates were made of concrete for structural reasons. The staggered bands that animate the facade are made of micro concrete. On the Amstel side, where the tower is sharply angled, recessed balconies produce a dynamic picture. Thanks to the transparent facade, the timber ceilings in the apartments are clearly visible from outside.

Inside the apartments the natural qualities of wood are only partially in evidence. The party walls, for example, are clad with plasterboard to comply with the fire safety and acoustic regulations. On the other hand, the timber construction does make for lovely deep reveals. As such, HAUT is exemplary for the current state of the construction industry. Although innovation in the use of materials still faces a few limitations, the tower is a convincing example of a transitional state. Design teams interested in participating in the transition to the large scale, now or in the future, can learn a thing or two from this building.

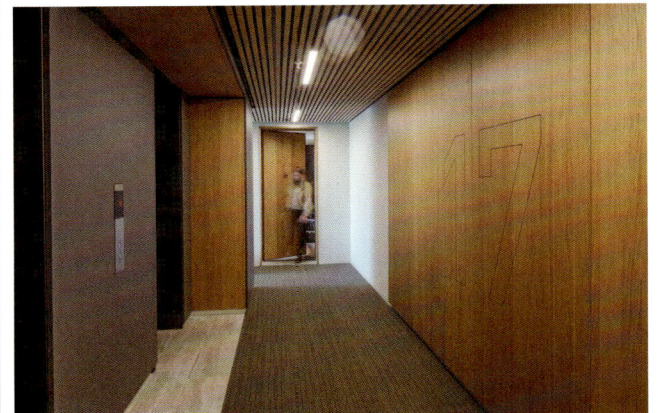

De wooncrisis gaat ook over verlies van woonkwaliteit

De Jaarboekredactie in gesprek met hoofdontwerper van de gemeente Amsterdam Fenna Haakma Wagenaar

Marieke Berkers

Architect Fenna Haakma Wagenaar (1971) is hoofdontwerper Ruimte en Duurzaamheid bij de gemeente Amsterdam. Ze houdt zich daar bezig met de woon- en verdichtingsopgave in het westelijk deel van Amsterdam, net buiten de ring. In 2017 werkte ze als stedenbouwkundige voor de gemeente Rotterdam en van 2006 tot 2011 bij de Greater London Authority's Architecture and Urbanism Unit. Daar schreef ze mee aan een nieuw en eerlijk woningbouwbeleid, dat leidde tot een handboek voor woningontwerp. Als architect werkte ze onder meer bij SANAA en OMA. Met haar concrete ervaring met het ontwerp van woningplattegronden in een breed stedelijk perspectief levert zij een waardevolle bijdrage aan het debat over wonen in dichtbevolkte steden.

The housing crisis is also about a loss of housing quality

The Yearbook editors in conversation with lead designer for the City of Amsterdam Fenna Haakma Wagenaar

Architect Fenna Haakma Wagenaar (b. 1971) is lead designer Space and Sustainability for the City of Amsterdam, where she deals with housing and densification in the western part of Amsterdam, just beyond the ring road. In 2017 she worked for the City of Rotterdam as urban planner, and from 2006 to 2011 she was a member of the Greater London Authority's Architecture and Urbanism Unit, where she helped to formulate a new and fair housing policy, culminating in a guide to housing design. As architect she has worked for SANAA and OMA. Given her hands-on experience of designing housing floor plans in a broad urban perspective she is able to make a valuable contribution to the debate about housing in densely populated cities.

Schema woonkwaliteit 1989–2022. Tijdlijn met het aantal nieuwbouwwoningen per jaar en het gemiddelde gebruiksoppervlak (GBO) van een nieuwbouwwoning in Amsterdam afgezet tegen de belangrijke beleidsmomenten.

Housing quality diagram 1989–2022. Timelines showing number of new dwellings per year and the average usable area (UA) of a new-build dwelling in Amsterdam against a backdrop of important policy moments. Schema/Diagram: Fenna Haakma Wagenaar

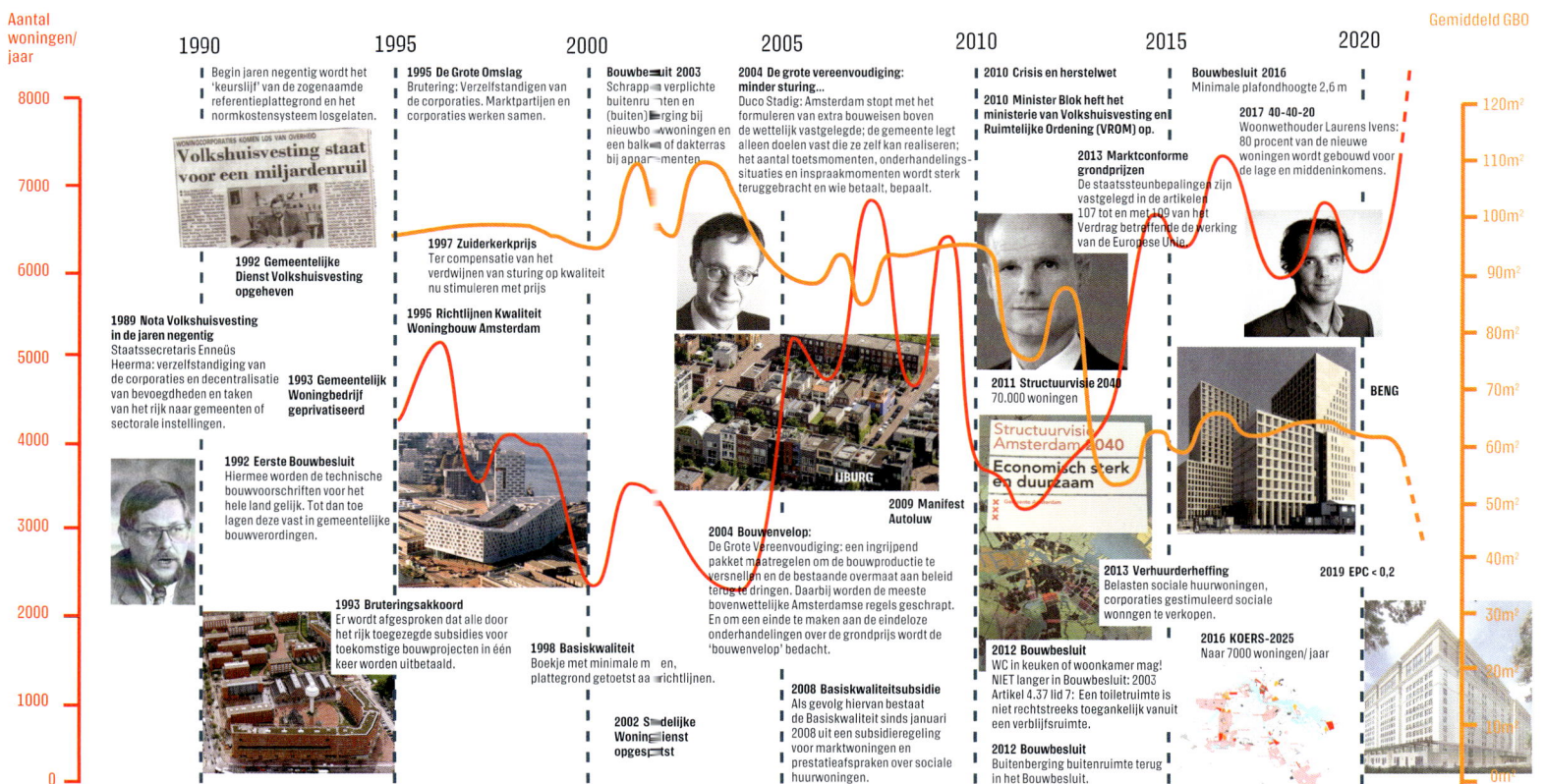

Aantal woningen/ jaar

Gemiddeld GBO

1990 1995 2000 2005 2010 2015 2020

Begin jaren negentig wordt het 'keurslijf' van de zogenaamde referentieplattegrond en het normkostensysteem losgelaten.

1995 De Grote Omslag
Brutering: Verzelfstandigen van de corporaties. Marktpartijen en corporaties werken samen.

Bouwbesluit 2003
Schrappen verplichte buitenruimten en (buiten)berging bij nieuwbouwwoningen en een balkon of dakterras bij appartementen.

2004 De grote vereenvoudiging: minder sturing...
Duco Stadig: Amsterdam stopt met het formuleren van extra bouweisen boven de wettelijk vastgelegde; de gemeente legt alleen doelen vast die ze zelf kan realiseren; het aantal toetsmomenten, onderhandelingssituaties en inspraakmomenten wordt sterk teruggebracht en wie betaalt, bepaalt.

2010 Crisis en herstelwet

2010 Minister Blok heft het ministerie van Volkshuisvesting en Ruimtelijke Ordening (VROM) op.

Bouwbesluit 2016
Minimale plafondhoogte 2,6 m

2017 40-40-20
Woonwethouder Laurens Ivens: 80 procent van de nieuwe woningen wordt gebouwd voor de lage en middeninkomens.

1992 Gemeentelijke Dienst Volkshuisvesting opgeheven

1997 Zuiderkerkprijs
Ter compensatie van het verdwijnen van sturing op kwaliteit nu stimuleren met prijs

2013 Marktconforme grondprijzen
De staatssteunbepalingen zijn vastgelegd in de artikelen 107 tot en met 109 van het Verdrag betreffende de werking van de Europese Unie.

1989 Nota Volkshuisvesting in de jaren negentig
Staatssecretaris Enneüs Heerma: verzelfstandiging van de corporaties en decentralisatie van bevoegdheden en taken van het rijk naar gemeenten of sectorale instellingen.

1995 Richtlijnen Kwaliteit Woningbouw Amsterdam

1993 Gemeentelijk Woningbedrijf geprivatiseerd

2011 Structuurvisie 2040
70.000 woningen

BENG

1992 Eerste Bouwbesluit
Hiermee worden de technische bouwvoorschriften voor het hele land gelijk. Tot dan toe lagen deze vast in gemeentelijke bouwverordeningen.

IJBURG

2009 Manifest Autoluw

Structuurvisie Amsterdam 2040
Economisch sterk en duurzaam

2019 EPC < 0,2

1993 Bruteringsakkoord
Er wordt afgesproken dat alle door het rijk toegezegde subsidies voor toekomstige bouwprojecten in één keer worden uitbetaald.

2004 Bouwenvelop:
De Grote Vereenvoudiging: een ingrijpend pakket maatregelen om de bouwproductie te versnellen en de bestaande overmaat aan beleid terug te dringen. Daarbij worden de meeste bovenwettelijke Amsterdamse regels geschrapt. En om een einde te maken aan de eindeloze onderhandelingen over de grondprijs wordt de 'bouwenvelop' bedacht.

2013 Verhuurderheffing
Belasten sociale huurwoningen, corporaties gestimuleerd sociale woningen te verkopen.

1998 Basiskwaliteit
Boekje met minimale maten, plattegrond getoetst aan richtlijnen.

2012 Bouwbesluit
WC in keuken of woonkamer mag! NIET langer in Bouwbesluit: 2003 Artikel 4.37 lid 7: Een toiletruimte is niet rechtstreeks toegankelijk vanuit een verblijfsruimte.

2016 KOERS-2025
Naar 7000 woningen/ jaar

2002 Stedelijke Woningdienst opgeheven

2008 Basiskwaliteitsubsidie
Als gevolg hiervan bestaat de Basiskwaliteit sinds januari 2008 uit een subsidieregeling voor marktwoningen en prestatieafspraken over sociale huurwoningen.

2012 Bouwbesluit
Buitenberging buitenruimte terug in het Bouwbesluit.

Volkshuisvesting staat voor een miljardenruil

8000

7000

6000

5000

4000

3000

2000

1000

0

120m²
110m²
100m²
90m²
80m²
70m²
60m²
50m²
40m²
30m²
20m²
10m²
0m²

Een ronde langs nieuw opgeleverde woningbouwprojecten in Nederland baarde de redactieleden zorgen. Er was zeker kwaliteit te vinden – zie de projecten in dit Jaarboek – maar vaak ook riepen gebouwen kritische vragen op over leefkwaliteit, duurzaamheid en betaalbaarheid. Wonen is het ondergeschoven kindje geworden van de bouwopgave. Hoe is dat zo gekomen? En hoe kunnen we als vakgebied ervoor zorgen dat de woonkwaliteit verbetert, vanuit de kleinste korrel: het huis en het persoonlijke leven? De redactie legt deze vragen voor aan hoofdontwerper van de gemeente Amsterdam, Fenna Haakma Wagenaar. Ambitieus bijt zij zich vast in de woonopgave in de hoofdstad en pleit ze voor een meer professionele en moreel verantwoordelijke houding van het vakgebied ten opzichte van het bouwen van woningen. Met vijftien jaar aan werkervaring in Londen is ze bovendien in staat kritisch, met een blik van buiten, naar de woonopgave te kijken.

Gescheiden werelden

'Toen ik na jarenlang in Londen te hebben gewerkt in 2016 in Nederland terugkwam, schrok ik', steekt Haakma Wagenaar van wal. 'Ik realiseerde me dat de Nederlandse bouw- en ontwerpcultuur, waarover ik had opgeschept toen ik voor de Greater London Authority's Architecture and Urbanism Unit werkte, niet bestond. Ik had die cultuur misschien geromantiseerd: een belangrijke rol voor de architect, aandacht voor de sociale opgave, ruimte voor nieuw ontwerp met ambitieuze opgaven en ambitieuze opdrachtgevers en stedenbouwers en architecten die samen nadachten over verkaveling, plattegrond en het leven van de toekomstige bewoners. De werkelijkheid die ik bij terugkeer aantrof, was ontnuchterend: planologie, stedenbouw, architectuur en wonen bleken gescheiden werelden. De stedenbouwer bedenkt de ruimtelijke opzet en het planologisch idee voor de stad en de architect mag vervolgens de volumes invullen met plattegronden en gevels.'

A tour of recently completed housing projects in the Netherlands left the editors feeling rather disquieted. There was definitely good quality work to be found – see the projects featured in this Yearbook – but there were also many buildings that raised critical questions about quality of living, sustainability and affordability. Housing has become the Cinderella of construction. How did that happen? And what can we, whose area of expertise this is, do to ensure that the quality of housing improves, starting with the smallest unit: the home and the personal life? The editors put these questions to the City of Amsterdam's lead designer, Fenna Haakma Wagenaar. Ambitiously tackling the housing challenge in the nation's capital, she calls on practitioners to adopt a more professional and ethically responsible attitude to the construction of houses. With fifteen years' work experience in London under her belt, she is also able to view the housing challenge through the eyes of a critical outsider.

Separate worlds

'When I returned to the Netherlands in 2016 after many years working in London, I was frankly shocked,' Haakma Wagenaar begins. 'I realized that the Dutch construction and design culture I'd boasted about while working for the Greater London Authority's Architecture and Urbanism Unit, no longer existed. Perhaps I'd romanticized that culture: an important role for the architect, consideration of the social aspect, opportunity for new design with ambitious projects and ambitious clients and urban designers and architects who together deliberated about land subdivision, plots, floor plans and the lives of future residents. The reality that I encountered on my return was sobering: planning, urban design, architecture and housing turned out to be separate worlds. The urban planner comes up with the spatial layout and the planning concept for the city, after which the architect is allowed to fill the volumes with floor plans and elevations.'

Met enige weemoed kijkt ze naar de tijd dat architect en stedenbouwer Ben Merkelbach (1901–1961) werkte als stadsbouwmeester van Amsterdam, midden jaren vijftig. 'Hij werkte aan een stedenbouwkundige opzet vanuit een idee voor een prettige woonomgeving met goede plattegronden met ruimte voor ontmoeting en privacy en met zon en ventilatie.'

'Als de bouwenvelop vastligt, is het voor een architect vaak moeilijk om nog iets van een gebouw te kunnen maken.'

Op een bord heeft de redactie de projectdocumentatie geprikt van de woningbouwprojecten die ze bezocht en bestudeerde. Alle hoofden buigen zich naar de plattegronden. 'Je ziet steeds diepere bouwblokken ontstaan, een logisch gevolg van de economie', wijst Haakma Wagenaar. 'Gevels zijn de dure delen van een gebouw, daar wil je er zo min mogelijk van. Maak in dat soort blokken maar eens goede woningen. Als de bouwenvelop vastligt, is het voor een architect vaak moeilijk om nog iets van een gebouw te kunnen maken.'

Levendigheid in plaats van leegheid

Hoe is die scheiding tussen wonen en stedenbouw ontstaan en wat kunnen we eraan doen, vraagt de redactie zich af. 'Precies die vragen stelde ik ook, samen met een aantal collega's van verschillende afdelingen van de gemeente Amsterdam', vertelt Haakma Wagenaar. 'We deelden de frustratie dat juist in een periode waarin de druk op de grond steeds verder wordt opgevoerd we moeilijk kunnen sturen en eisen. Er is simpelweg te weinig regelgeving om ons daarbij te helpen. Als we bijvoorbeeld eisen dat er in een tweekamerwoning ook een tweepersoonsbed past, krijgen we van ontwikkelaars terug dat ze het

---

She looks back with a degree of nostalgia to the days when the architect and urban designer Ben Merkelbach (1901-1961) was chief architect of Amsterdam, in the mid-1950s. 'He worked on an urban planning scheme based on the notion of a pleasant living environment, including good floor plans with space for both social interaction and privacy and with sun and ventilation.' The editors have pinned the project documentation of the housing projects they visited to a board. All heads turn to study

'If the building envelope is fixed, it's often difficult for an architect to manage to make something decent of a building.'

the floor plans. 'You can see a trend towards ever deeper blocks, a logical consequence of the economic situation,' Haakma Wagenaar points out. 'Elevations are the expensive bits of a building, so you want to keep their surface area to the minimum. Try making good dwellings in that kind of block. If the building envelope is fixed it's often difficult for an architect to manage to make something decent of a building.'

Liveliness instead of emptiness

How did that separation between living and urban design occur and what can we do about, the editors wonder. 'That's precisely the question I asked, too, along with several colleagues from various City of Amsterdam departments,' Haakma Wagenaar responds. 'We were all frustrated that at the very moment when land is under increasing pressure it is difficult for us to steer and demand. We simply have too few regulatory instruments at our disposal. If we demand that a double bed should be able to fit into a two-room dwelling, for example, the developers fire back that they are following the Building Regulations and that any

Bouwbesluit volgen en dat elke eis daarbovenop bovenwettelijk is en dus niet verplicht. Zoiets mag dus gewoon van de wet.'

'Het moment van privatisering van de gemeentelijke dienst volkshuisvesting midden jaren 1990, is bepalend geweest voor de verandering in ontwerpcultuur binnen de gemeente. Nog in 2004 maakte de toenmalige Dienst Ruimtelijke Ordening (DRO) boekjes met goede woningplattegronden. Architecten maakten deel uit van de stedelijke woningdienst. In 2010 werd het ministerie van Volkshuisvesting opgeheven. Woonkwaliteit verdween uit het systeem, uit onze cultuur. Nu zit de afdeling Wonen in een ander gebouw dan de dienst waar ik werk, Ruimte en Duurzaamheid. Als samenwerken al plaatsvindt, gaat het nooit over woonkwaliteit, terwijl het daar *juist* over zou moeten gaan.'

'Er zijn wel erg veel modernistische baby's met het badwater weggegooid', vindt Haakma Wagenaar. Ze somt op: 'Galerijen zijn vervangen door binnengangen. De open verkaveling met lege openbare ruimtes van de modernisten is vervangen door stadstraten met levendige plinten. De architecten van de wederopbouw bouwden voor het arbeidersgezin, met een hoofdrol voor de huisvrouw. De stedenbouw van nu is gericht op de latte-drinkende professional. De focus is van het huis naar de straat gegaan. Woningplattegronden worden nauwelijks meer getekend, waardoor enig idee over hoe bewoners een gebouw of woning gebruiken ontbreekt. In Amsterdam leggen bouwenveloppen de maximale ontwikkelruimte vast als een voorschot op stedelijke inkomsten. Logisch dus dat bouwblokken steeds dikker en dieper worden. Dat was niet per se een probleem toen we grote woningen bouwden, zoals in IJburg, Piraeus, of de Oostelijke Handelskade, maar wel als we kleine woningen in grote volumes proberen te maken. Dan ontstaan huizen die voor gebruikers niet goed functioneren. Om dat te voorkomen is kennis nodig van wat een verkaveling betekent voor een plattegrond.'

Het klopt inderdaad dat de gemiddelde maat van nieuwbouwwoningen hard omlaag is gegaan. 'Van gemiddeld 47 m² in 2022 tegenover 120 m² in 2003 in Amsterdam', weet Haakma Wagenaar. 'Dat een woning klein is, is niet per se een probleem, maar dat het slechte woningen zijn wel. Smalle, diepe, eenzijdig georiënteerde woningen zijn niet geschikt voor meer dan een persoon. Terwijl het in een net zo'n kleine, tweezijdig georiënteerde portiekwoning met een entree in het midden misschien wel prima wonen is met twee personen. Tijdens de coronapandemie hebben we gezien hoe belangrijk het is dat mensen in huis eigen ruimtes hebben om te videobellen of zich even terug te trekken. Met goede kleine woningen stimuleer je bovendien de doorstroom in de stad. Ouderen in grote woningen bied je dan de kans te verhuizen naar net zo'n goed huis als ze achterlaten, maar dan iets kleiner.'

Het gaat overigens niet alleen om de plattegronden van

'Er zijn wel erg veel modernistische baby's met het badwater weggegooid.'

goedkope woningen. De redactie wijst ook op een aantal projecten met dure koopwoningen waarbij de entreegebieden krap ontworpen zijn. Haakma Wagenaar: 'In dat soort appartementengebouwen gaat het budget naar de woningen toe, omdat daarop verdiend kan worden. Krappe entrees zijn het gevolg. Ook zijn de liftuitgangen op de verdiepingen vaak smaller dan die op de entreeverdieping. Mensen krijgen een bankstel of een brancard de lift wel in, maar op tienhoog er met geen mogelijkheid meer uit.'

Haakma Wagenaar grabbelt even in haar tas en legt een transparant kaartje waarop een zonnewijzer staat getekend op

---

requirement above and beyond that is non-statutory and as such not mandatory. And the law simply allows that.'

'The privatization of the municipal housing agency in the mid-1990s was a defining moment for the change in design culture within the city council. As recently as 2004 the then Physical Planning Department (Dienst Ruimtelijke Ordening, DRO) was still producing pamphlets featuring good residential floor plans. Architects were part of the municipal housing agency. In 2010 the Ministry of Housing was dissolved. Housing quality disappeared from the system, from our culture. Currently the department of Housing is in a different building from the department I work for, Space and Sustainability. And if we do ever collaborate, it's never about housing quality, whereas that is *precisely* what it should be about.'

'An awful lot of modernist babies were thrown out with the bathwater,' in Haakma Wagenaar's opinion. She lists them: 'Access decks were replaced by internal corridors. The modernists' open subdivision with empty public spaces was replaced by urban streets with lively podiums. The post-war reconstruction architects built for the working man's family, with a key role for the housewife. Urban design today is targeted at the latte-drinking professional. The focus has shifted from the home to the street. Housing floor plans are rarely drawn anymore, with the result that nobody has any notion of how residents use a building or a dwelling. In Amsterdam building envelopes establish the maximum development space with an eye to municipal revenues. So it's only logical that blocks are getting bulkier and deeper. That wasn't necessarily a problem when we were building large dwellings, as in IJburg, Piraeus or the Oostelijke Handelskade, but it is when we try to make small dwellings in large volumes. The result is homes that don't function properly for the users. In order to prevent that we need know-how about the repercussions that a subdivision can have for a floor plan.'

The absence of a north arrow

It is indeed true that the average size of new-build dwellings has declined steeply. 'From an average of 120 m² in 2003 to 47 m² in 2022 in Amsterdam,' Haakma Wagenaar informs us. 'The fact that a dwelling is small is not necessarily a problem unless it's also poor quality. Narrow, deep, single-aspect dwellings are not suitable for more than one person. Whereas an equally small, dual-aspect, porch-accessed apartment with a central entrance hall may be perfectly liveable for two people. During the Covid pandemic we saw how important it is for people to have their own spaces in the home for making video calls or just to be by

'An awful lot of modernist babies were thrown out with the bathwater.'

themselves for a while. What's more, well-designed small dwellings encourage an occupancy turnover in the city. It offers older people living in large dwellings the opportunity to downsize to a home that is just as good as the one they're leaving behind, just a little smaller.'

Nor are the problems confined to the floor plans of cheaper dwellings. The editors point to a number of projects for expensive owner-occupied dwellings with lamentably small entrance areas. Haakma Wagenaar: 'In that kind of apartment building all the money goes into the apartments because that's where the profit lies. Cramped entrances are the result. And the lift exits on the upper floors are often narrower than the one at entrance level. People can get a sofa or a stretcher into the lift, but ten floors up they've no way of getting it out again.'

Haakma Wagenaar rummages in her bag and puts a transparent map marked with a sundial on the table. 'This map used to be given to self-builders in Almere, so that when they were

tafel. 'Dit kaartje kregen zelfbouwers in Almere, zodat ze bij het tekenen van hun plattegrond konden zien wanneer de zon in welk vertrek valt. Als lid van de welstandscommissie Almere gebruikte ik hem ook', lacht ze. 'Vaak ontbreekt op een plantekening namelijk een noordpijl. De architect of opdrachtgever blijkt dan geen idee te hebben van de situering van blokken ten opzichte van het zonlicht. Dat architecten, maar ook stedenbouwers zo'n principe niet meer meenemen is een teken aan de wand.'

Dat de kwaliteit van de gemiddelde woonplattegrond te wensen overlaat, is een alarmerende notie in een tijd dat er zoveel nieuwe woningen gepland staan. Het gevaar dreigt dat met een fixatie op het getal van de bouw van 900.000 woningen – de ambitie van de rijksoverheid – er de komende jaren nog meer kleine studio's bij komen. Haakma Wagenaar: 'Natuurlijk is het zo dat mensen vanwege het tekort aan woningen met slechte woningen genoegen nemen. Op een gegeven moment heb je een stad met slechte woningen, waar het bovendien niet leuk meer wonen is vanwege het verdwijnen van doelgroepen voor wie de stad te duur is geworden, denk aan jongeren of creatieven.' Kortom: de wooncrisis gaat niet alleen over een tekort aan woningen, maar ook over verlies van woonkwaliteit.

'Het is ook interessant om Amsterdam te spiegelen aan een stad als Londen,' vertelt Wagenaar Haakma. 'Beide steden doorlopen eenzelfde ontwikkeling, waarbij Amsterdam zo'n tien jaar achterloopt op Londen.' In Londen ging het mis toen Margaret Thatcher aan de macht kwam. In 1986 werd de Greater London Council inclusief burgemeester en gemeentelijk beleid ontbonden, en daarmee werden ook alle afdelingen met planners en architecten opgeheven.

De stad was in één klap alle instrumenten en instanties kwijt om de woonkwaliteit te sturen en te controleren. Het idee was dat de markt dat moest gaan overnemen, maar de markt deed niks. Sociale woningen werden massaal verkocht en woningen werden steeds kleiner en slechter.

'In 2000 kreeg Londen eindelijk weer een burgemeester: Ken Livingstone', vertelt Haakma Wagenaar. 'Hij vroeg aan architect Richard Rogers om een team van architecten en planologen te formeren dat zich zou gaan bezighouden met het in kaart brengen van de enorme woonopgave, de Architecture and Urbanism Unit, later Design for London genoemd. Ik maakte deel uit van dat team. Vanaf 2008 initieerden we nieuwe regel-

De woonkwaliteit komt in verdrukking. Recente woningplattegronden laten zien dat kamers steeds kleiner worden, zodat bed, bank en tafel er amper in passen. Er is gebrek aan privacy en daglicht en er is vaak een enkelzijdige oriëntatie.

Housing quality under pressure. Recent dwelling floor plans show a progressive reduction in room size, such that bed, sofa and table barely fit. Dwellings lack privacy and daylight and are often single aspect. Collage: Fenna Haakma Wagenaar

drawing their floor plan they could see when the sun would shine into which room. As a member of the Almere design review committee I used it too,' she laughs. 'The fact is that the north arrow is often missing from plan drawings. In such cases the architect or the client has no idea how the blocks are sited in relation to sunlight. The fact that architects and even urban designers don't take that principle into account anymore is telling.'

That the quality of the average housing floor plan leaves much to be desired is an alarming thought at a time when so many new dwellings are planned. The danger is that with a fixation on the figure of 900,000 new dwellings – the government's ambition – even more small studios will be added in the coming years. Haakma Wagenaar: 'Of course, faced with the shortage of housing, people put up with substandard dwellings. At a certain point you have a city of substandard dwellings and on top of that it's no longer as enjoyable to live there because of the

absence of certain target groups that have been priced out of the city, such as young people or creatives.' In short, the housing crisis is not solely about a shortage of housing but also about a loss of liveability.

Learning from London

'It's interesting to compare Amsterdam with a city like London,' Haakma Wagenaar says. 'Both cities are going through the same development, but Amsterdam is some ten years behind London.' In London things started to go wrong when Margaret Thatcher came to power. In 1986 the Greater London Council, including the lord mayor and municipal administration, was dissolved and all the departments with planners and architects were closed down as well.

In one fell swoop the city lost all the instruments and institutions needed to steer and supervise housing quality. The idea

geving voor woningbouw met uitgebreide consultatie van ontwikkelaars, corporaties, belangenorganisaties en andere stakeholders. De toenmalige bouwcultuur in Nederland met haar variëteit aan woningtypen van hoge kwaliteit was daarbij een belangrijke inspiratie. Een lobby van betrokken ontwikkelaars schreef en dacht mee. We ontwierpen een compact schema met regels die voor meer woon- en leefkwaliteit moesten zorgen en vatten die in het document *London Housing Design Guide, interim version 2011*. Toenmalig burgemeester Boris Johnson zette er zijn handtekening onder. Er bestond bij politici wel zorg dat dergelijke regelgeving de ontwikkeling van de miljoenen geplande en benodigde woningen zou saboteren, maar precies het omgekeerde gebeurde. Onze leidraad vereenvoudigde de afspraken en discussies met ontwikkelaars en er kwamen subsidieregelingen. Zo ontstond een nieuwe

'Het is interessant om Amsterdam te spiegelen aan een stad als Londen.'

standaard voor woningbouw. Balkons werden bijvoorbeeld weer groot genoeg om er een tafel en stoelen op te zetten. Ook andere gemeenten gingen ons beleid toepassen. Uiteindelijk zijn de Londense regels landelijk beleid geworden. Ontwikkelaars konden aan de slag, architecten wisten waar ze aan toe waren, grondprijzen werden realistischer, waardoor de druk van een onrealistische of onwenselijk hoge verdichting verdween. Maar bovenal, er werden weer huizen als een thuis ontwikkeld. Zó'n type document wens ik Nederland ook toe', knikt ze resoluut. 'Want zonder regelgeving die verdergaat dan het Bouwbesluit heb je als gemeentelijk stedenbouwer te weinig middelen in handen om plannen te toetsen op kwaliteit.'

Haakma Wagenaar wil nog een benadering vanuit de Engelse praktijk voor het voetlicht brengen. 'In Engeland rekent men

bij het plannen van stad met de eenheid benodigde "habitable rooms", bewoonbare vertrekken. Nu schrijft de gemeente Amsterdam voor dat per plangebied een woonprogramma gerealiseerd moet worden met veertig procent aan sociale huur, veertig procent middelduur en twintig procent duur. We tellen in aantal woningen. De kans is dan groot dat de veertig procent aan sociale woningen, het minst winstgevende deel, de kleinste invulling krijgt, zodat met de overige woningen maximaal winst gemaakt kan worden. Je zou ook kunnen onderzoeken of je kunt voorschrijven dat veertig procent van de *vertrekken* ingevuld dient te worden met sociale huur. Dat levert misschien een lager aantal sociale woningen op, maar evenveel kamers en daarmee ruimte voor gezinnen in de betaalbare sector.'

Hoe beter verbonden, hoe hoger de lucht in

De betaalbaarheid van woningen is ook een kwestie die besproken dient te worden. Zeker in relatie tot hoogbouw, een woonvorm die in de grote steden steeds meer in trek is, want passend bij de verdichtingsopgaven. Met name in Amsterdam zijn de afgelopen jaren iconische gebouwen verrezen, denk aan Valley van MVRDV of aan HAUT van Team V. Opvallende gebouwen, maar niet per se voor iedereen toegankelijk als woonplek. Het gros van de appartementen is bedoeld voor de happy few, mensen met een flink gevulde beurs. Is zo'n dure vorm van bouwen als hoogbouw wel goed te combineren met sociale huur?

Haakma Wagenaar schudt haar hoofd. 'Hoogbouw is inderdaad relatief duur.' Maar ermee afrekenen wil ze niet. 'Hoge gebouwen hebben namelijk ook voordelen voor de stad. Ze maken elders ruimte vrij, bijvoorbeeld voor licht of groen in de openbare ruimte.'

Wel pleit Haakma Wagenaar ervoor goed na te denken waar je hoogbouw plant. 'Hoogbouw creëert een anoniemere leef-

was that the market would do that instead, but the market did no such thing. Social housing was sold off en masse and dwellings became ever smaller and poorer.

'In 2000 London finally got a lord mayor again: Ken Livingstone,' Haakma Wagenaar explains. 'He asked the architect Richard Rogers to put together a team of architects and planners whose task was to take stock of the huge housing construction challenge. It was called the Architecture and Urbanism Unit later Design for London. I was part of that team. Starting in 2008 we drew up new regulations for housing construction with extensive input from developers, housing associations, interest groups and other stakeholders. The building culture at that time in the Netherlands, with its huge variety of high-quality housing types was an important source of inspiration. A lobby group of

'It's interesting to compare Amsterdam with a city like London.'

involved developers participated in the discussion and drafting. We drew up a concise set of rules intended to ensure greater housing and living quality and put them together in a document entitled *London Housing Design Guide, interim version 2011.* It was signed by the lord mayor of the day, Boris Johnson. Politicians were worried that such regulations would undermine the development of the millions of planned and urgently needed dwellings, but precisely the opposite occurred. Our guidelines simplified the arrangements and discussions with developers, and a grants scheme was introduced. The upshot was a new standard for housing. Balconies, for example, were once again big enough to accommodate a table and chairs. Then other municipalities started to adopt our guidelines. Eventually the London rules became national policy. Developers were able to set to work, architects knew where they stood, land prices

became more realistic, eliminating the pressure of unrealistically or undesirably high densification. But above all, dwellings were once again being developed as homes. I wish the Netherlands had such a document as well,' she adds, nodding emphatically. 'Because without regulations that go beyond the current Building Regulations, municipal urban planners have too few tools for assessing plans on quality.'

Haakma Wagenaar wants to highlight another approach drawn from English practice. 'In England urban planners' calculations are based on a unit of required "habitable rooms". The City of Amsterdam currently stipulates a housing programme for each planning area of forty per cent social rental, forty per cent medium-priced and twenty per cent expensive. Our calculations are based on the number of dwellings. And so there is every chance that the forty per cent social housing, the least profitable portion, will get the smallest space allocation so that a maximum profit can be made on the other dwellings. You could also look into whether it might be possible to stipulate that forty per cent of the *rooms* have to be allocated to social housing. The result might be fewer social housing units, but the same number of rooms and therefore space for families in the affordable sector.'

The better connected, the taller the building

Another issue that needs to be discussed is the affordability of housing. Especially in relation to high-rise, a type of housing that is increasingly in demand in the big cities since it meets the densification challenge. Amsterdam in particular has seen the construction of several iconic tall buildings, such as MVRDV's Valley and Team V's HAUT. Eye-catching buildings, but not necessarily accessible to all as a place to live. Most of the apartments are intended for the happy few, people with deep pockets. Can such an expensive form of construction as high-rise be combined with social housing?

Haakma Wagenaar shakes her head. 'High-rise is indeed

omgeving en is daarom niet overal geschikt. Geschikte plekken zijn drukke, stedelijke knooppunten met goede vervoersverbindingen, zodat mensen geen auto hoeven te bezitten en je geen parkeerkwesties krijgt.' Ook wat deze opgave betreft biedt Londen wijze lessen: 'Daar geldt de hoeveelheid aan ov-overstapmogelijkheden, des te lager de parkeerbehoefte, des te hoger je mag bouwen. Hoe beter een plek is verbonden, hoe hoger de gebouwen de lucht in mogen. Zover in het maken van regelgeving is de gemeente Amsterdam nog niet, maar de parkeernorm is inmiddels bijna overal erg laag. In een stad als Almere, waar de parkeernorm nog één of hoger is, ligt die toekomst nog erg ver weg.'

Yam met vis

Heel populair lijkt het hoog wonen voor de gemiddelde Nederlander niet te zijn. Het is dat er hoog gebouwd wordt, maar de wens van de meeste Nederlanders is wonen met de voeten op aarde. Daarover is Haakma Wagenaar resoluut: 'Dat negatieve imago komt vooral voort uit het ontbreken aan traditie van hoog wonen in Nederland. Mensen vragen nooit om iets wat ze niet kennen.'

De architect kan het zich veroorloven stellig te zijn over dit onderwerp, want zelf groeide ze met veel plezier op in flat Kleiburg in de Amsterdamse Bijlmer. 'Woningen hadden daar niet alleen genereuze plattegronden, ze waren ook voor iedereen hetzelfde. Dat maakte iedereen gelijk. Je trof er bovendien enorm veel culturen aan. Vele daarvan hadden een uitgebreide kookcultuur. Ieders deur stond altijd open en bij binnenkomst was er altijd iets te eten, zoals maissoep met aardappel en geit, wontonsoep, heri heri, Marokkaanse koekjes of yam met vis.' Met een zucht: 'Nu maken we woningen van 70 m² waarin de keuken vaak niet voldoende ruimte krijgt. Laatst zag ik een woning waarbij de keuken in de gang was gesitueerd, tegenover de wc. Een resultaat van een aanpassing in het Bouwbesluit die

maakt dat een wc tegenwoordig ontsloten mag worden vanuit een gebruiksruimte. Hoe kun je dan nog op comfortabele wijze mensen welkom heten in je keuken? Doodzonde, want daarmee verdwijnt een belangrijke sociale functie in een wijk.'

Samen werken aan een nieuwe bouwcultuur

Welke rol hebben architecten in de uitdaging de cultuur weer over kwaliteit te laten gaan, vraagt de redactie zich af. Haakma Wagenaar: 'Architecten en stedenbouwkundigen zouden meer moeten gaan samenwerken. Samen nadenken over wat wél kan. Zijn er bijvoorbeeld manieren om een gevel goedkoper te maken? Levert systeembouw kansen op voor het vergroten van woonkwaliteit? Voor welke vrijheden in de bouwenvelop kunnen stedenbouwkundigen zorgen, zodat architecten er iets van kunnen maken? Wat voor een nieuwe typologieën kunnen we bedenken om te voorkomen dat al die kleine woningen slechte eenzijdig georiënteerde studio's worden?'

De gemeente Rotterdam biedt een mooi voorbeeld van hoe beleid kan helpen een gesprek te voeren over wat wél kan. Daar stelde in 2022 de gemeente het Nieuw Rotterdams Kwaliteitsbeleid Wonen vast. 'De stad formuleerde een duidelijke ambitie', legt Haakma Wagenaar uit. 'Zo'n document nodigt uit tot het voeren van gesprekken over ambities tussen gemeente en initiatiefnemers.'

Zou de rol van welstand kunnen veranderen? Haagma Wagenaar zou willen van wel. 'Nu mag ik als gemeentelijk stedenbouwer of lid van de welstand niets zeggen over woonkwaliteit. Als ik het toch doe en eraan wordt herinnerd dat ik buiten mijn boekje ga, leg ik uit dat woonkwaliteit direct impact heeft op de kwaliteit van de omgeving. Misschien, zoals Merkelbach al bepleitte, moet de welstand nu toch echt de rol krijgen om ook woonkwaliteit te mogen toetsen.'

---

relatively expensive.' But she isn't willing to write it off altogether. 'Tall buildings also have certain benefits for the city. They free up space elsewhere, for light penetration or greenery in the public space, for example.'

She does, however, urge planners to think carefully about where they put high-rise buildings. 'High-rise creates a more anonymous living environment and that is not always appropriate. Suitable sites are busy urban nodes with good transport connections, so that people don't need to own a car and you don't get parking issues.' On this subject, too, London offers some wise lessons: 'The rule there is that the more public transport transfer options, the lower the need for parking, the higher you can build. The better connected a site is, the higher the building can be. Amsterdam hasn't got that far yet in terms of regulations, but the parking ratio is already very low nearly everywhere. In a city like Almere, where the parking ratio is still 1:1 or higher, that future is still very far away.'

Yam with fish

High-rise living does not seem to be all that popular with the average Dutch citizen. Tall buildings are being built, but most Dutch people want to live with their feet on the ground. Haakma Wagenaar is quite resolute on this point: 'That negative image is due mainly to the lack of any tradition of high-rise living in the Netherlands. People never ask for what they don't know.'

The architect can afford to be adamant on this subject because she herself grew up happily in the Kleiburg apartment building in Amsterdam's Bijlmermeer. 'The flats there not only had generous floor plans, they were the same for everyone. That made everyone equal. You also came across a lot of different cultures there, many of whom had a rich culinary culture. Everyone's door was always open and when you went in there was always something to eat, such as corn soup with potato and goat's meat, wonton soup, heri heri, Moroccan biscuits or yam with fish.' She sighs:

'Now we make 70 m² dwellings where the kitchen is often starved of space. I recently saw an apartment where the kitchen was located in the hallway, opposite the toilet. The result of an amendment to the Building Regulations that makes it permissible for a toilet to be accessed from a usable space. How can you feel comfortable about inviting people into your kitchen in such conditions? A crying shame, because it puts an end to an important social function in a neighbourhood.'

Working together on a new building culture

What role can architects play in ensuring that the building culture is all about quality again, the editors wonder. Haakma Wagenaar: 'Architects and urban planners should collaborate more. Brainstorm what *is* possible. Are there ways to make an elevation cheaper? Could system building provide opportunities for increasing housing quality? Could urban planners allow more leeway in the building envelope so that architects can make something decent of it? What new typologies can we come up with to prevent all those small dwellings from ending up as single-aspect studios?'

The City of Rotterdam provides a good example of how policy can facilitate a conversation about what *is* possible. In 2022 the city council adopted the New Rotterdam Housing Quality Policy. 'The city formulated a clear ambition,' Haakma Wagenaar explains. 'Such a document encourages discussions about ambitions between the city council and initiators.'

Perhaps the role of design review committees could change? Haakma Wagenaar hopes so. 'At present in my role as city planner or member of a design review committee I'm not supposed to say anything about housing quality. If I do and am duly reminded that I'm exceeding my remit, I explain that housing quality has a direct impact on the quality of the environment. Perhaps, as Merkelbach once argued, the design review system should finally be tasked with assessing housing quality as well.'

Foto/Photo: **Studio Hans Wilschut**

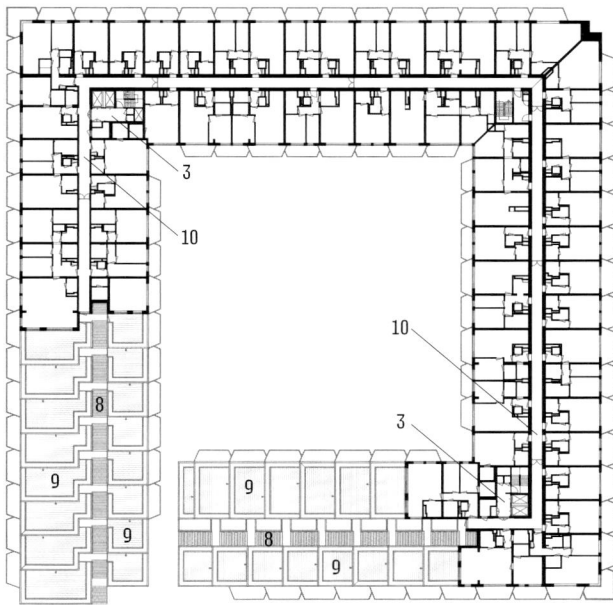

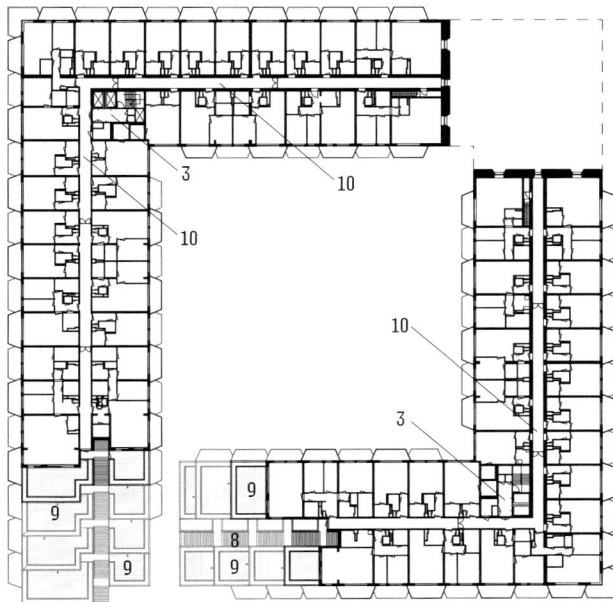

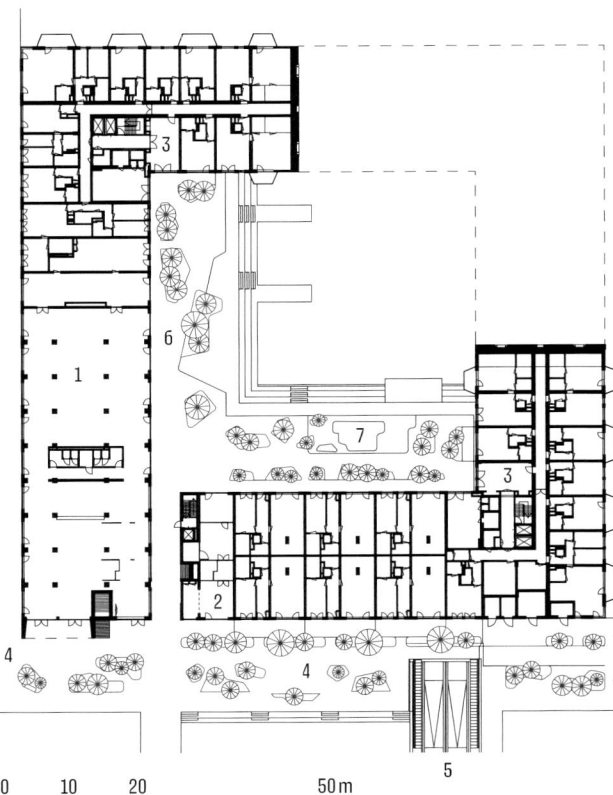

Foto's/Photos: **Ossip van Duivenbode**

Achtste, vierde verdieping, begane grond/Eighth, fourth, ground floor
1 commerciële ruimte/retail space
2 conciërge bemande lobby/concierge lobby
3 entree woontoren/residential tower entrance
4 gedeeld terras/shared terrace
5 inrit parkeergarage/car park entrance
6 binnenhof/courtyard
7 speeltuin/playground
8 trap naar dak/stairs to roof
9 terras appartement/apartment terrace
10 gang/corridor

Bjarke Ingels Group & Barcode Architects

Sluishuis
Amsterdam
Opdrachtgever: BESIX Real Estate Development, Dordrecht; VORM Ontwikkeling B.V., Rotterdam

Ontwerp een icoon aan de entree van de wijk IJburg, luidde de opdracht aan de ontwerpers van het Sluishuis. Dat de locatie daar aanleiding toe geeft, komt tot uitdrukking in de binnentuin: door een driehoekige insnijding van het woongebouw ontstaat spectaculair zicht over het water. Als een soort tegenhanger hiervan is het volume vanaf de kade verdieping voor verdieping opgebouwd. Publieke toegang tot het gebouw loopt over het dak en over een steigerroute waaraan 34 waterkavels voor woonboten liggen.

De gevel van ruw aluminium reflecteert zowel direct daglicht als licht dat weerkaatst in het water, wat bijdraagt aan het spektakel. Ook de balkons zijn van onderen bekleed met aluminium, wat een donkere reflectie oplevert en zo een schaakbordcompositie creëert. Achter deze gevel liggen 360 studio's met compacte plattegronden, bestemd voor de verhuur. De 80 koopwoningen liggen op de mooiste plekken: uitkragend boven het water, op de bovenste verdiepingen en langs de trap naar het dak.

De publieke toegankelijkheid staat sinds de oplevering onder druk. De openbare dakroute is kort na de oplevering zelfs afgesloten, wat jammer is, want het uitzicht vanaf het dak is bijzonder fraai. Ook wacht de grootste commerciële ruimte in de plint nog op een exploitatie. De wandeling over het water is daarentegen uitnodigend. Vanaf een 'strandeiland' spring je zo het water in. Het Sluishuis is vanuit alle mogelijke perspectieven te beleven en is daarmee de hoofdpersoon van zijn eigen toneelstuk. Dankzij het 'waterprogramma' aan de steigers nestelt het project zich in de omgeving en doet het meer dan alleen iconisch zijn.

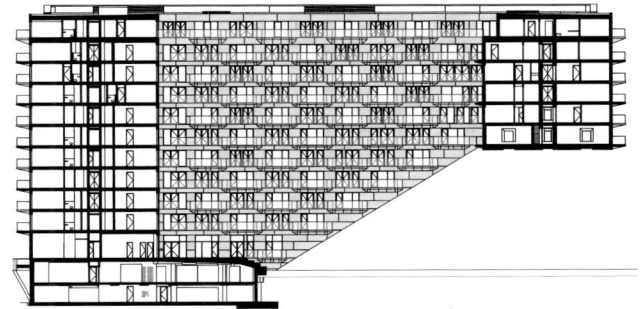

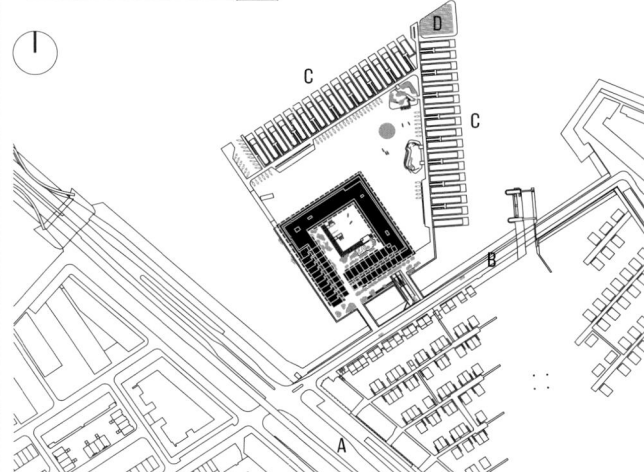

Doorsnede/Section

Situatie/Site plan
A IJburglaan
B Haringbuisdijk
C steigers/jetties
D zonnepanelen op water/ solar panels on water

0 10 20 50 m

Foto/Photo: **Studio Hans Wilschut**

Sluishuis

Amsterdam
Client: BESIX Real Estate Development, Dordrecht; VORM
Ontwikkeling B.V., Rotterdam

'Design an icon at the entrance to the IJburg district' was the gist
of the brief handed to the designers of the Sluishuis. The location
certainly merits something special, and it finds expression in
the internal courtyard where a triangular incision in the residential
building generates a spectacular view over the waters of the IJ.
As a kind of counterpoint to this, from the quayside the volume
ascends floor by staggered floor. Public access to the building runs
across the roof and along a jetty promenade lined by 34 water
plots for houseboats.
The elevation of untreated aluminium reflects both direct daylight
and light reflected from the water, which contributes to the
spectacle. The undersides of the balconies are also clad in
aluminium, producing a dark reflection that creates a chequerboard
composition. Behind this facade are 360 studios with compact
floor plans designated for rental. The 80 owner-occupied apartments lay claim to the choicest locations: cantilevered above the
water, on the topmost floors, and bordering the stairs to the roof.
Public access has been under pressure since completion. The
public roof route was even closed shortly after completion, which
is a great pity because the view from the roof is especially fine.
In addition, the largest ground-level retail space is still waiting
for a tenant. On the other hand, the walk across the water is very
inviting: from a 'beach island' you can jump straight into the water.
The Sluishuis can be experienced from every possible perspective,
making it the main protagonist in its own theatrical spectacle.
Thanks to the 'water programme' along the jetties the project is
embedded in its surroundings and does more than just sit there
being iconic.

Studioninedots

De Jakoba
Amsterdam
Opdrachtgever: Ymere, Amsterdam

Woongebouw De Jakoba is het tweede gerealiseerde gebouw van woningcorporatie Ymere in de wijk Overhoeks in Amsterdam-Noord, waar in totaal ruim 600 sociale huurwoningen zullen komen. De Jakoba bestaat uit 135 woningen tussen de 35 en 65 m² die bestemd zijn voor een- en tweepersoonshuishoudens. Het doel was om sociale woningbouw te ontwerpen waar bewoners trots op zijn. Het team van aannemer en architect ontwikkelde samen een slimme prefabstructuur, wat een korte bouwtijd opleverde. Met als gevolg dat het budget ingezet kon worden om hoogwaardige architectuur te creëren.

Het ontwerp is gebaseerd op een helder idee. Door het volume in het midden samen te knijpen, verspringen en krommen de verdiepingen naar boven toe. Zo zijn unieke plattegronden ontstaan en doorlopende balkons die in diepte variëren.

Het interieur van de appartementen en de gangen is vrij basic. Bijzonder zijn de grote en lichte entree en het trappenhuis. De entree en het trappenhuis functioneren als een passage tussen het smalste deel van de opgetilde collectieve tuin en de straat. Dit groene voorgebied geeft het gebouw een eigen plek en herkenbaarheid. Ook de lichtgroen gepolijste betonnen banden en penanten dragen bij aan de herkenbaarheid van het gebouw. Doordat de ramen naar boven toe smaller worden, zijn er verschillende ritmes in de penanten ontstaan.

In de plint zit naast commerciële ruimten ook een kleine collectieve ruimte voor bewoners. Deze wordt door een door de woningcorporatie betaalde *community builder* samen met bewoners geprogrammeerd. Bijzonder is dat De Jakoba binnen het reguliere budget voor sociale woningbouw is gebouwd, zonder in te boeten aan de kwaliteit van de architectuur.

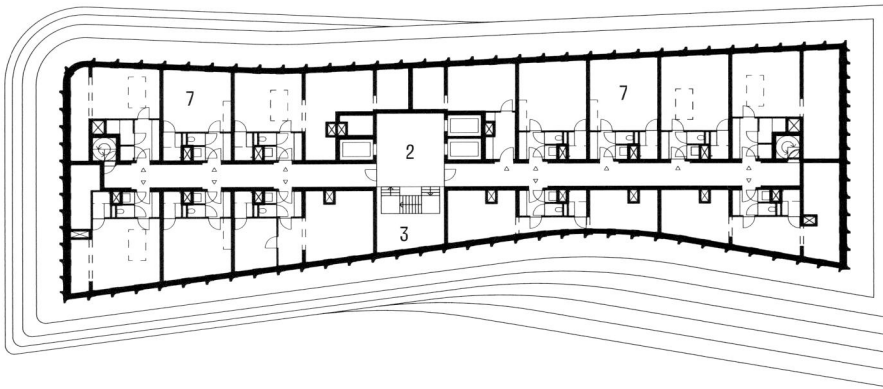

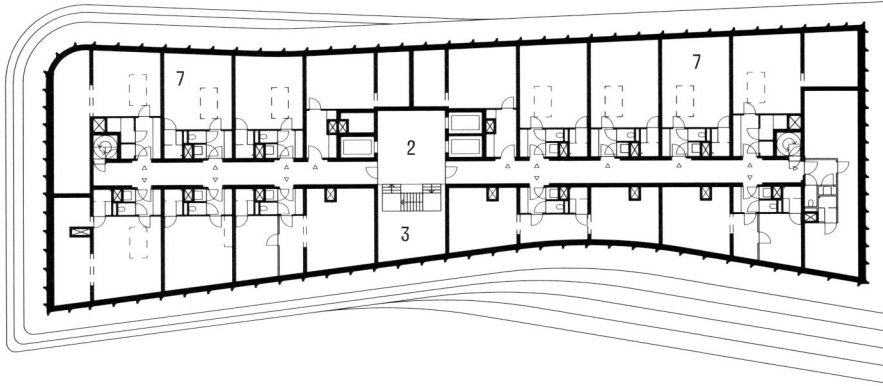

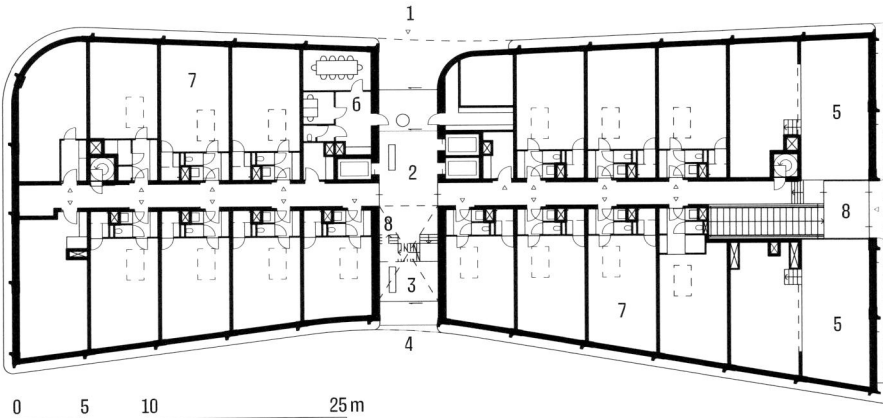

0   5   10   25 m

Zesde, vijfde verdieping, begane grond/Sixth, fifth, ground floor
1   hoofdentree/main entrance
2   centrale entree/central entrance
3   vide/void
4   entree collectieve tuin/communal garden entrance
5   commerciële ruimte/retail spaces
6   collectieve ruimte bewoners/ collective space residents
7   studio's/studios

8   toegang fietskelder en bergingen/ bicycle basement and storage access
9   berging/storage
10 fietskelder/bicycle basement

Foto's/Photos: **Peter Tijhuis**

Situatie/Site plan
A   Docklandseweg
B   Buiksloterkanaal
C   Oeverpark

Doorsnede/Section

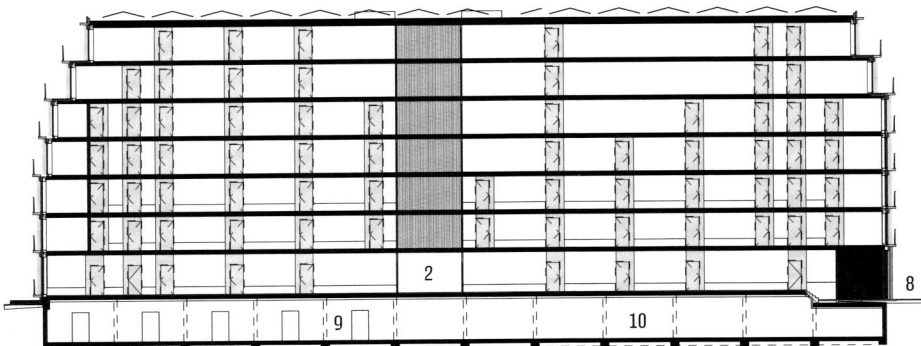

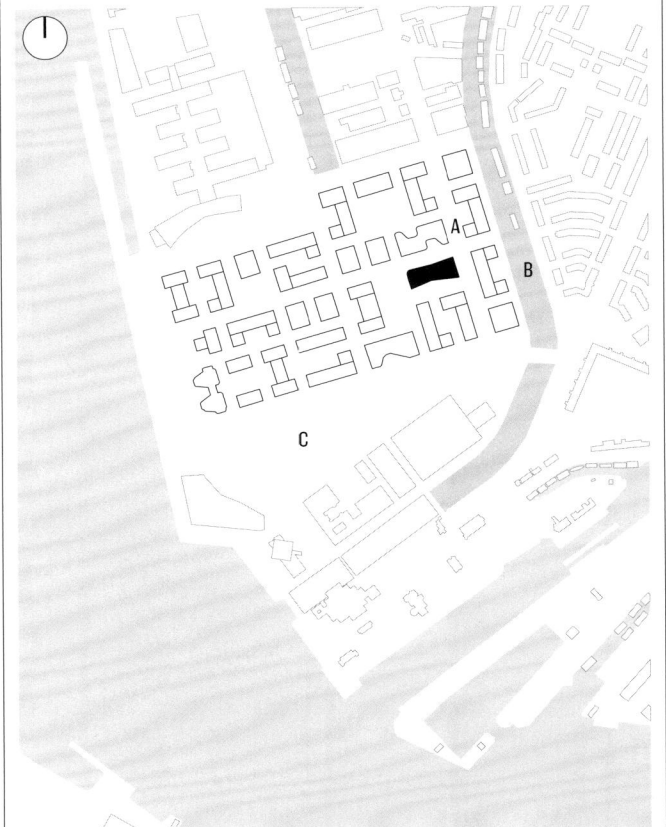

De Jakoba

Amsterdam
Client: Ymere, Amsterdam

The De Jakoba apartment building is the second to have been built by the Ymere housing association in the Overhoeks district in Amsterdam Noord, where over 600 social housing units will eventually be built. The De Jakoba consists of 135 dwellings for one and two-person households, ranging in size from 35 to 65 m². The ambition was to design social housing that residents could be proud of. Working as a team, the contractor and architect developed a smart prefab structure that greatly reduced the construction time, allowing more of the budget to be spent on creating high-quality architecture.

The design is based on a clear concept. Squeezing the volume together in the middle, resulted in curved and staggered floors. This generated unique floor plans and continuous balconies that vary in depth. The apartment interiors are fairly basic. Of special note are the large, light-filled entrance and the staircase, which act as a passageway between the narrowest part of the raised communal garden and the street. The green entrance area sets the building apart and gives it a distinct identity that is further enhanced by the pale green polished concrete bands and piers. Because the windows become slightly narrower from the ground floor upwards, there is a corresponding variation in the cadence of the piers.

The ground floor contains retail spaces and a small collective space for the residents which was programmed in collaboration with the residents by a 'community builder' paid by the housing association. What makes De Jakoba so special is that it was built within the standard budget for social housing but without compromising on architectural quality.

Studio Gang i.s.m. with Rijnboutt

Q Residences
Amsterdam
Opdrachtgever: Kroonenberg Groep, Schiphol

Een woontoren (Quartz) en een middelhoog woonblok (Qube) markeren een drukke kruising in de Amsterdamse wijk Buitenveldert. De verschillende hoogtes van de twee woongebouwen zijn losjes gebaseerd op het naoorlogs stedelijk weefsel waarin laag- en hoogbouw zijn gecombineerd in een totaalcompositie. Quartz bestaat hoofdzakelijk uit koopwoningen, terwijl Qube louter huurwoningen bevat. In beide woongebouwen zijn de balkons bepalend voor de uitstraling.

De toren dankt zijn herkenbaarheid als blikvanger aan de geprefabriceerde betonnen vinnen. Ze dienen als balkonscheidingen en bieden bewoners op de balkons beschutting tegen wind en regen. De elementen springen voor- en achteruit, waarmee de suggestie van een golfbeweging wordt gewekt. Sierlijk afgeronde hoekbalkons dragen daar aan bij. De gevels van Qube knikken ook afwisselend naar binnen en buiten. Het valt in dit gebouw echter nauwelijks op, doordat de gevels op ooghoogte grotendeels door doorlopende betonnen banden aan het zicht onttrokken zijn. Het ontwerpmotief slaagt er daardoor niet in om beide woongebouwen enige verwantschap te geven.

Woontoren Quartz had niet misstaan op de Zuidas en lijkt met allerhande diensten ook in te spelen op expats. Collectieve ruimtes voor bewoners ontbreken, met uitzondering van de met een conciërge bemande lobby, die is opgesierd met kunst en raambekleding van bekende ontwerpers. In de plint zullen een winkel en horeca zich vestigen, in aanvulling op het ruime aanbod in de omgeving. Op de kwaliteit van de woningen zijn geen concessies gedaan. Ongeacht de grootte en huurprijs zijn ze in materiaalgebruik en afwerking alle van dezelfde hoge standaard.

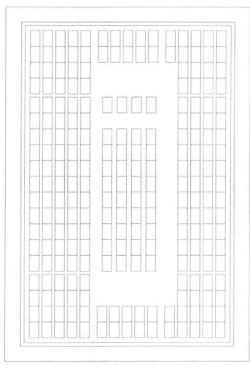

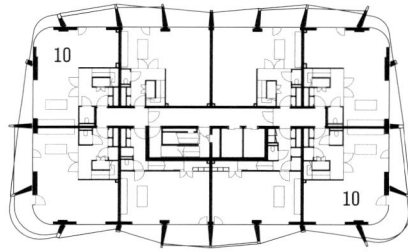

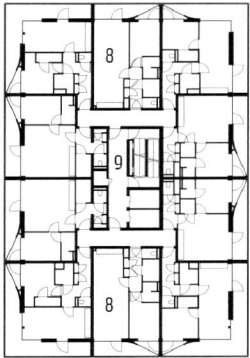

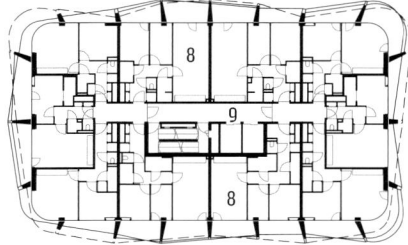

Foto's/Photos: **Kees Hummel**

Doorsnede/Section

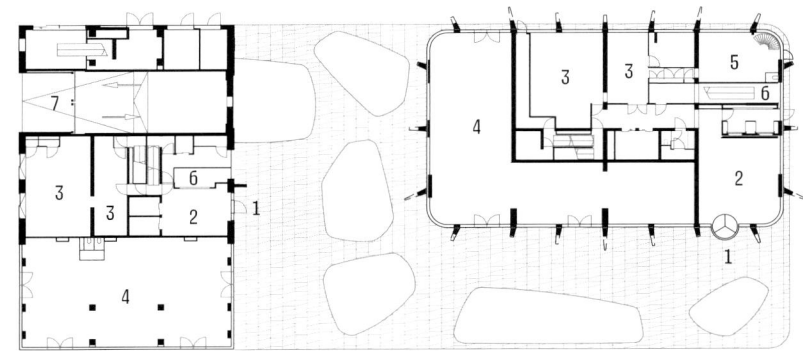

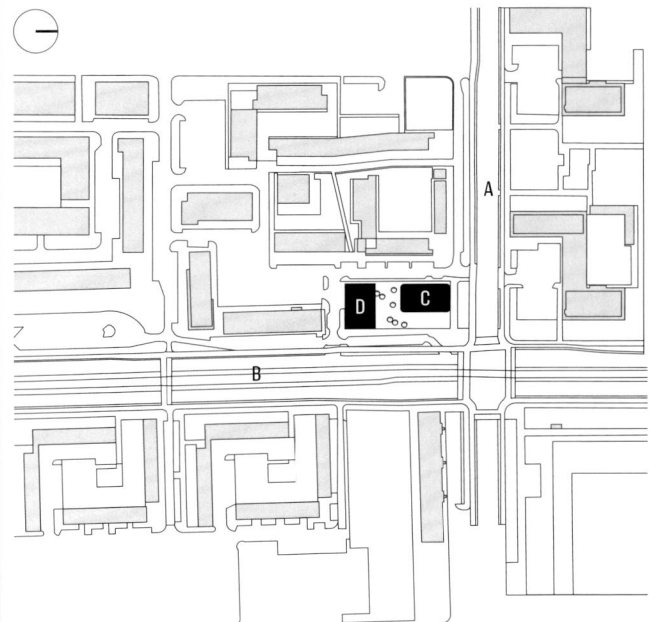

Tweeëntwintigste, derde verdieping, begane grond/Twenty-second, third, ground floor
1. hoofdentree/main entrance
2. lobby
3. fietsenstalling/bicycle storage
4. commerciële ruimte/commercial space
5. kantoor/office
6. postruimte/post room
7. inrit parkeergarage/car park entrance
8. appartement/apartment
9. lifthal/lift lobby
10. duplex appartement/apartment

Situatie/Site plan
A Van Nijenrodeweg
B Buitenveldertselaan
C Quartz
D Qube

Q Residences

Amsterdam
Client: Kroonenberg Groep, Schiphol

A residential tower (Quartz) and a medium-rise apartment block (Qube) mark a busy intersection in the Amsterdam district of Buitenveldert. The different heights of the two buildings are loosely based on the post-war urban fabric where low- and high-rise buildings were combined in a total composition. Quartz consists primarily of owner-occupied apartments, while Qube is all rental housing.

The tower owes its eye-catcher identity to the precast concrete fins. They act as balcony dividers while also offering residents protection from wind and rain. The elements jut outwards and inwards, creating the impression of a wave motion. Elegantly rounded corner balconies contribute to this effect. The Qube elevations angle in and out as well, but in this building it is scarcely noticeable because at eye level the elevations are largely concealed by continuous concrete bands. The design motif consequently fails to give the two buildings a sense of kinship.

The Quartz apartment tower would not look out of place in the Zuidas business district and the range of services on offer appears to be aimed at the expat market. There are no collective spaces for residents, apart from the concierge lobby, which is adorned with art and window coverings by well-known designers. The ground floor has spaces for shops and cafés, in addition to the wide array on offer in the surrounding area. No concessions have been made on the quality of the apartments. Irrespective of size and rental price, the materials and finishing are all top-notch.

Foto's/Photos: **Sebastian van Damme**

Doorsneden/Sections

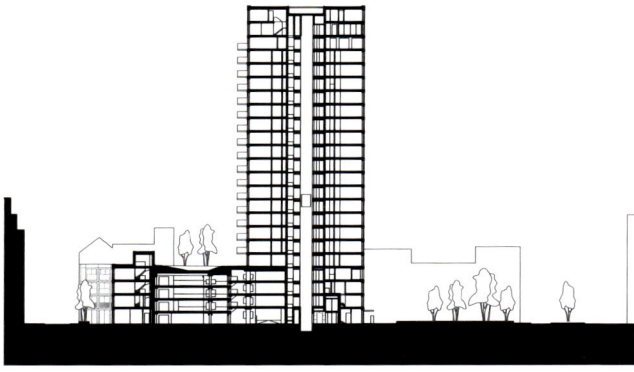

KAAN Architecten

De Zalmhaven
Rotterdam
Opdrachtgever: Zalmhaven CV (AM, Amvest)

Twee torens van 70 meter zijn samen met de 215 meter hoge toren Zalmhaven van Dam & Partners gerealiseerd tussen de Erasmusbrug en het Scheepvaartkwartier. De drie torens delen een garage van vier verdiepingen, waar de bijna 500 parkeerplekken in zijn verstopt. Die is vernuftig aan het zicht onttrokken door 33 herenhuizen die elk een voordeur aan de straat hebben. Alle bewoners delen een grote daktuin, die vanuit verschillende opgangen bereikbaar is.

De torens zijn nog niet overtuigend in de stad opgenomen. De entrees liggen op ruime afstand tot de tegenovergelegen woningen, waar een park voor de buurt gepland is. Dat laat echter nog op zich wachten. Aan de andere lange zijde van het blok bevindt zich aan een smalle straat de inrit tot de parkeergarage. De woningen landen hier hard op de stoep, waar voortuintjes of bomen ontbreken; een zachtere inrichting is vereist om het woonklimaat hier te veraangenamen.

De strak vormgegeven torens contrasteren met de architectuur van het aangrenzende negentiende-eeuwse Scheepvaart-kwartier. Toch overstemmen ze de neoclassicistische architectuur niet, dankzij een regelmatig gevelpatroon gemaakt van vierkante witte aluminium elementen, ingevuld met glas van vloer tot plafond. Ook de balustrades van de balkons zijn van glas, zodat het raster niet verstoord wordt. De penthouses met loggia's in de kroon doen eveneens mee in het ritme. De enige uitzondering zijn twee verticale geveldelen van goudbruin aluminium die de ingesneden hoeken opsieren. Hierdoor slaat de rigiditeit van de gevel niet te ver door en zijn de torens in hun verschijning zowel stevig als subtiel.

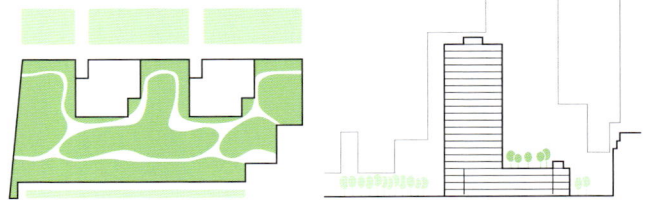

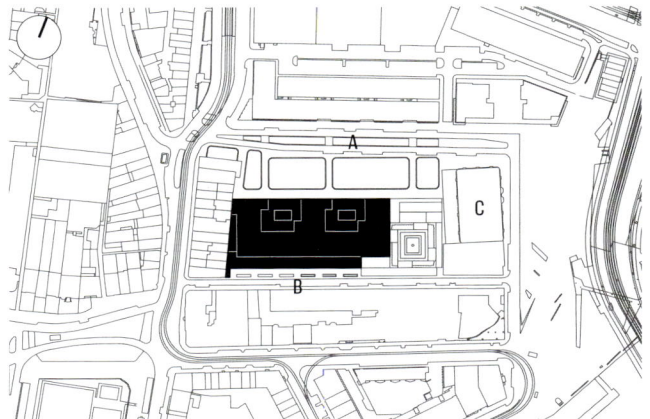

0 5 10 25 m

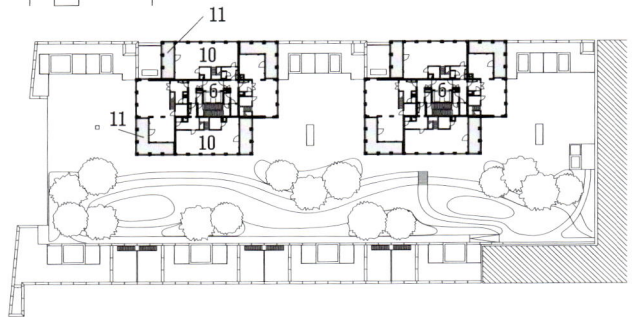

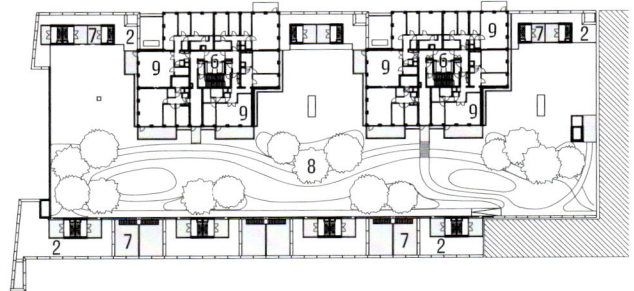

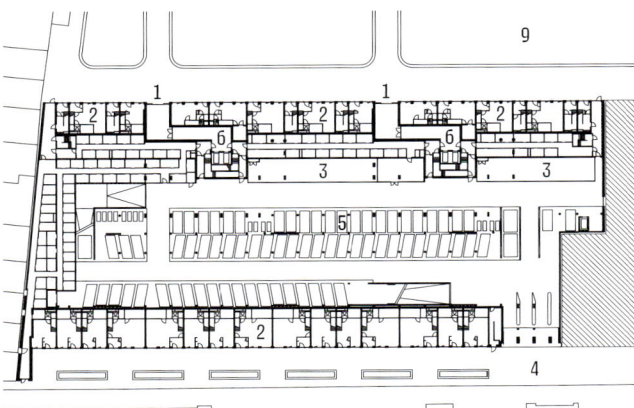

Eenentwintigste, vierde verdieping, begane grond/Twenty-first, fourth, ground floor
1 hoofdentree woontoren/residential tower main entrance
2 herenhuizen/town houses
3 fietsenkelder/bicycle basement
4 entree parkeergarage/parking garage entrance
5 parkeerplekken/parking spaces
6 lifthal/lift lobby
7 terras herenhuizen/terrace town houses
8 daktuin/roof garden
9 appartement/apartment
10 penthouse
11 loggia/recessed balconies

woningen / housing
parkeren / parking
stadspark / city park
daktuin / roof garden

Situatie/Site plan
A Gedempte Zalmhaven
B Houtlaan
C toren/tower Zalmhaven (Dam & Partners)

De Zalmhaven

Rotterdam
Client: Zalmhaven CV (AM, Amvest)

Two 70 metre towers, along with the 215 metre Zalmhaven tower by Dam & Partners, have been built between the Erasmus Bridge and the Scheepvaartkwartier. The three towers share a four-storey parking garage containing close to 500 car spaces. This has been cleverly hidden from view by 33 town houses, each with a front door on the street. All the residents share a large roof garden accessible via several staircases.

The towers have yet to be convincingly integrated into the urban fabric. The entrances are quite a distance away from the dwellings opposite, and a neighbourhood park planned to fill that space has yet to be laid out. On the other long side of the block is a narrow street with the entrance to the parking garage. The dwellings here land right on the building line, unrelieved by front gardens or street trees; a softer landscaping is needed to make the living conditions here more congenial.

The tautly designed towers contrast with the architecture of the adjacent nineteenth-century Scheepvaartkwartier. But they do not overwhelm the neoclassic architecture thanks to a regular facade pattern made up of square white aluminium elements, filled with glass from floor to ceiling. Even the balustrades are of glass so as not to disrupt the grid. The penthouses with recessed balconies at the top follow the same rhythm. The sole exceptions are two vertical facade sections in golden brown aluminium that embellish the indented corners. This mitigates the rigidity of the facade so that the towers manifest as both solid and subtle.

Doorsnede/Section

**Begane grond, eerste verdieping/
Ground, first floor**
1 kleine entree met lift/entrance with
   single lift
2 trappenhuis/staircase
3 commerciële ruimte/commercial
   space
4 fietsenstalling/bicycle storage
5 installaties/mechanical room
6 entree appartement/apartment
   entrance
7 woonkamer/living room
8 slaapkamer/bedroom
9 privéterras/private terrace
10 boombak/tree planter

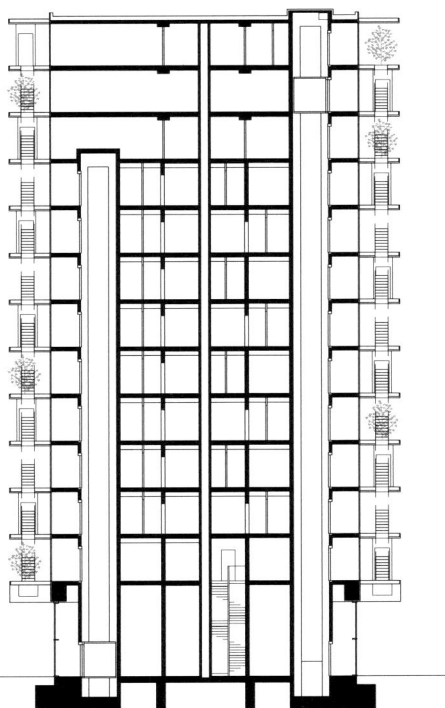

0 2 4   10 m

Elephant

De Voortuinen
Amsterdam
Opdrachtgever: HLW 506 b.v., Amsterdam

Het voormalige hoofdkantoor van de Postbank/ING bank, aan de rand van het Westerpark in Amsterdam, is getransformeerd tot een woontoren met 94 appartementen en commerciële functies in de plint. Het volledige betonnen casco is hergebruikt en met twee verdiepingen opgetopt. Het gebouw heeft een slimme ontsluiting op basis van vier decentrale kernen. Terrassen met witgecoate stalen horizontale banden met (vlucht)trappenhuizen lopen rondom het gehele gebouw. Het originele gebouw is door de ingrepen niet meer herkenbaar.
Het gebouw heeft op elke hoek een kleine entree met één lift. Vanuit de lift is er toegang tot twee woningen en de drie meter diepe privéterrassen. Vanuit hier is op sommige verdiepingen ook toegang tot 30 m² grote studio's. De andere woningen variëren in grootte tot en met penthouses van 360 m². In de voormalige centrale kern bevinden zich de bergingen, wc's en badkamers van de appartementen. Elke woning heeft over de volledige breedte een privéterras met een boombak die geïntegreerd is in de architectuur, waarin bomen op hoogte kunnen groeien. Omdat de bedachte ontsluiting door vier kleine kernen een positief effect heeft op de gebruiksefficiëntie en daarmee op de benodigde bouwmaterialen en bouwkosten, is het jammer dat er voor vrij goedkope materialen en minimale entreeruimtes is gekozen. Ondanks dit is het een gebouw met intelligent ontworpen plattegronden. Door de privéterrassen aan de buitenkant kan in de toekomst elke ruimte in elk appartement een eigen voordeur hebben. Dit maakt verschillende woningtypen mogelijk. Het gebouw is flexibel en aanpasbaar aan de wensen van de toekomst.

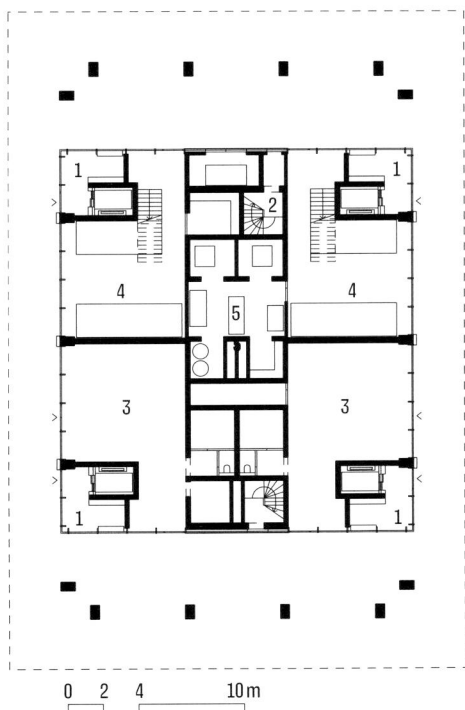

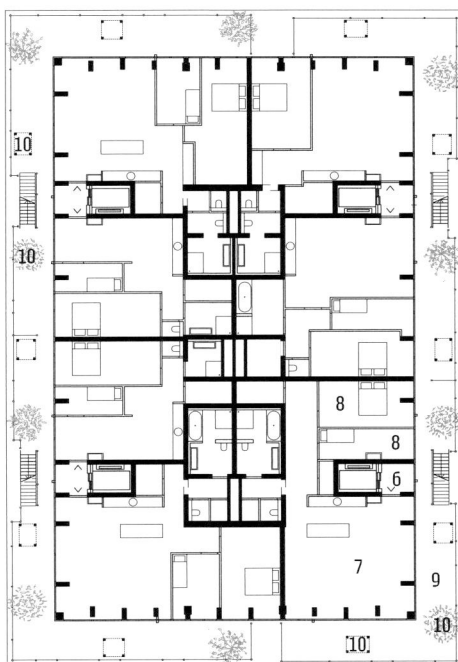

Situatie/Site plan
A volkstuintjescomplex/allotments
B Molenwerf
C Haarlemmerweg

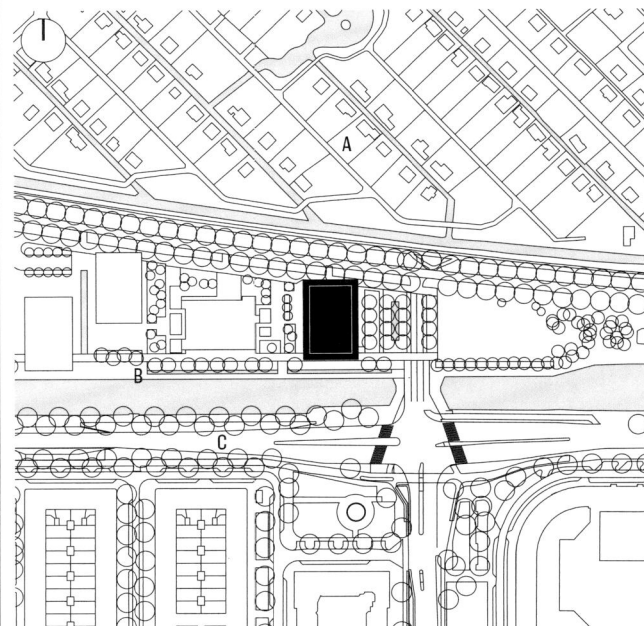

**Voormalig bankkantoor, verdieping
(links) / Former bank offices, floor (left)**

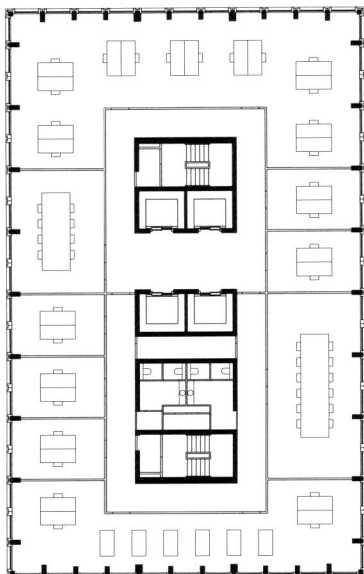

De Voortuinen

Amsterdam
Client: HLW 506 b.v., Amsterdam

The former headquarters of the Postbank/ING bank on the outskirts of Westerpark in Amsterdam, has been transformed into a residential tower containing 94 apartments plus commercial activities at street level. The entire existing concrete shell was reused and raised by two storeys. The building has an intelligent access system involving four off-centre cores. Terraces, edged with horizontal, white-coated steel bands hosting a series of (escape) stairs, wrap around the entire building. Owing to these interventions, the original building is no longer discernible.

On each corner of the building there is an entrance with a single lift, which accesses two apartments and the three-metre-deep terraces per floor. On some floors there is also access to 30 m² studios. The other apartments vary in size up to the 360 m² penthouses. The former central core now contains the storage areas, toilets and bathrooms belonging to the apartments. Each apartment has a full-width private terrace featuring an integrated tree planter that allows trees to grow to full height.

Given that the innovative access system via four small cores has a positive effect on the usage efficiency and thus on the required building materials and building costs, the use of fairly cheap materials and the tiny entrance areas are regrettable. That said, the building's intelligently designed floor plans make it flexible and adaptable to the needs and wishes of the future: the external private terraces could at some point be used to give every space in every apartment its own front door, thus facilitating different types of living arrangements.

Foto/Photo: **Glenn den Besten**　　Foto/Photo: **Crispijn van Sas**

Foto's/Photos: **Ossip van Duivenbode**

Doorsnede/Section

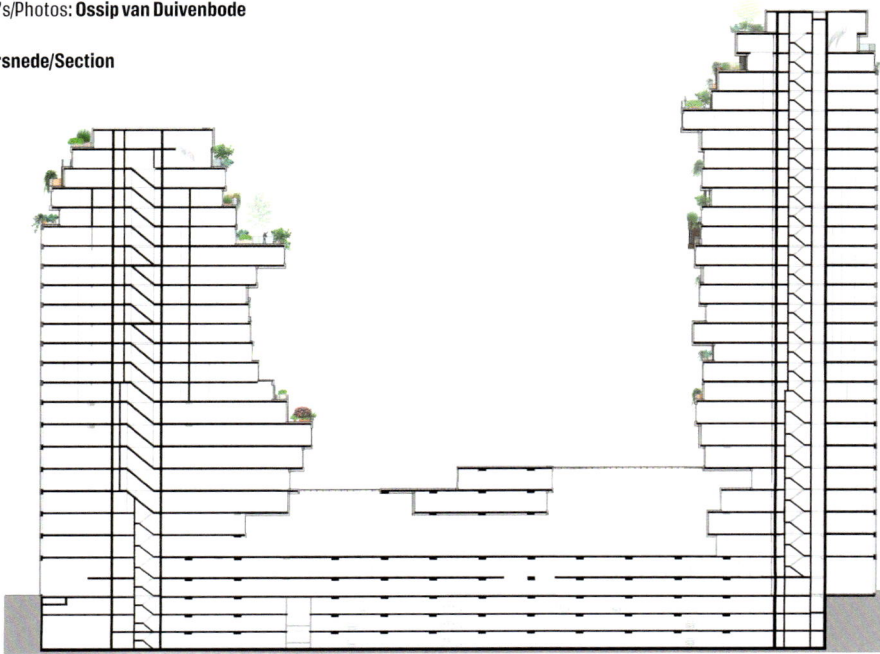

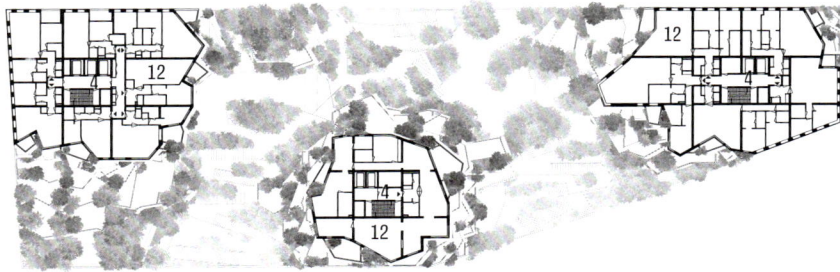

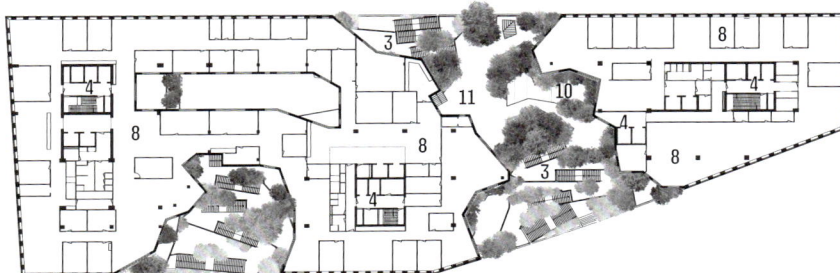

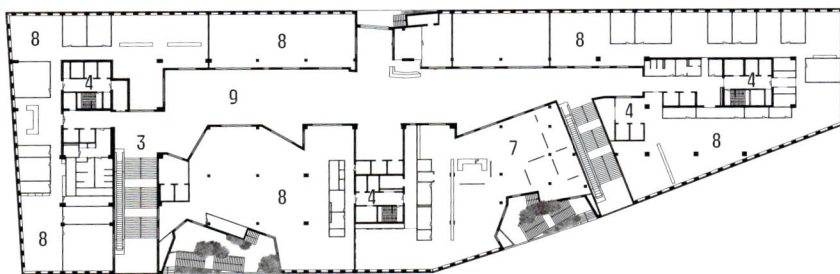

0 5 10   25 m

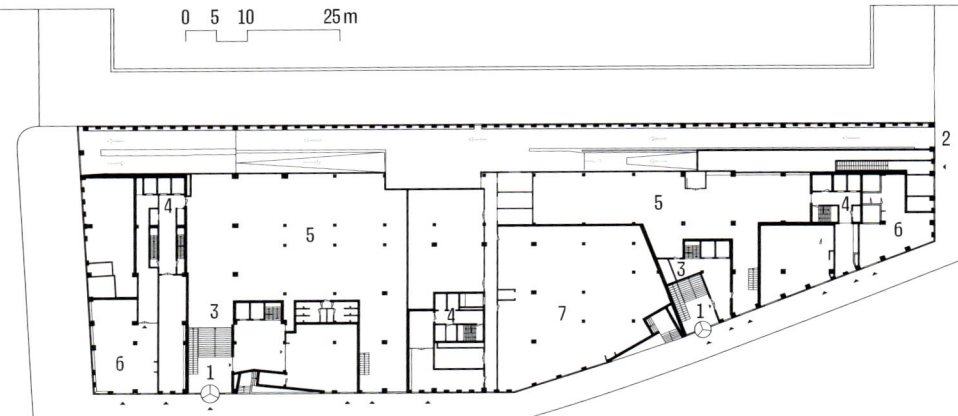

MVRDV

Valley
Amsterdam
Opdrachtgever: EDGE Technologies, Amsterdam

Hoe maak je een kantorenwijk leefbaar, inclusief en groen? Met deze vraag als uitgangspunt is Valley tot stand gekomen. In de kantooromgeving van de Zuidas in Amsterdam, waar torens alleen toegankelijk zijn voor de mensen die er werken, is Valley een nieuw type gebouw omdat er gewerkt, gewinkeld, gegeten, gerecreëerd en gewoond wordt. Het complex bestaat uit drie torens van 67, 81 en 100 meter met een ondergrondse parkeerkelder en fietsenstalling. De commerciële functies bevinden zich zowel op de begane grond als intern. De eerste zeven verdiepingen bestaan uit kantoren. De woonlagen starten op de achtste verdieping. De 198 appartementen in het gebouw hebben alle een unieke plattegrond. Tijdens het ontwerpproces is via computermodellen per appartement berekend wat de optimale hoeveelheid licht en uitzicht was.

Tussen de drie torens bevindt zich een 'rotsachtige omgeving' van uitkragende appartementen. Het geheel is bekleed met 40.000 natuurstenen tegels. De inrichting van de vele terrassen is ontworpen door Piet Oudolf met planten en struiken die op grote hoogte en met veel wind goed gedijen. Op straatniveau nodigen de publiek toegankelijke trappen de bezoekers uit om een route te lopen naar een 'vallei' op de vierde en vijfde verdieping. Binnen in het gebouw is ook de 'grotto', de natuurstenen lobby met overdekte winkelstraat, publiek toegankelijk. Naar buiten toe heeft het gebouw een spiegelende glazen gevel. Met het ontwerp van de buitenkant van deze gevel is geprobeerd aansluiting te vinden bij de uitstraling van kantoorgebouwen in de omgeving. In de kantorenwijk is het gebouw indrukwekkend groen. De publieke route maakt het gebouw toegankelijk, ook voor bezoekers die er niet consumeren. Hierdoor oogt het gebouw duurzaam en inclusief. Maar de hoeveelheid gebruikte natuurstenen tegels, de prijs van de woningen en de commerciële functies tonen dat met duurzaam materiaalgebruik en sociale duurzaamheid geen rekening is gehouden. Valley is een conceptueel gebouw dat laat zien dat een Zuidas-gebouw meer te bieden kan hebben dan enkel werken.

Vijftiende, vierde, eerste verdieping, begane grond/Fifteenth, fourth, first, ground floor

1 entree overdekte winkelstraat/ covered shopping street entrance
2 entree ondergrondse parkeerkelder/ underground garage entrance
3 publiek toegankelijke trappen/ publicly accessible stairs
4 lifthal/lift lobby
5 fietsenstalling/bicycle storage
6 commerciële functies/commercial functions
7 culturele ruimten/cultural spaces (Sapiens)

8 kantoren/offices
9 overdekte winkelstraat/covered shopping street (The Grotto)
10 waterloop en daklicht/watercourse and skylight
11 terrassen/terraces
12 appartementen/apartments

Situatie/Site plan
A Beethovenstraat
B A10
C Gustav Mahlerlaan

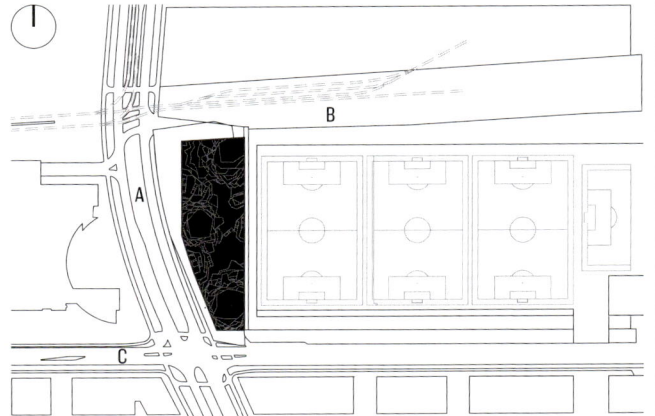

Valley

Amsterdam
Client: EDGE Technologies, Amsterdam

How do you make a business district liveable, inclusive and green? This question informed the design of Valley. In the office-dominated surroundings of Amsterdam's Zuidas, where towers are only accessible to those who work there, Valley is a new type of building, one where people work, shop, eat, create and live. Valley consists of three towers of 67, 81 and 100 metres with an underground garage for cars and bicycles. Commercial functions are located on the ground floor and internally. The first seven floors contain office space; the residential levels start on the eighth floor. All 198 of the building's apartments have a unique floor plan. During the design process computer modelling was used to calculate the optimal amount of light and views for each apartment.

Between the three towers is a craggy landscape of cantilevered apartments, clad with 40,000 stone tiles. The numerous terraces were laid out by Piet Oudolf, using plants and shrubs that thrive in elevated and windy conditions. At street level the publicly accessible stairs invite visitors to follow a route to a 'valley' on the fourth and fifth floors. Inside the building the 'Grotto' – the stone-paved lobby-cum-covered shopping street – is also open to the general public. The outer elevations are clad with mirrored glass in an effort to establish a rapport with the surrounding office buildings.

While the wealth of greenery and public accessibility sets the building apart in the office district, this impression of sustainability and inclusivity is belied by the quantity of stone tiles used, the price of the apartments and the commercial functions, which reflect a lack of regard for the use of sustainable materials and for social sustainability. Valley is a conceptual building intent on demonstrating that a Zuidas building can have more to offer than work alone.

Foto/Photo: **Daria Scagliola**

DP6 architectuurstudio

Malieklos
Rotterdam
Opdrachtgever: Woonstad, Rotterdam

Op de plek van 121 gesloopte sociale huurwoningen uit het interbellum zijn, verdeeld over twee bouwblokken, 53 appartementen en 31 eengezinswoningen ingevoegd. De hoofdmassa van de nieuwbouw sluit naadloos aan op de omliggende woningblokken, wat bijvoorbeeld blijkt uit de afgeschuinde straathoeken. Tegelijkertijd onderscheiden de woningen zich in hun subtiele differentiatie, trefzekere detaillering en sculpturale kwaliteit. Terwijl overal in de grote steden verdichting de opgave is, werkt de gemeente Rotterdam in een aantal wijken op Zuid aan een beleidsmatige woningverdunning, met als doel kansrijke bewoners aan de wijken te binden. Sommige huurders moeten daardoor noodgedwongen verhuizen. Degenen die in de wijk willen blijven wonen, kunnen zich kandideren voor een nieuwe huurwoning. Met appartementen en eengezinswoningen speelt opdrachtgever Woonstad zowel in op woonwensen van bestaande huurders als op woningzoekenden van buiten de wijk.
De verschillen in woningtype en -grootte zijn niet in het gevelontwerp te herkennen. De gevels ogen uniform doordat overal met dezelfde steen is gewerkt. Dankzij banden van staand metselwerk, een spel met afgeschuinde neggen en een variërende toepassing van gemetselde balkons en loggia's, ontstaat bij nadere beschouwing een levendig beeld. Het meest in het oog springt het Braziliaans metselwerk waarmee de trappenhuizen van de appartementen zijn bekleed. De ruime entree heeft een natuurstenen vloer die weldadiger is dan je bij de huidige standaard voor sociale huurwoningen zou vermoeden. Dit is geen incident, het hele project is doordesemd van een hoge architectonische ambitie. Dit ontlokte bij sommige bewoners de uitspraak dat hun huurwoning 'aanvoelt als een koopwoning'.

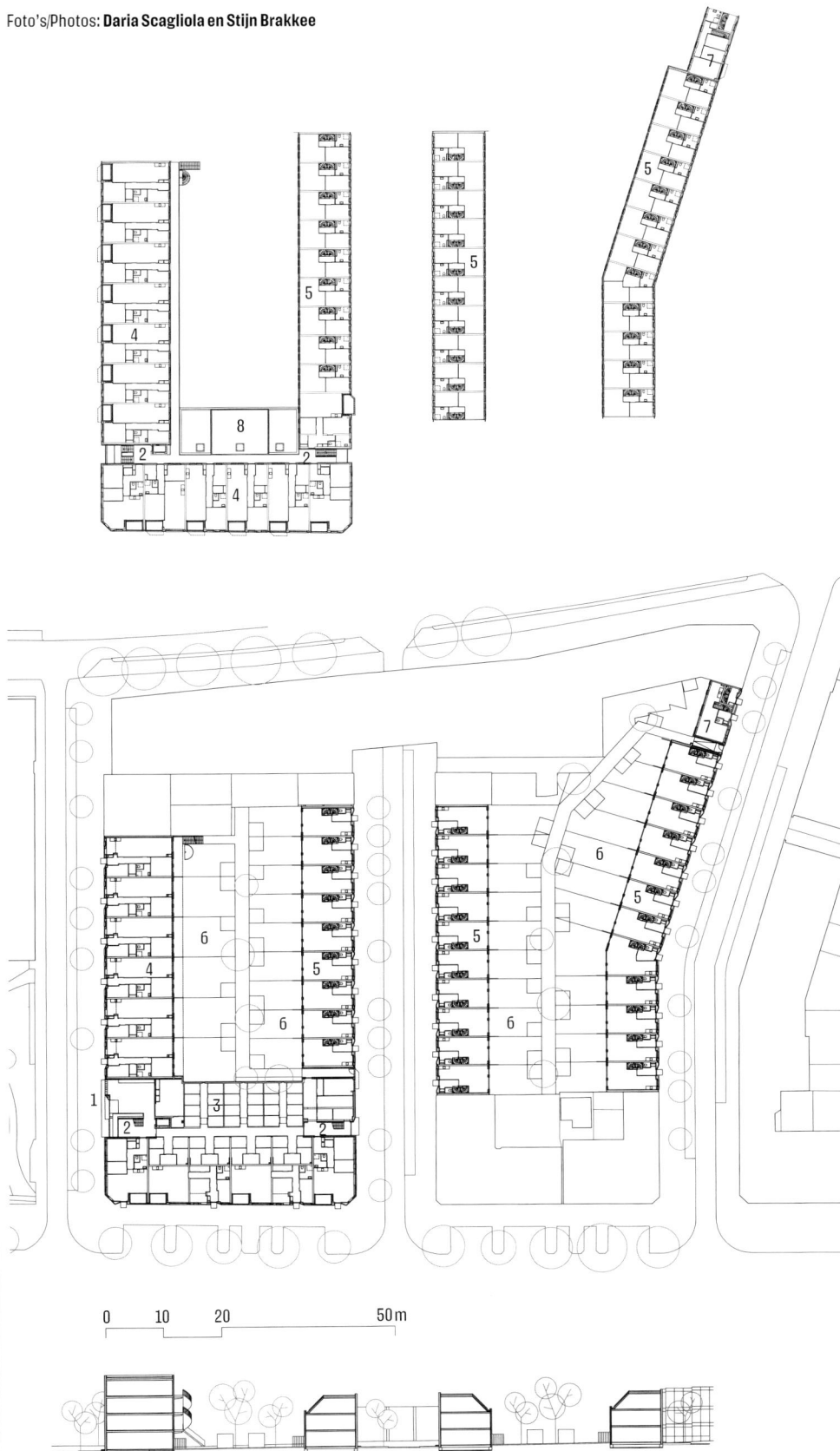

Eerste verdieping, begane grond/
First, ground floor
1   entree appartementen/apartments
    entrance
2   trappenhuis/stairwells
3   bergingen/storage
4   appartementen/apartments
5   eengezinswoningen/single-family
    dwellings
6   achtertuin/back garden
7   maisonnettes/maisonettes
8   terras/terrace

Doorsnede/Section

Situatie/Site plan
A   Klosstraat
B   Putselaan
C   Putsestraat
D   Slaghekstraat
E   Maliestraat

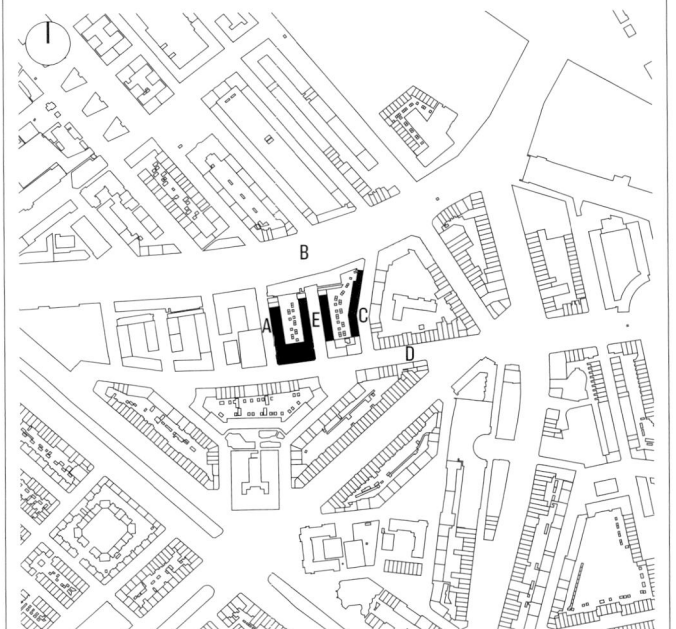

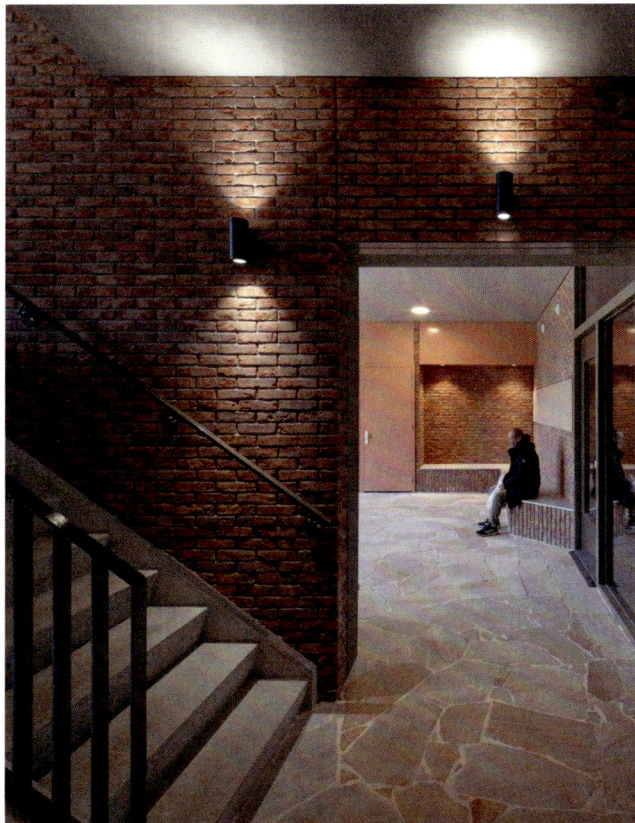

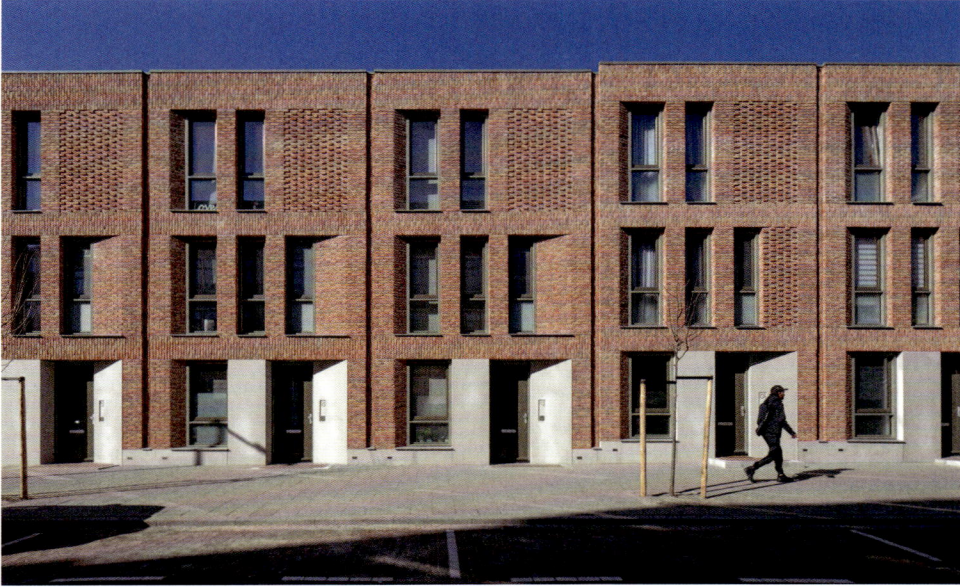

Malieklos

Rotterdam
Client: Woonstad, Rotterdam

On the site of 121 demolished social housing units from the inter-war years, 53 apartments and 31 single-family houses have been built, distributed over two blocks. The main mass of the new-build fits in seamlessly with the surrounding residential blocks, as evidenced, for example, by the chamfered street corners.
At the same time the dwellings are distinguished by their subtle differentiation, confident detailing and sculptural quality.
While densification is the main task in the big cities, in a number of districts in Rotterdam Zuid, the city council is deliberately pursuing a thinning-out policy aimed at binding high potential future residents to the neighbourhoods. As a result, some tenants are being forced to relocate. Those wishing to remain in the district can apply for one of the new rental dwellings. With this mix of apartments and single-family dwellings, Woonstad is catering to the housing preferences of existing tenants as well as house-hunters from outside the area.
The differences in dwelling type and size are not legible in the facade design. The elevations look uniform because of the consistent use of the same brick. On closer inspection, bands of upright brickwork, chamfered reveals and a varying use of projecting and recessed brick balconies, create a lively impression. The most eye-catching feature is the Brazilian brickwork lining the apartment stairwells. The spacious entrance has a stone floor that is more upmarket than you would normally expect in social housing. This is no one-off; the entire project is pervaded by high architectural ambitions. It has prompted some residents to comment that their rental apartment 'feels like an owner-occupied dwelling'.

Architects in
the NL, are we OK?

Teun van den Ende, Arna Mačkić

Architects in
the NL, are we OK?

Debat *Naar een gezonde werkcultuur in ontwerpbureaus,* **platform Het Podium op het dak van het Nieuwe Instituut, Rotterdam, 7 juni 2022**

Towards a healthy work culture in design offices, debate hosted by Het Podium on the roof of het Nieuwe Instituut, Rotterdam, 7 June 2022
Foto/Photo: Rhalda Jansen

Het afgelopen jaar heeft in de media de werkcultuur van verschillende creatieve sectoren ter discussie gestaan. Van omroepen en musea tot die van debatpodia. Ook in het architectuurveld is er beweging ontstaan in het bevragen van deze cultuur, zowel op sociale media als op architectuurplatforms en academies, waarbij met name de jongste generatie architecten zich uitspreekt. Dit gesprek sluit echter nog niet aan op hoe de sector als geheel functioneert. Als redactie wekte deze beroering over de huidige architectuurcultuur onze nieuwsgierigheid, wat ons ertoe aanzette op onderzoek uit te gaan. Is de architectuur onderdeel van een bredere maatschappelijke discussie over ongezonde werkcultuur? Wat zijn de kansen voor jonge architecten en jonge bureaus om zich te ontwikkelen in de huidige architectuurcultuur? Welke implicaties hebben onder meer de aanbestedingsregels, de competitiecultuur, de hiërarchie op de werkvloer en het gebrek aan diversiteit voor het vakgebied? Een tafelgesprek met twintig jonge werknemers van toonaangevende bureaus en enkele individuele gesprekken met vakgenoten wierpen hier licht op.

Ongezonde werkcultuur

Op de Rotterdamse Academie van Bouwkunst komt in het voorjaar van 2022 een gesprek over werkcultuur op gang. Na een eerste, verkennend gesprek, komt er een vervolg over hoe je ongewenste elementen van de werkcultuur kunt aankaarten en aanpakken als werkgever en werknemer. Het soms avonden en nachtenlang overwerken is een belangrijke aanleiding hiervoor. Niet in de laatste plaats omdat het de studenten, die vier dagen moeten werken, fysiek en mentaal parten speelt. Een derde gesprek tot slot, vindt buiten de academie plaats in het kader van de Rotterdam Architectuur Maand, op het tijdelijke dak van het Nieuwe Instituut.

Dit publieke gesprek verloopt uiterst behoedzaam, onder leiding van architectuurschrijver en docent aan de Rotterdamse

Academie van Bouwkunst Mark Minkjan. Het publiek is overwegend jong en luistert aandachtig, maar niemand laat zijn of haar persoonlijk ongenoegen blijken. Tegelijkertijd leest en liket ditzelfde publiek dagelijks oproepen op diverse sociale-mediaplatforms als NAA! (Netherlands Angry Architects).[1] De initiatiefnemers vragen in ferme bewoordingen aandacht voor gelijke kansen en betaling, en in een groep op het open platform Discord discussiëren jonge architecten, doorgaans anoniem, over hun werkomstandigheden. De voertaal is Engels, zodat ook zij die de Nederlandse taal (nog) niet beheersen, kunnen deelnemen.

Hoewel de initiatieven aanzwellen, is het te vroeg om ten tijde van het schrijven van dit essay te spreken van een beweging, of georganiseerd protest. Toch zijn er verschillende redenen voor architecten om zich zorgen te maken. De kansenongelijkheid op Nederlandse architectenbureaus is namelijk groot. Meest in het oog springen de beperkte kansen voor vrouwen in het vakgebied, wat bijvoorbeeld tot uitdrukking komt in een heel laag aantal vrouwen in leidinggevende posities. Daarnaast zijn architecten met een migratieachtergrond nauwelijks gerepresenteerd en hebben met name architecten van buiten de Europese Unie door constante onzekerheid over hun verblijf in Nederland een slechte onderhandelingspositie met betrekking tot salaris of contracten.

Die scheve verhoudingen komen steeds vaker aan de orde in discussies over het vak, getuige bijvoorbeeld de publicatie *Mevr. De Architect*.[2] Hoewel de inzendingen voor dit Jaarboek qua type projecten en bureaus niet representatief zijn voor het gehele architectuurveld, komt de ongelijkheid ook tot uitdrukking in de 35 bureaus waarvan projecten voor dit Jaarboek door ons zijn beoordeeld. Dit zijn de cijfers: 17 bureaus worden gerund door enkel mannen, slechts één bureau wordt gerund door (enkel) een vrouw. 18 bureaus worden gerund door een combinatie van mannelijke en vrouwelijke partners. In totaal zijn er 84 mannelijke partners en 21 vrouwelijke

---

During the past year the work culture of various creative sectors – from broadcasting organizations and museums to debate platforms – has been in the media spotlight. The work culture in architecture, too, is increasingly being critiqued, both on social media and on architectural platforms and in the academies. The youngest generation of architects is particularly vocal, although that discourse does not yet encompass the way the sector as a whole functions. As editors of an architectural yearbook, our curiosity was piqued by this agitation surrounding today's architectural culture and that prompted us to investigate further. Is architecture part of a wider social discussion about an unhealthy work culture? What opportunities for development do young architects and young practices have in the current architectural culture? What implications do the tendering regulations, the competition culture, the office hierarchy and the lack of diversity have for the discipline? A round-table discussion with twenty young employees of leading architectural practices and a few individual conversations with colleagues shed light on the situation.

Unhealthy work culture

In the spring of 2022 the Rotterdam Academy of Architecture initiated a conversation about the architectural work culture. An initial exploratory conversation was followed by a discussion about how employees and employers could broach and tackle undesirable aspects of the work culture. A special bone of contention was occasionally having to spend evenings, even whole nights working, something that takes a particularly heavy physical and mental toll on students, who are also required to work four days a week. A third and final discussion took place outside the academy on the temporary roof of the Nieuwe Instituut in the context of Rotterdam Architecture Month.

The tenor of this public conversation, moderated by architecture writer and lecturer at the Rotterdam Academy of Architecture

Mark Minkjan, was very circumspect. The predominantly young audience listened attentively, but no one aired their personal grievances. Yet every day that same audience reads and 'likes' calls for action on a variety of social media platforms of the likes of NAA (Netherlands Angry Architects).[1] The initiators issue bold demands for equal opportunity and pay, while on the open platform Discord, a group of young architects discuss their working conditions, usually anonymously. The official language is English so that those who are not (yet) fluent in the Dutch language can also take part.

Although such initiatives are increasing, at the time of writing it is too early to speak of a movement, or of organized protest. Nevertheless, there are several reasons for architects to be concerned. There is significant inequality of opportunity in Dutch architectural practices, the most obvious being the limited opportunities for women in the profession, which is reflected, for example, in the very low number of women in executive positions. In addition, architects with a migration background are very poorly represented, while architects from outside the European Union are in a particularly weak negotiating position when it comes to salary or contracts because of the constant state of uncertainty surrounding their stay in the Netherlands.

Those disparities are increasingly being raised in discussions about the profession, as evidenced, for example, by the publication *Mevr. De Architect*.[2] Although the entries for this Yearbook are not representative of the architectural field as a whole in terms of types of project and practices, the inequality in the profession is also visible in the 35 practices whose projects we assessed for this Yearbook. The statistics speak for themselves: 17 practices are led by men alone, only one practice is headed by a (lone) woman. Eighteen practices are led by a combination of male and female partners. In all there are 84 male partners and 21 female partners. Of the 104 partners in our sample only seven are below the age of forty.

Over the past year there has been much discussion about

partners. Van de 104 partners zijn er maar zeven jonger dan veertig jaar.

Ook is er afgelopen jaar veel discussie geweest over de salarissen van architecten. Dit staat in relatie tot de recent sterk gestegen kosten van levensonderhoud, gevoed door maatschappelijke, economische en politieke verwikkelingen. Hoewel dat van alle tijden is, zijn de afgelopen jaren bijzonder turbulent geweest. De huidige energiecrisis en de al langer durende wooncrisis zorgen voor grote groepen voor een onzekere en onbetaalbare woonsituatie. De stikstof-, asiel- en klimaatcrisis en oorlog in de Oekraïne zorgen daarnaast voor een algemeen gevoel van onzekerheid en verdeeldheid in de maatschappij. Veel jongeren, met name in de grote steden, hebben geen zelfstandige woning. Voor architecten die in de afgelopen acht jaar in Nederland hebben gestudeerd, geldt bovendien dat hun studieschuld torenhoog is. Hun studiebeurs zullen zij namelijk, anders dan de generatie die voor hen studeerde, volledig moeten terugbetalen.[3]

Marginale positie

Met deze omstandigheden in het achterhoofd waren we benieuwd hoe de jongste generatie vakgenoten die werken bij architectenbureaus hun positie beoordelen. Een motivatie hiervoor was dat we tijdens ons werk als redactie altijd alleen (bureau)partners, leidinggevenden of opdrachtgevers spreken. Jonge ontwerpers komen voor ons nauwelijks in beeld. Wat zijn hun ambities en welke kansen krijgen ze op hun huidige werkplek om die te verwezenlijken? We vroegen het aan twintig jonge architecten met wie we gezamenlijk in gesprek zijn gegaan.[4]

Wij hadden een gesprek verwacht over de beperkingen die zij ervaren, over slechte werkomstandigheden, overwerken en oneerlijke beloning. Maar dit was niet het geval. De meeste van de twintig jonge ontwerpers waren juist trots op hun plek in het bureau. Sommigen vertelden dat er op de werkvloer een open gesprek mogelijk is over werkomstandigheden, waaronder ook de kansen voor vrouwelijke architecten. Daar maakten niet alle jonge architecten gebruik van, terwijl anderen juist initiatief daartoe namen en hun oudere collega's op sleeptouw namen. We concludeerden dat ze blijkbaar niet continu tegen de stroom in hoefden te roeien om hun ambities te verwezenlijken. Maar over één ding maakten zij zich wel degelijk zorgen: de marginale positie van de architect in de gehele bouwketen.

Wij vroegen de twintig jonge architecten ook waar zij zichzelf over tien jaar zien. Zij antwoordden vooral met basale wensen, zoals werkervaring opdoen of een stabiele werkplek met fijne collega's en uitdagende projecten. Op persoonlijk vlak verheugden zij zich, als dat financieel mogelijk is, op een eigen woning en sommigen op het stichten van een gezin. Een enkeling had de wens een eigen bureau te starten, of een eigen richting te ontwikkelen binnen de bestaande bureaustructuur.

Omdat we de vraag zo open mogelijk hadden gesteld, hadden wij andere antwoorden verwacht. Zoals het bijdragen of oplossen van grote architectonische opgaven, het innoveren van het vakgebied, het onderwijzen van architectuur aan de volgende generaties of internationaal carrière maken en prijzen winnen. Onze verwachting kan te maken hebben met ons eigen beperkte blikveld. Of de jonge ontwerpers waren te bescheiden om hoge ambities in een groepsgesprek te delen. Of ze realiseren zich dat een architect veel ervaring moet opdoen om een heel ontwerp- en bouwproces te doorlopen om zich te kunnen onderscheiden. Maar wij vroegen ons ook af of het beperkte ambitieniveau niet juist het gevolg is van de marginale rol van de architect in de gehele bouwketen, een hardnekkig probleem waar de sector al jaren mee kampt. Het treft niet in de eerste plaats de jongste generatie, maar ook de generatie die tien à vijftien jaar geleden afstudeerde en aan het werk ging, midden in de kredietcrisis.

---

architects' salaries, prompted by the recent sharp rise in the cost of living due to social, economic and political issues. Although this is not unique to the present moment, the past few years have been particularly turbulent. The current energy crisis and the much longer-standing housing crisis create an uncertain and unaffordable housing situation for large groups of people. The nitrogen, asylum and climate crises and the war in Ukraine add to a general sense of uncertainty and discord in society. Many young people, especially in the big cities, do not have a dwelling of their own. And architects who studied in the Netherlands during the past eight years are also saddled with a massive study debt. Unlike the generation before them, they will have to repay their student loan in full.[3]

Marginal position

With these circumstances in mind we were curious to know how the youngest generation of colleagues working in architectural practices rated their position. One reason for pursuing this was that in our work as editors we deal exclusively with practice partners, managers or clients. Young designers are rarely on our radar. What are their ambitions and what opportunities for realizing them does their current workplace offer? That was the question we posed to twenty young architects with whom we engaged in a round-table conversation.[4]

We had anticipated a discussion about the limitations they experienced, about poor working conditions, overwork and unfair remuneration. But this was not the case. Most of the twenty young designers were proud of their position within the practice. Some reported that it was possible to have an open discussion about working conditions in the office, including opportunities for women architects. Not all young architects availed themselves of this, while others took the initiative for such conversations, taking their older colleagues in tow. We concluded that they were evidently not constantly having to swim against the current in order to realize their ambitions. But there was one thing that they were all worried about: the marginal position of architects throughout the building process.

We also asked the twenty young architects where they saw themselves ten years from now. Most responded with fairly basic aspirations such as work experience or a stable workplace with agreeable colleagues and challenging projects. On the personal level they looked forward, finances permitting, to a home of their own and some to starting a family. One or two wanted to start their own practice or to pursue their own course within the existing office structure.

Because we had posed the question as openly as possible, we had expected different answers. Such as contributing to or resolving major architectural challenges, introducing innovations to the discipline, teaching architecture to future generations, or forging an international career and winning prizes. Either the young designers were too modest to share lofty ambitions in a group conversation, or they knew full well that to be able to shine an architect needs to garner a lot of experience with the entire design and construction process in order to stand out. But we also wondered whether the limited ambitions on display might not in fact be the result of the marginal role of the architect in the building process, a stubborn problem that has plagued the sector for years. This affects not only the youngest generation, but also the generation that graduated ten to fifteen years ago and started work in the middle of the global financial crisis (GFC).

Limitations on building practice

Opportunities for young architects and young practices to make a name for themselves declined steeply in the wake of the financial crisis. One reason for that was a change in the type of clients and in their attitude. Before the GFC, talented young architects managed to secure substantial commissions. That difference in opportunity compared with today's fifty- and sixty-

De kansen voor jonge architecten en jonge bureaus om zich te onderscheiden zijn veel kleiner geworden na de financiële crisis. Een oorzaak daarvan is een wijziging van het type opdrachtgevers en van hun houding. Destijds wisten jonge talentvolle architecten serieuze opdrachten te verwerven. Dit verschil in kansen met de huidige vijftigers en zestigers komt in de podcastreeks *Hoe werkt de architect* treffend aan de orde in de aflevering met Marlies Rohmer.[5] Hoewel zij verklaart altijd keihard te hebben gewerkt en zelf veel initiatief te hebben genomen, vertelt ze ook hoe op een gegeven moment de ene na de andere goedbetaalde opdracht vanzelf op haar pad kwam. Maar ook benoemt Rohmer – en dat is wellicht net zo belangrijk – dat de opdrachten haar inspireerden, omdat ze doorgaans de vrije hand kreeg. Er was volop ruimte om te experimenteren en bakens te verzetten. Woningcorporaties vormden destijds een belangrijke groep opdrachtgevers. Ze beschikten over expertise en ambities ten aanzien van woonwensen. Hun plaats is ingenomen door beleggers en projectontwikkelaars, die doorgaans gangbare vormen van woningbouw boven het experiment stellen.

Behalve de verschuiving in het type opdrachtgevers is ook de manier waarop opdrachten gegund worden veranderd, sinds de invoering van de Europese Aanbestedingswet in 2004. Aanbestedingscriteria met hoge eisen ten aanzien van referenties en omzet, soms nog aangevuld met de eis van een minimumaantal werknemers, bepalen nu grotendeels de

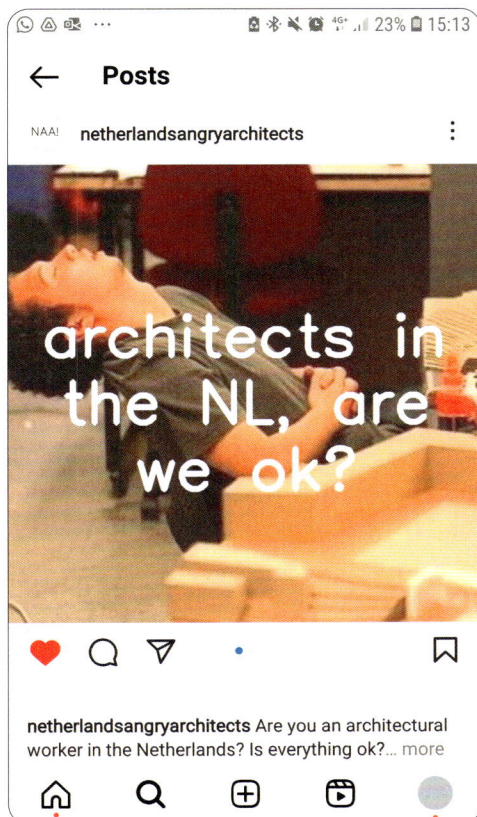

Instagram post **NAA!** (Netherlands Angry Architects), 9 september/ September 2022

year-olds is perfectly illustrated in the Marlies Rohmer episode of the podcast series *Hoe werkt de architect?* (How does the architect work?).[5] Although Rohmer claims to have always worked very hard and to have taken many initiatives herself, she also relates how, at a given moment, one well-paid commission after another simply came her way. But she also noted – and that is probably equally important – that those commissions fired her imagination because she was nearly always given a free hand. There was plenty of room to experiment and to set a new course. Back then housing associations constituted an important group of clients. They had expertise and ambitions with respect to housing requirements. Their place has since been taken by investors and property developers who generally put conventional forms of housing above experimentation.

Nederlandse bouwpraktijk. Risicomijdend gedrag beperkt zich niet tot commerciële opdrachtgevers, ook overheden bouwen veel checks-and-balances in. Ook zijn de criteria vaak 'toegeschreven' naar het bouwproject, wat de werkelijke waarde van het ontwerpproces miskent. Het onderzoeken, schetsen, testen, uitwerken en opnieuw testen van een ontwerp laat zich nu eenmaal moeilijk in een planning persen. Hoewel dit nadelig uitpakt voor bijna alle bureaus, houdt het met name nieuwkomers zonder veel ervaring of omzet buiten de deur.

Deze analyse geldt uiteraard niet voor de gehele sector. Veel gerealiseerde projecten, ook in dit boek, laten zien dat architectenbureaus vindingrijk of standvastig genoeg zijn om in de weerbarstige praktijk bijzondere prestaties te leveren. Of door juist op alternatieve manieren – buiten de aanbestedingen – opdrachten te verkrijgen. Ook zijn er bureaus die actief jonge werknemers kansen bieden om door te groeien binnen of buiten het bureau. Dat neemt niet weg dat het voor jonge bureaus heel moeilijk is om bouwopdrachten te krijgen en een portfolio op te bouwen waarmee ze zich kunnen bewijzen bij overheden, projectontwikkelaars en andere opdrachtgevers.

Gesmoord engagement

De beperkte rol van de architect in de bouwpraktijk werkt door in de maatschappelijke potentie van het vak. Weinig opdrachten bieden architecten bijvoorbeeld de kans om goede ruimtes voor collectief of openbaar gebruik te ontwerpen, of bouwmaterialen te selecteren die het milieu niet te veel schade toebrengen. Zo wordt engagement in de kiem gesmoord. Dit staat in contrast met de opleidingen die hun studenten juist uitdagen om een eigen, geëngageerde, visie te ontwikkelen. Jonge architecten die de praktijk instappen met een uitgesproken visie en specifieke interesses, komen van een koude kermis thuis.

Apart from the shift in the type of clients, there has also been a change in the way commissions are awarded since the introduction of the EU Public Procurement Directive in 2004. Procurement criteria that set high requirements with respect to references and turnover, sometimes supplemented with a minimum number of employees requirement, now largely determine building practice in the Netherlands. Risk-averse behaviour is not confined to commercial clients; government bodies, too, incorporate a lot of checks and balances. What's more, the criteria are often 'assigned' to the end product, which is to misunderstand the true value of the design process. Researching, sketching, testing and elaborating a design and testing it all over again is difficult to squeeze into a plan. Although this has negative consequences for nearly all practices, its main effect is to exclude newcomers without much in the way of experience or turnover.

Of course, this analysis does not apply to the entire sector. Many built projects, including the projects in this book, show that architectural practices are sufficiently resourceful and steadfast to still deliver outstanding work in the context of an unaccommodating practice. Or conversely by securing commissions via alternative routes outside the tendering system. There are also architectural practices that offer enthusiastic young employees opportunities to develop inside and outside the practice. But the fact remains that it is very difficult for young practices to secure design commissions and to build up a portfolio with which to show government entities, property developers and other clients what they are capable of.

Stifled engagement

The architect's limited role in building practice has repercussions for the social potential of the profession. Few commissions offer architects an opportunity to design good spaces for communal or public use, or to choose building materials that are less harmful for the environment. Social engagement is thereby stifled

Ondanks de weerbarstige praktijk promoten culturele instituties en organisaties die prijzen uitreiken het beeld van een geëngageerd vakgebied. Jury's kennen belangrijke prijzen, zoals de Archiprix, de Prix de Rome Architectuur, de Jonge en de Grote Maaskantprijs en de Abe Bonnemaprijs, toe aan ontwerpers die maatschappelijke thema's adresseren of, op zijn minst, een beloftevolle zoektocht ondernemen naar vernieuwing binnen het vakgebied. Ook de architecten en onderzoekers die Nederland vertegenwoordigen op de Architectuurbiënnale in Venetië reflecteren steevast op urgente maatschappelijke opgaven.

Zowel het beroep op engagement binnen de opleidingen als de vertekende culturele representatie van het vak zou jonge architecten kunnen demotiveren de bouwpraktijk in te stappen. Maar wij hebben de indruk dat jonge architecten zich er zeer bewust van zijn dat niks vanzelf gaat. Zo hebben studenten van de Academies van Bouwkunst bij het afstuderen al een lange weg afgelegd, waardoor ze weten dat hun werkgevers keihard moeten werken. De studenten van de technische universiteiten zijn zich hier ook van bewust of komen er achter in de beroepservaringsperiode die hun toegang biedt tot het Architectenregister. Bijna alle jonge architecten zijn ervan doordrongen dat architecten voor hun veertigste nauwelijks bouwen en dat het ook daarna hard werken zal zijn.

Uitsluitingsmechanisme

Zoals al eerder opgemerkt zit de dominante aanbestedingscultuur niet alleen de jongste generatie, maar veel Nederlandse architecten in de weg. Als gevolg van de Europese Aanbestedingswet hebben veel Nederlandse architectenbureaus specialismen ontwikkeld om te excelleren in een bepaald onderdeel van het vak, zoals zorg of onderwijs. Met een dergelijke portfolio kunnen ze zich onderscheiden van hun vakgenoten, wat de kans op het winnen van een aanbesteding zou moeten

vergroten. Dit sluit echter architecten buiten die niet aan de ingangseisen voldoen. Ook gerenommeerde bureaus die bijvoorbeeld voor het eerst een school zouden willen bouwen maar geen school in hun portfolio hebben, ondervinden dit uitsluitingsmechanisme – zelfs wanneer ze in eerdere opdrachten bewezen hebben een hoge complexiteit aan te kunnen. Ook curator en huidig IABR-directeur Saskia van Stein signaleert de nadelige effecten van de aanbestedingscultuur, waardoor '(jonge) architecten en kleine bureaus steeds minder kans krijgen een bijdrage te leveren aan het debat en zich te manifesteren'. Zij komt tot deze conclusie op basis van vele gesprekken met beschouwers en beoefenaars van het vak.[6]

Voor een jong bureau is een eerste kans voor het realiseren van een ontwerp heel belangrijk. Maar deze kansen zijn zeer zeldzaam. Waar eerder woningcorporaties of een prijsvraag zoals Europan een kans hiertoe boden, zijn jonge bureaus nu afhankelijk van een zeldzaam uitgeschreven wedstrijd van bijvoorbeeld Architectuur Lokaal, een besloten competitie georganiseerd door bijvoorbeeld een stadsbouwmeester of van hun netwerk bij private opdrachtgevers. Dit beperkt hen in hun professionele ontwikkeling, waardoor ze voor een grote uitdaging staan om hun rol in het vakgebied op te eisen. Het binnenskamers houden van ontwerpprocessen en -uitgangspunten leidt tot een gesloten bouwcultuur waar de hele sector de nadelen van ervaart.

Open bouwcultuur

Hoe het anders kan, is te zien in Vlaanderen en Brussel, waarover we met de Brusselse bouwmeester Kristiaan Borret in gesprek gingen voor het artikel 'België als voorland van een open bouwcultuur' (p. 42 e.v.). Als buitenstaander en kenner van de Nederlandse bouwpraktijk hekelt hij de 'snelle en mathematische' Nederlandse toepassing van de Europese regelgeving. Daartegenover stelt hij de Belgische bouwcultuur.

at birth. This is in stark contrast to the architectural academies and faculties where students are actively challenged to develop their own, engaged, vision. Young architects who enter professional practice with a strong vision and specific interests are in for a rude awakening.

Despite the unaccommodating practice, cultural institutions and organizations that award design prizes promote an image of a socially engaged discipline. Juries award major design prizes, like Archiprix, Prix de Rome Architecture, the Young and the Grand Maaskant prizes and the Abe Bonnema Prize, to designers who tackle social themes, or at the very least embark on a promising pursuit of innovation within the discipline. Likewise, the architects and researchers who represent the Netherlands at the Venice Architecture Biennale invariably reflect upon urgent social issues.

Both the call for social engagement in architectural courses and the profession's skewed cultural representation might be expected to discourage young architects from entering the profession. But our impression is that they are well aware that it won't all be plain sailing. Students graduating from one of the academies of architecture have already come a long way and they know full well that their employers have to work extremely hard. The students from the technical universities are also aware of this, or soon will be after completing the period of work experience that gains them admission to the Register of Architects. Nearly all young architects are keenly aware that architects rarely get to build anything before the age of forty and that even after forty it will still be a hard slog.

Exclusion mechanism

As previously mentioned, it is not only the youngest generation of architects that is thwarted by the dominant tender culture. The introduction of the EU Public Procurement Directive prompted many Dutch architectural practices to develop a specialism in

order to excel in a particular area of the profession, such as health care or education. A specialized portfolio enables them to distinguish themselves from their colleagues and theoretically increases their chances of winning a tender. However, this excludes architects who do not meet the requirements. Renowned practices who want to build a school, but have no school in their otherwise illustrious portfolio, also experience this form of exclusion, even when they have a proven track record of being able to handle complex projects successfully. Curator and current IABR director, Saskia van Stein, has also noticed the adverse effects of the tendering culture. After many conversations with observers and practitioners of the profession, she has concluded that there are now 'fewer and fewer opportunities for (young) architects and small practices to contribute to the debate and to prove themselves'.[6]

For a young practice, the first opportunity to realize a design is of critical importance. But such opportunities are extremely rare. Whereas housing associations or a competition like Europan used to provide a chance of securing that first opportunity, today young practices are dependent on a one-off competition like that organized by Architectuur Lokaal, an invited competition organized by a city architect, or their network of private clients. This restricts their professional development and makes it even more challenging for them to assert their role in the discipline. Keeping design processes and principles in-house results in a closed-door building culture that has adverse effects on the entire sector.

Open building culture

That there are other ways of doing things can be seen in Flanders and Brussels, as we discussed with the Brussels chief government architect Kristiaan Borret for the article 'Belgium points the way to an open architectural culture' (pp. 42ff.). As an outsider with first-hand experience of Dutch building practice, he is critical of the 'automatic and mathematical' way the Dutch apply the EU

Een typische exponent hiervan is de Open Oproep, die het team Vlaams Bouwmeester al ruim twintig jaar professioneel begeleidt. Daarbij ligt de focus niet, zoals in Nederland, op de te volgen procedure, maar op de realisatie van de inherente kwaliteiten van de ontwerpopgave.

De Open Oproep nodigt nieuwkomers uit zich te bekwamen in opdrachten waarin ze nog geen bewezen trackrecord hebben en genereert daarmee perspectief voor jonge bureaus. Dat levert behalve veel variëteit in architectuur ook engagement op, signaleert Borret. Zijn indruk is dat jonge Belgische architecten 'een tikje radicaler' zijn dan hun Nederlandse collega's. Zo ziet hij architecten in actiecomités vechten voor sociale inclusie, het klimaat en rechtvaardigheid op de woningmarkt. Urgente onderwerpen, waar we in Nederland ook de mond vol van hebben maar waar helaas veel te weinig architectuuropdrachten op inspelen.

Wat staat Nederland in de weg om het Vlaamse systeem over te nemen en daarmee de gesloten aanbestedingscultuur te vervangen door een open bouwcultuur? Er zijn twee redenen dat dit momenteel lastig aan te pakken is. De eerste is het gebrek aan (een centrale plek voor) collectieve reflectie, gesprekken over bijvoorbeeld hoe de kwaliteit van het ontwerpvak kan worden gewaarborgd en hoe de ontwikkelkansen van kleine en startende architectenbureaus kunnen worden verbeterd. De tweede is het gebrek aan waardering en erkenning van het werk van architecten, dat zijn weerslag vindt in de wijze waarop opdrachten zijn vormgegeven.

Om het gebrek aan collectieve reflectie het hoofd te bieden, zouden architecten kunnen beginnen vaker openlijk met elkaar te delen wat het vak moeilijk maakt, in plaats van elkaar (of zichzelf) te feliciteren met behaalde opdrachten en prijzen. Dat is niet makkelijk, aangezien het vereist dat je je kwetsbaarheid toont en je uitspreekt over je benarde positie. Maar het zou weleens een sleutel kunnen zijn naar meer collectief zelfvertrouwen en minder ondermijnend gedrag in de sector

Ook het gesprek over de beperkingen die opdrachtgevers voor architecten opwerpen, is per definitie moeilijk: je bijt niet in de hand die je voedt. Toch zullen architecten zich moeten beraden over de voorwaarden waaronder ze hun werk naar eer en geweten kunnen doen. Niet binnen elk afzonderlijk bureau, zoals dat nu doorgaans gebeurt, maar in collectieve zin. Alleen op deze manier kan de sector kansen blijven bieden voor jong talent binnen bureaus en enigszins gelijke ontwikkelkansen bieden voor nieuwe bureaus die voor innovatie en ontwikkeling van het vak zorgen.

1. NAA! is een semi-reguliere evenementenreeks voor werknemers in de architectuur die buiten de werkplek over werkzaken willen praten. Het is geïnitieerd door deelnemers aan Failed Architecture Situation #13 (23 april 2022), 'Architects in NL: Is Everything OK?', in samenwerking met Failed Architecture en de FNV.
2. De uitgave *Mevr. De Architect* (2021), waarin negentien portretten uit de gelijknamige rubriek in *A.ZINE* zijn gebundeld, is een initiatief van Merel Pit, a-zine.nl.
3. Het wetsvoorstel tot herinvoering van de basisbeurs in het hoger onderwijs met ingang van studiejaar 2023/2024 is op 21 februari 2023 door de Tweede Kamer aangenomen, wetgevingskalender. overheid.nl/Regeling/ WGK013677.
4. Elk bureau dat met een project in de voorselectie van het Jaarboek was vertegenwoordigd, is gevraagd de jongste medewerker die onder contract staat (geen stagiair) af te vaardigen voor het gesprek.
5. De zevendelige podcastreeks *Hoe werkt de architect* werd gemaakt door Merel Pit (hoofdredacteur *de Architect*) en Thijs van Spaandonk (hoofd Stedenbouw aan de Rotterdamse Academie van Bouwkunst) en is te beluisteren via het podcastkanaal van *de Architect*.
6. Saskia van Stein, 'Kritiek, reflectie en debat binnen de ontwerpdisciplines architectuur, vormgeving en digitale cultuur in Nederland', in opdracht van het Stimuleringsfonds Creatieve Industrie, Rotterdam 2020.

regulations and contrasts this with the Belgian building culture. It is exemplified by the Open Call tendering system that the Flemish Government Architect's team has supervised for over twenty years with consummate professionalism. Unlike in the Netherlands, the focus is not on procedure, but on the realization of the qualities inherent in the design task.

The Open Call system enables newcomers to gain proficiency in commissions in which they do not yet have a proven track record, thereby generating prospects for young practices. As well as a lot of variety in architecture, it also engenders engagement, Borret points out. He has the impression that young Belgian architects are 'slightly more radical' than their Dutch colleagues. He sees architects on action committees fighting for social inclusion, the climate and fairness in the housing market – pressing topics, about which we also have a lot to say in the Netherlands, but which are unfortunately addressed by far too few architectural commissions.

What is to prevent the Netherlands from adopting the Flemish system and replacing the closed tendering culture with an open building culture? There are two reasons why this is difficult to do at the present moment. The first is the lack of (a central forum for) collective reflection, and of conversations about how the quality of the design profession can be guaranteed and how development opportunities for small and fledgling architectural practices can be improved. The second is the lack of appreciation and recognition for the work of architects, which is reflected in the way commissions are structured.

To counteract the lack of collective reflection, architects need to start being more open with one another about what makes the profession so difficult, instead of congratulating one another (or themselves) on commissions secured and prizes won. This is not easy because it entails revealing your vulnerability and talking about your own predicament. But it might just be the key to more collective self-confidence and less subversive behaviour in the sector.

Likewise, the conversation about the constraints that clients place on architects is by definition difficult: you don't bite the hand that feeds you. Nevertheless, architects are going to have to consider the conditions under which they can carry out their work in good conscience. Not within each individual practice, as happens now, but collectively. Only in this way can the sector continue to offer opportunities to young talent within practices and reasonably equal development opportunities for new practices, which are a source of innovation and development for the profession.

1. NAA! is a semi-regular event series for architectural workers wishing to discuss work matters outside of the workplace. It was initiated by attendees of the Failed Architecture Situation #13 (23 April 2022) 'Architects in NL: Is Everything OK?', in collaboration with Failed Architecture and the FNV.
2. The magazine *Mevr. De Architect* (2021), featuring nineteen portraits drawn from the column of the same name in A.ZINE, is an initiative of Merel Pit, a-zine.nl.
3. The draft bill for the reintroduction of the basic student grant in higher education, starting from the 2023/ 2024 academic year, was passed by the House of Representatives on 21 February 2023, wetgevingskalender. overheid.nl/Regeling/WGK013677.
4. Every practice represented in the preliminary selection of projects for inclusion in the Yearbook was asked to delegate their youngest contract employee (no interns) to take part in the discussion.
5. The seven-part podcast series *Hoe werkt de architect?* was produced by Merel Pit (editor-in-chief of *de Architect*) and Thijs van Spaandonk (head of Urban Planning at the Rotterdam Academy of Architecture) and is available to listen to on the podcast channel of *de Architect*.
6. Saskia van Stein, 'Kritiek, reflectie en debat binnen de ontwerpdisciplines architectuur, vormgeving en digitale cultuur in Nederland', [Critical reflection and debate in the design disciplines of architecture, design and digital culture in the Netherlands] commissioned by the Creative Industries Fund, Rotterdam 2020.

Studioninedots, Delva, MeesVisser, Space Encounters, Zecc Architecten

Foto's/Photos: **Sebastian van Damme**

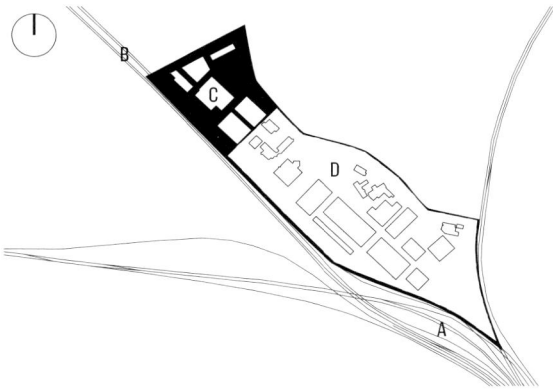

Situatie/Site plan
A   spoor/railway line
B   Spoordijk
C   Wisselspoor deelgebied/subarea 1
D   Wisselspoor deelgebied/subarea
     2-4

Situatie fase 1/Site plan phase 1
A   2e Daalsedijk
B   Wisselstraat
C   collectief parkeergebouw/shared
     parking garage
D   Spoorpark
E   Dijkpark

Wisselspoor

Utrecht
Opdrachtgever: Synchroon B.V., Utrecht

Tussen het spoor en een kleinschalige woonwijk is rondom een getransformeerde NS-werkplaats een nieuwe buurt verrezen. Grote verschillen in gevelontwerp leveren een gevarieerd beeld op. Dat wordt versterkt door speciale woningtypen en twee hogere appartementenblokken aan het spoor. Midden in een oude NS-werkplaats is een collectief parkeergebouw gebouwd, waardoor de wijk is gevrijwaard van auto's. De stoepen en tussenstraten doen dienst als collectieve tuinen en zijn uitnodigend dankzij de afwezigheid van auto's.

Drie architectenbureaus ontwierpen de woningen in afwisselende eenheden van enkele woningen. Studioninedots, die ook de werkplaats herbestemde, verzorgde samen met Delva Landscape Architecture and Urbanism het stedenbouwkundig raamwerk. De architectuur is uitgevoerd in een afwisselend palet van materialen, variërend van spiegelend plaatstaal, gele tegels, dieprode baksteen, grijze vezelcementplaat tot zwart geschilderd hout. Die variatie zit niet in de plattegronden, die elk op een beukmaat van 5,10 meter zijn gebaseerd. Eentonigheid is vermeden door op plekken uitzonderingen te ontwerpen, zoals een woning die uit de straathoek is getrokken om ruimte te laten ontstaan voor een ommuurde patio.

In de Bovenbouwwerkplaats repareerden NS-monteurs vroeger seinen, wissels en bovenleidingen. Het hart is opgeofferd voor een parkeergebouw, gehuld in een geplooide zilveren gevel die dwars door de sheddaken steekt. De gevels zijn behouden zonder daarbij de gebruikssporen uit te wissen. In elk travee zijn glazen ramen en deuren gezet, die toegang geven tot verhuurbare bedrijfsruimtes. Die waren bij oplevering nog leeg, evenals een hoek waar een restaurant komt. Als deze potenties verzilverd worden dan krijgt de transformatie van het industrieel erfgoed nog meer betekenis voor de buurt als geheel.

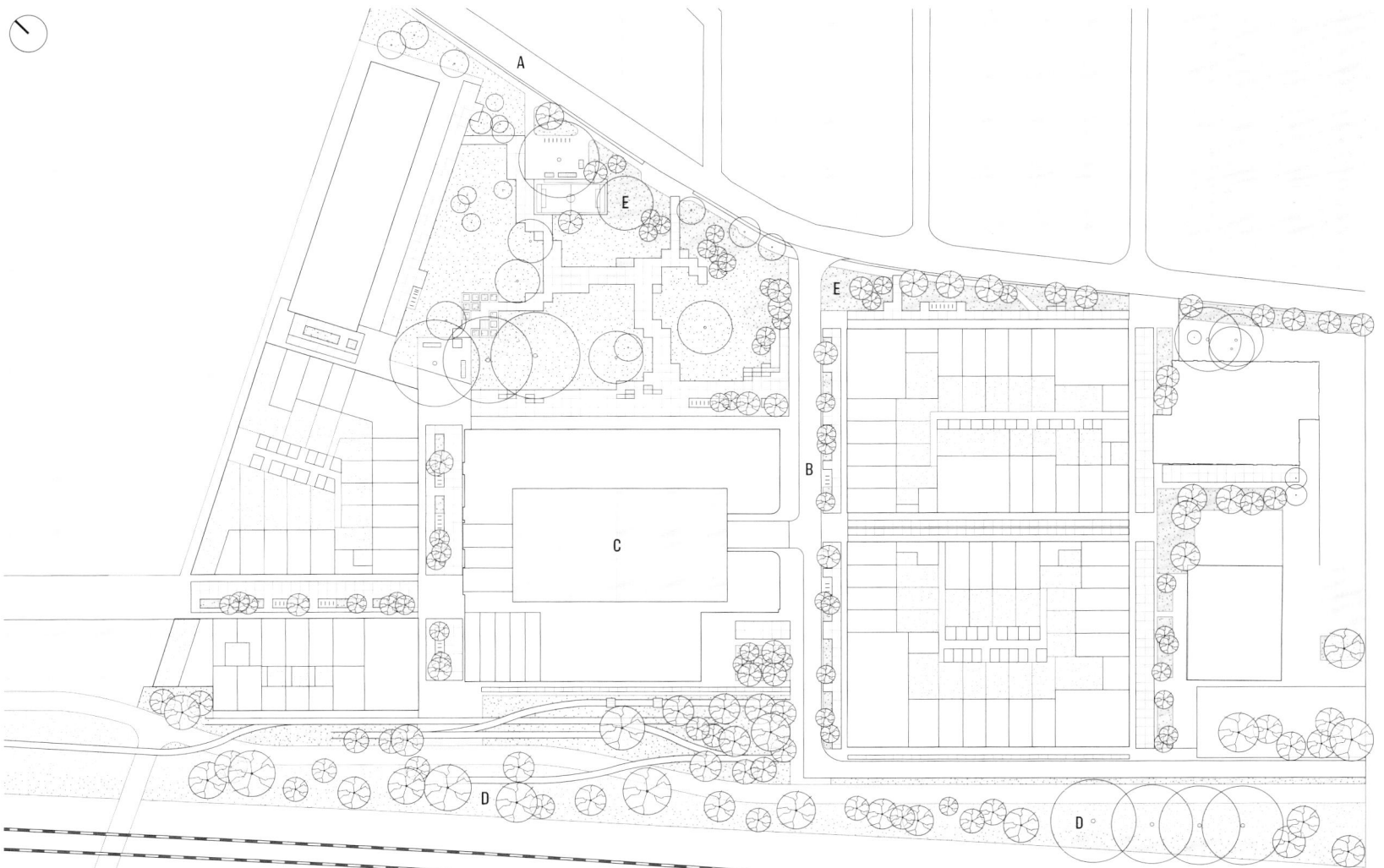

Wisselspoor

Utrecht
Client: Synchroon B.V., Utrecht

Tucked between the railway line and a small-scale residential area, a new neighbourhood has sprung up around a converted railway workshop. Big differences in facade design make for a varied picture, which is amplified by unusual housing types and two taller apartment blocks beside the railway line. A collective parking garage in the middle of the old railway workshop leaves the area free of vehicles. The front steps and connecting streets act as collective gardens and are all the more inviting for the absence of cars.

Three architectural practices designed the dwellings in alternating units of a few dwellings. Studioninedots, who also converted the workshop, provided the spatial framework together with DELVA. The architecture is executed in a diverse palette of materials, ranging from reflective steel sheeting through yellow tiles, dark red brick, grey fibre-cement board to black-painted wood. That variation does not carry through to the floor plans, which are all based on a bay width of 5.1 metres. Uniformity is avoided by the occasional exception, such as a corner dwelling pulled forward to create space for a walled patio.

The heart of the workshop where railway engineers once repaired signals, points and overhead lines has been sacrificed for a parking garage, wrapped in a corrugated silver wall that pokes right through the sawtooth roof. The outer walls of the workshop have been retained, complete with signs of use. Glass windows and doors inserted into every bay provide access to lettable business units. These were still empty at completion, as was a corner earmarked for a restaurant. If these potentialities are realized the transformation of this industrial heritage will have even more significance for the area as a whole.

Foto's/Photos: **Marcel van der Burg**

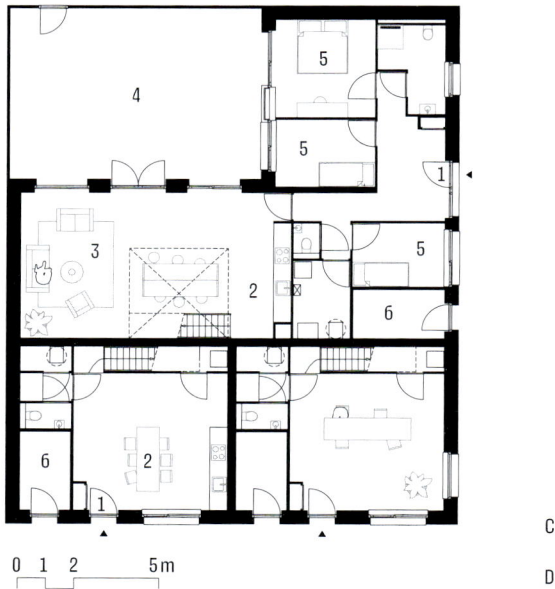

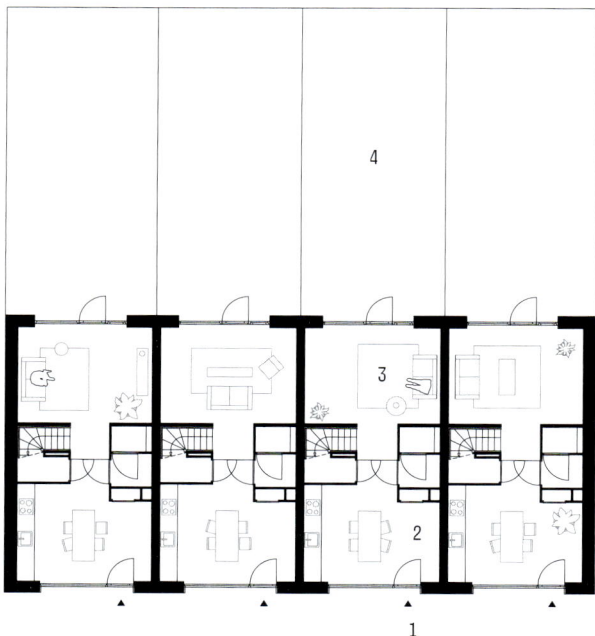

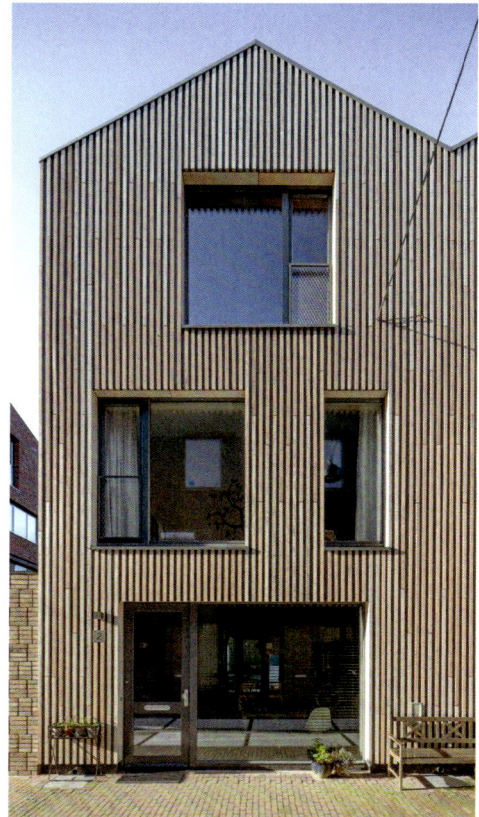

0 1 2   5m

C

D

Begane grond drie-onder-eenkap-woning en eengezinswoning (vezel-cement)/Ground floor 3 semi-detached and single-family dwelling (fibre-cement)

1 entree/entrance
2 keuken/kitchen
3 woonkamer/living room
4 tuin/garden
5 slaapkamer/bedroom
6 bergingen/storerooms

Situatie/Site plan

A 2e Daalsedijk
B Wisselstraat
C drie-onder-een-kapwoningen/
   3 semi-detached dwellings
D eengezinswoning (houten latten)/
   single-family house (wooden slats)

■ woongebouwen/dwellings
   Meesvisser

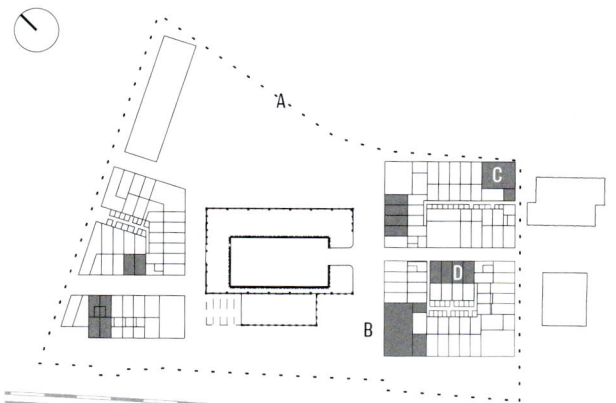

**Voormalig/Former Bovenbouwwerk-
plaats: doorsnede en begane grond/
section and ground floor**

1   inrit parkeergebouw/parking
    garage entrance
2   vijflaagse parkeerhub/
    five-storey parking hub
3   commerciële functies/
    commercial functions
4   horeca/café
5   terras/terrace

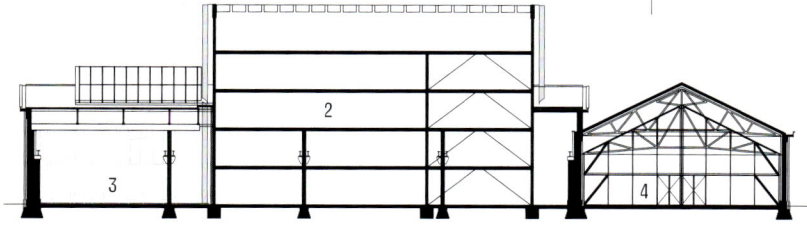

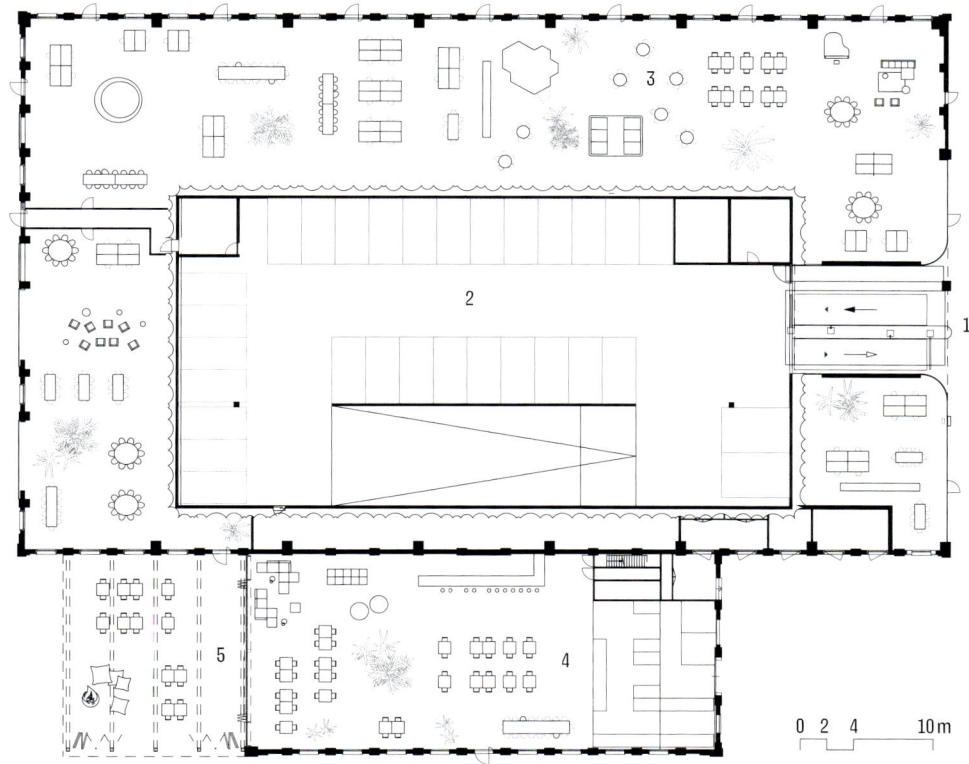

0 2 4   10 m

Situatie/Site plan

A   2e Daalsedijk
B   Wisselstraat
C   collectief parkeergebouw/shared
    parking garage Studioninedots

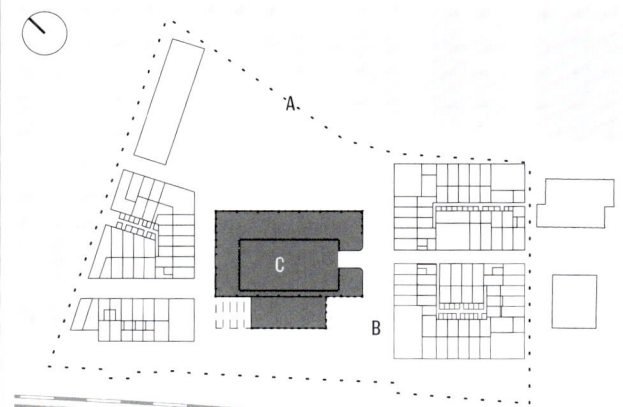

Foto's/Photos: **Lorenzo Zandri**

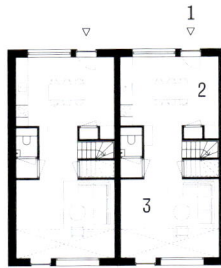

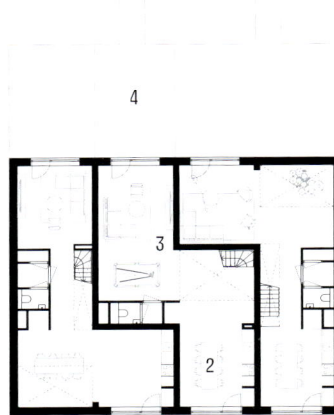

Begane grond/Ground floor

1 entree/entrance
2 keuken/kitchen
3 woonkamer/living room
4 tuin/garden
5 slaapkamer/bedroom
6 bergingen/storerooms

0 2 4   10 m

C   D

F   E

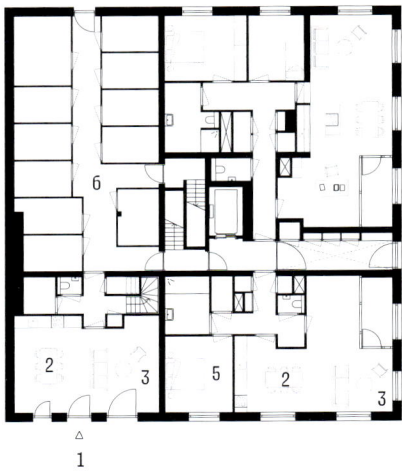

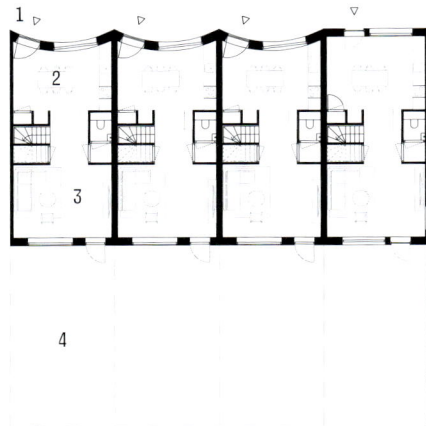

Situatie/Site plan

A 2e Daalsedijk
B Wisselstraat
C geel gebouw/yellow building
D rood gebouw/red building
E grijs gebouw/grey building
F wit gebouw/white building
▉ woongebouwen/dwellings Space Encounters

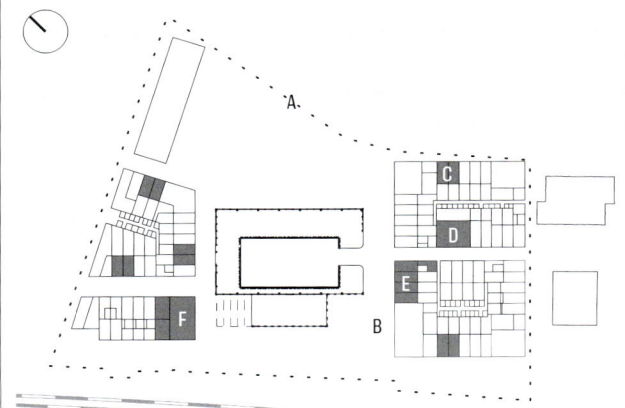

Foto's/Photos: **Stijn Poelstra**

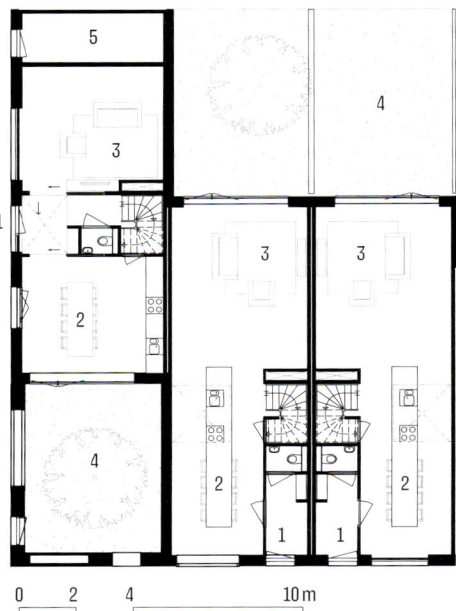

Begane grond/Ground floor C1 + D6
1 entree/entrance
2 keuken/kitchen
3 woonkamer/living room
4 tuin/garden
5 bergingen/storerooms

Situatie/Site plan
A 2e Daalsedijk
B Wisselstraat
C gebouw/building C1
D gebouw/building D6
■ woongebouwen/dwellings Zecc

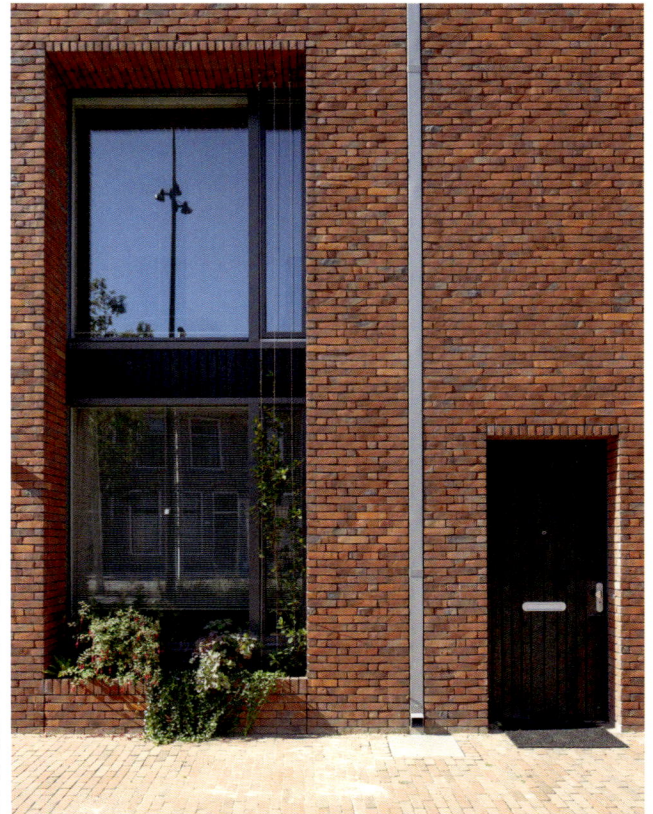

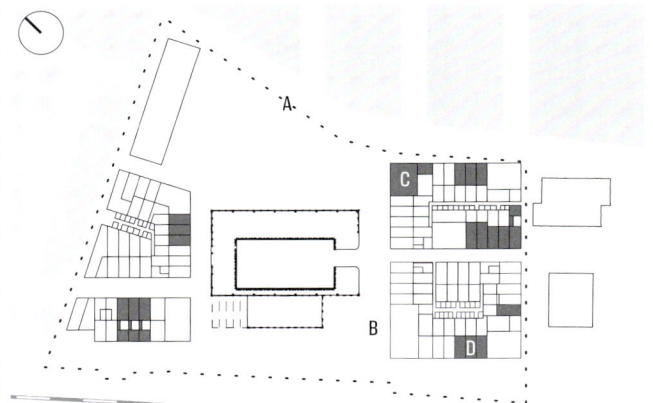

0 2 4   10 m

85

bostorens

Foto's/Photos: **Max Hart Nibbrig**

Tweede, eerste verdieping, begane grond/Second, first, ground floor
1 entree/entrance
2 hal/hall
3 eetkeuken/eat-in kitchen
4 woonkamer/living room
5 garage
6 privétuin/private garden
7 slaapkamer/bedroom
8 badkamer/bathroom
9 dakterras/roof terrace
10 collectieve hof/communal courtyard

Doorsnede/Section

Situatie/Site plan
A Sliffertsestraat
B Bosfazant

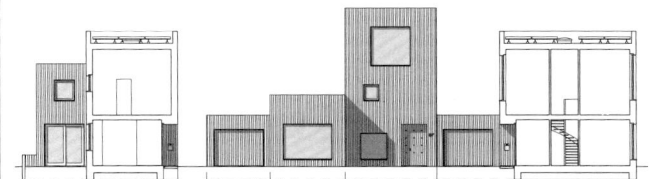

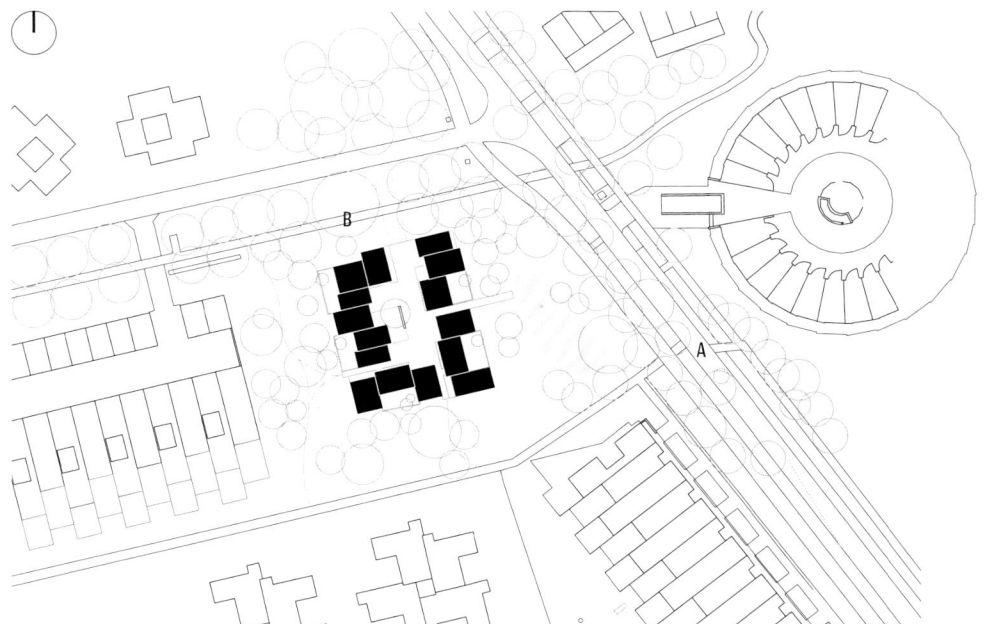

0 2 4   10 m

Marcel Lok_ Architect

Bostorens
Eindhoven
Opdrachtgever: Building4you Developments, Heerhugowaard

Het plan Bostorens omvat vijf grondgebonden woningen die als een sculpturale eenheid op het parkachtige terrein van Bosrijk staan. Het is onderdeel van de vinexwijk Meerhoven in Eindhoven, een voormalig defensieterrein, waarvoor Karres en Brands het stedenbouwkundig plan en de openbare ruimte ontwierpen. Sinds 2008 zijn hier woonensembles naar het ontwerp van verschillende architectenbureaus gerealiseerd. De vormgeving van 'het wonen in Bosrijk' is door de gemeente gekarakteriseerd als 'beelden in een beeldentuin'. De ontwerpen zijn volgens een set van locatiespecifieke regels ingepast in het bestaande landschap.

Bostorens bestaat uit een reeks geschakelde volumes van verschillende afmetingen die een centraal, gemeenschappelijk hof omsluiten. Elke woning is opgebouwd uit een hoog volume, twee lagere volumes en een privétuin. In de geschakelde volumes bevinden zich op de begane grond de garage, de woningentree, de woonkamer en eetkeuken. Op de verdiepingen zijn de slaapkamers, badkamers en installatieruimte. Drie woningen hebben een dakterras op de eerste verdieping. Elke leefruimte heeft een groot raam, dat in het interieur de sfeer bepaalt en een relatie legt met het hof en de omgeving.

Het collectieve hof, door Studio Blad ontworpen, is met de omgeving verbonden door aansluiting op de bestaande wegen- en padenstructuur. Het is gematerialiseerd met hergebruikte granieten keien met brede grasvoegen. Dit levert een mooi egaal groen beeld op. Aan de buitenzijde hebben de privétuinen een lage afscheiding, waardoor het woonensemble wordt afgekaderd naar zijn omgeving. Dit versterkt het sculpturale effect, samen met de bamboe gevelafwerking waarmee zelfs de garagedeuren zijn bekleed. Hoge staande, vierkante en langwerpige liggende gevelopeningen dragen bij aan de abstracte compositie.

Bostorens

Eindhoven
Client: Building4you Developments, Heerhugowaard

The Bostorens plan comprises five ground-accessed dwellings that form a sculptural ensemble in the park-like surroundings of Bosrijk. It is part of the Meerhoven development in Eindhoven, a former defence site for which Karres and Brands designed the masterplan and the public space. Since 2008 several residential enclaves designed by different architectural practices have been built here. The local council characterized the visual form of 'living in Bosrijk' as 'sculptures in a sculpture park'. The designs were integrated with the existing landscape in accordance with a set of site-specific rules.

Bostorens consists of a series of staggered volumes of varying dimensions that enclose a central, communal courtyard. Each dwelling is made up of one tall volume, two lower volumes and a private garden. In interlinked volumes, the ground floor contains the garage, front entrance, living room and eat-in kitchen. On the upper floors there are bedrooms, bathrooms and a mechanical room. Three houses have a roof terrace on the first floor. Each living area has a large window that determines the indoor ambience and establishes a relationship with the courtyard and the surroundings.

The communal courtyard, designed by Studio Blad, is connected with the wider surroundings via an existing network of roads and paths. It is paved with recycled granite cobbles with wide grassy joints, which results a pleasingly even green expanse. On the outer perimeter of the enclave the private gardens have a low fence that establishes its boundaries vis-à-vis its surroundings. This enhances the sculptural effect, as does the bamboo facade cladding that even extends to the garage doors. Tall, square and elongated horizontal facade openings amplify the sculptural composition.

CACAO & CHOCOLADEFABRIEK

BENSDORP & C°.

Foto's/Photos: **LEVS architecten**

LEVS architecten

Bensdorp
Bussum
Opdrachtgever: Noordersluis Bouwgroep, Lelystad

Een voormalig complex van chocoladefabrieken pal aan het spoor in Bussum is op onorthodoxe wijze bewaard gebleven. Achter hoge hekken produceerde de firma Bensdorp hier ruim een eeuw chocolade en was daarmee onderdeel geworden van het collectief geheugen. Toen de productie stopte sloeg de leegstand verwoestend toe. De kenmerkende schoorsteen is deels gesneuveld en ook andere gebouwen konden niet behouden blijven. Door een combinatie van renovatie, reconstructie, her-interpretatie en nieuwbouw is een divers programma gerealiseerd, met de nadruk op wonen.

Onder de gebouwen is over de volle lengte een parkeerbak gemaakt om de bezwaren van omwonenden tegen verkeers-toename te ondervangen. Op het verhoogde maaiveld vormen twee lange grote gebouwen een front langs het spoor. Eén ervan, de blikvanger van het complex, is een ingenieuze recon-structie: karakteristieke elementen zoals de kronen, sluitstenen, gevelankers, spuwers en rozetten zijn zorgvuldig gesloopt en teruggeplaatst. Het andere gebouw bevat sociale huurwoningen, waarvan de leefruimtes en balkons aan het verhoogde binnen-terrein liggen. Het is in lijn met de industriële identiteit van de architectuur ingericht, maar daarmee is nog niet meteen een herbergzame sfeer ontstaan.

Aan het binnenterrein liggen enkele bedrijfsruimtes en de toe-gangen tot zes bijzondere loftwoningen in het enige gereno-veerde gebouw. Als de wens om een culturele functie toe te voegen aan het gebied zou worden ingevuld, dan zou dat helpen voor de levendigheid. In een compact Cortenstalen gebouw zou een muziekschool intrekken, maar vanwege het faillissement van de aannemer is het gebouw niet geheel afgebouwd. Het was niet de eerste tegenslag in het langdurige project. Ondanks dat is de geest van de Bensdorp-geschiedenis met overtuiging veiliggesteld, wat een uitzonderlijke prestatie is.

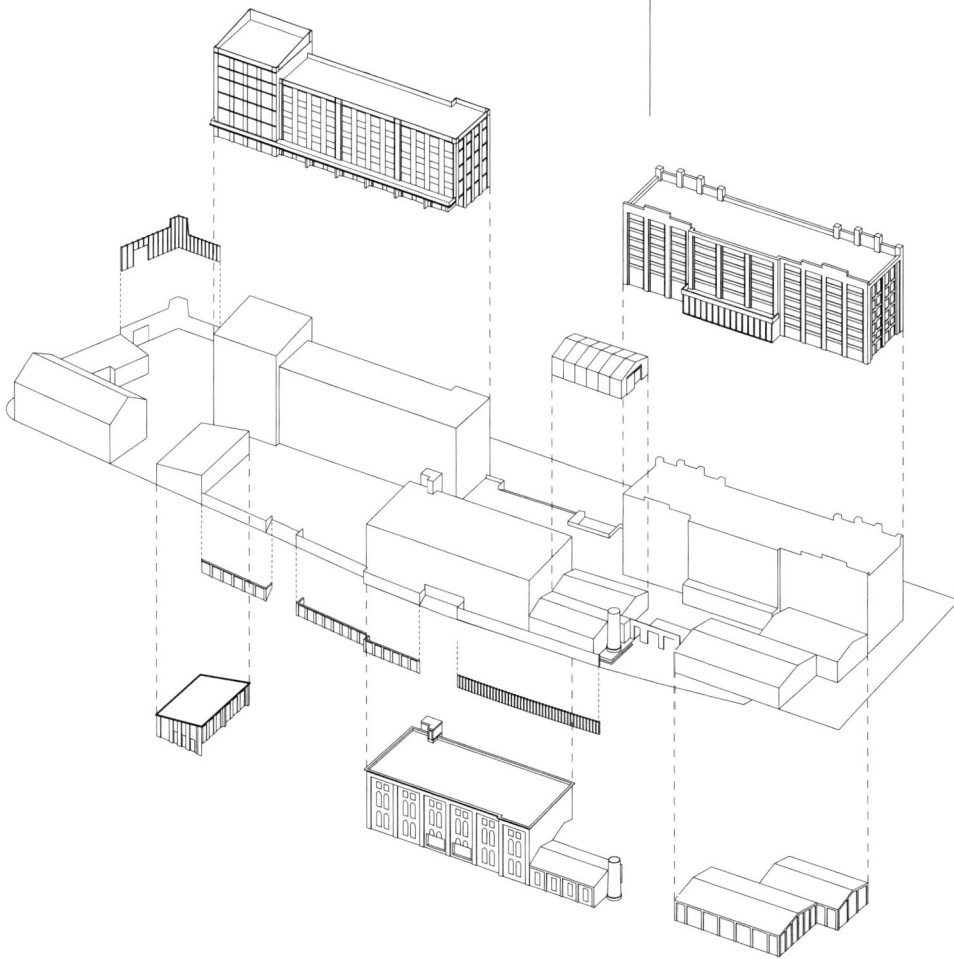

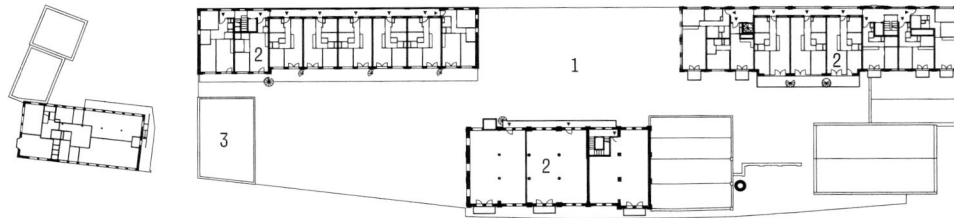

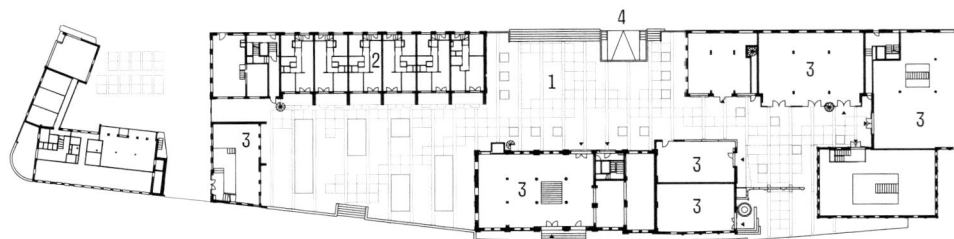

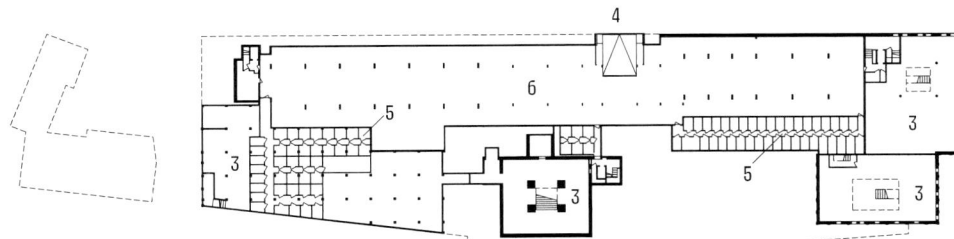

Axometrie/Axonometric projection

Eerste verdieping, begane grond, souterrain/First, ground floor, basement
1 verhoogd maaiveld/raised ground level
2 wonen/residential
3 commerciële functies/ commercial functions
4 entree parkeerbak/semi-under-ground car park entrance
5 bergingen/storage
6 parkeren/parking

Situatie/Site plan
A Nieuwe Spiegelstraat
B spoor/railway line
C Herenstraat

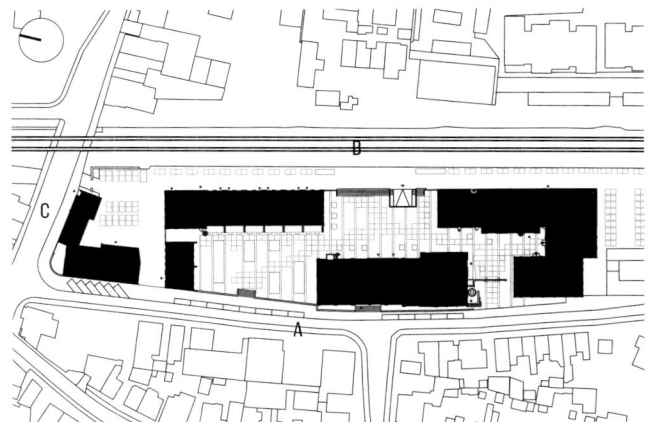

0 10 20 50 m

Bensdorp

Bussum
Client: Noordersluis Bouwgroep, Lelystad

A former chocolate factory complex right next to the railway line in Bussum has been preserved in an unorthodox fashion. Behind the tall gates, the Bensdorp concern turned out a range of chocolate products for over a century, becoming part of the town's collective memory. When production ceased, the lack of occupancy had a devastating effect on the fabric. Part of the distinctive chimney collapsed, and several buildings were too far gone to be saved. A combination of renovation, reconstruction, reinterpretation and new-build has produced a diverse programme, with the emphasis on housing.

A semi-underground car park stretches the full length of the buildings to address local objections to the increased traffic generated by the project. On the raised ground level two large, long buildings form a frontage along the railway line. One of these, the focal point of the entire complex, is an ingenious reconstruction: distinctive elements like crowns, keystones, wall anchors, decorative water spouts and rosettes were carefully salvaged and replaced. The other building contains social housing with living rooms and balconies overlooking the raised inner courtyard. This has been laid out in keeping with the industrial identity of the architecture, but that has not immediately given rise to a hospitable atmosphere.

The courtyard is lined by several business premises and the entrances to six unique loft dwellings in the only renovated building. If the stated ambition to add a cultural function to the area were to be fulfilled that would help to make it livelier. A music school was supposed to move into a compact Cor-Ten steel building, but it is still unfinished owing to the contractor's bankruptcy. This was not the first setback faced by the long-running project. Nevertheless, the spirit of the Bensdorp history has been convincingly safeguarded and that is in itself an exceptional achievement.

Foto's/Photos: **Lorenzo Zandri**

Doorsneden/Sections

Space Encounters & Studio Vincent Architecture

BD House
Bergen
Opdrachtgever: particulier

BD House is een uitbreiding van een bescheiden jarenvijftigvilla in het bos van Bergen. Het huis was door de eigenaren gekocht met het voornemen het te slopen en te vervangen door een nieuwe woning. Al snel bleek de villa een fijne woonplek te zijn en besloten de eigenaren de woning te laten renoveren en uitbreiden. Aan de voorkant is de uitbreiding nauwelijks op te merken. Hier is de villa opgeknapt en geschilderd. De uitbreiding bevindt zich aan de achterkant, waar een verdiept zitgedeelte, slaapgedeelte en badkamer zijn toegevoegd in houtskeletbouw en aan de buitenzijde bekleed met baksteenstrips. Om het gevoel van het wonen in het bos te versterken, omarmt de uitbreiding de tuin. Vanuit de verdiepte zit- en slaapgedeeltes en door de grote houten schuifdeuren en ramen is er zicht op de gebieds-eigen beplanting in de tuin, die door Delva Landscape Architecture and Urbanism is ontworpen. De verandavloer en het uitkragende dak lopen in het midden in een ronding naar binnen. In het midden van de veranda staat een boom die door een gat naar boven steekt. Het interieur van de ruimtes, ontworpen door Dorien Knegt Design, sluit door de gebruikte aardetinten en het hout in kleur en materialiteit prachtig aan bij de architectuur van zowel de oorspronkelijke villa als de uitbreiding. Hiermee is de uitbreiding een subtiele, maar heldere en rijk gematerialiseerde toevoeging aan de villa en de tuin geworden.

0 1 2   5m

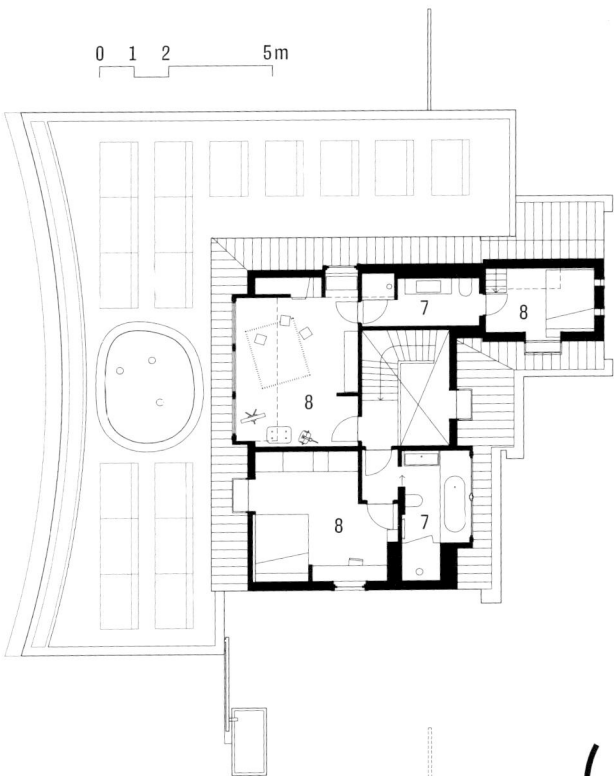

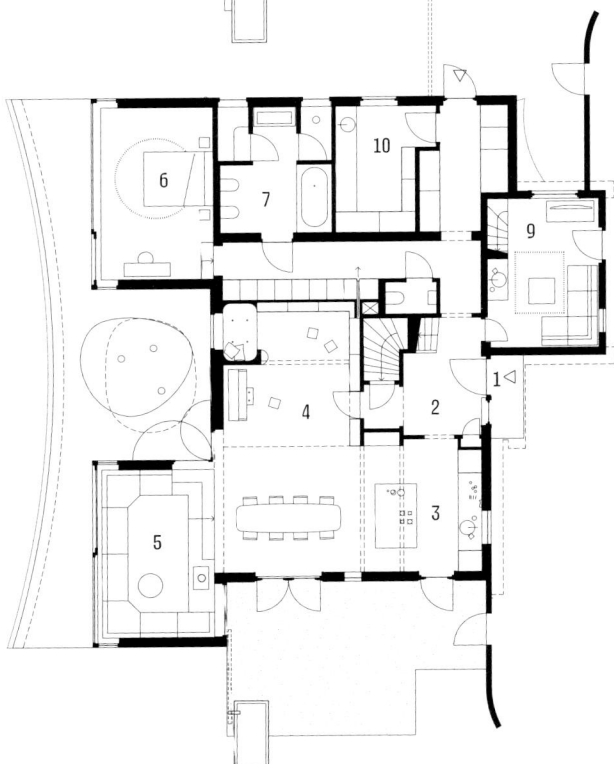

Situatie/Site plan
A   jarenvijftigvilla/1950s villa
B   uitbreiding/extension
C   tuin/garden
D   waterberging/water storage

**Eerste verdieping, begane grond/
First, ground floor**
1   entree/entrance
2   hal/hall
3   keuken/kitchen
4   speelkamer/playroom
5   verlaagd zitgedeelte/sunken lounge
6   verlaagd slaapgedeelte/sunken
     sleeping area
7   badkamer/bathroom
8   slaapkamer/bedroom
9   gastenkamer/guest room
10   bijkeuken/scullery

BD House

Bergen
Client: private

BD House is an extension of a modest 1950s villa in the Bergen woods. The owners bought it with the intention of knocking it down and replacing it with a new dwelling. However, the house quickly proved to be so pleasant to live in that they decided to renovate and extend it. From the front the extension is barely visible behind the villa, which was refurbished and painted. The extension is at the rear where a sunken lounge, bedroom and bathroom have been added in a timber frame construction clad on the outside with brick facing strips. The sunken lounge and bedroom and the big, wood-framed sliding doors and windows look out over a garden planted with local vegetation by Delva Landscape Architecture. Both the veranda floor and the projecting roof curve inwards in the middle, creating the impression that the extension is embracing the garden and thereby intensifying the feeling of living in the woods. In the middle of the veranda a tree grows through a custom-made hole. The earthy tones and wood used in the interior design by Dorien Knegt Design harmonize in colour and materiality with the architecture of both the original villa and the extension. As such, the extension is a subtle but lucid and richly materialized addition to the villa and the garden.

Foto's/Photos: **Max Hart Nibbrig**

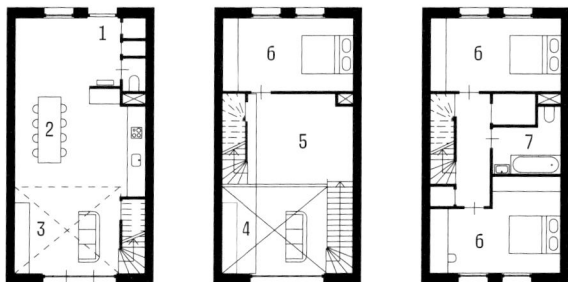

Begane grond, eerste, tweede
verdieping en doorsnede eengezins-
woning/Ground, first, second floor and
section single-family dwellings

Tweede verdieping, begane grond,
derde, eerste verdieping en doorsnede
appartementencomplex/Second,
ground, third, first floor and section
small apartment block

1   entree/entrance
2   keuken/kitchen
3   dubbelhoge woonkamer/double-
    height living room
4   vide/void
5   woonkamer/living room
6   slaapkamer/bedroom
7   badkamer/bathroom
8   dakterras/roof terrace

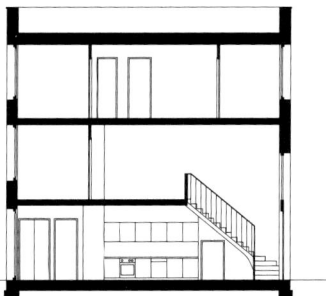

0   2   4   10 m

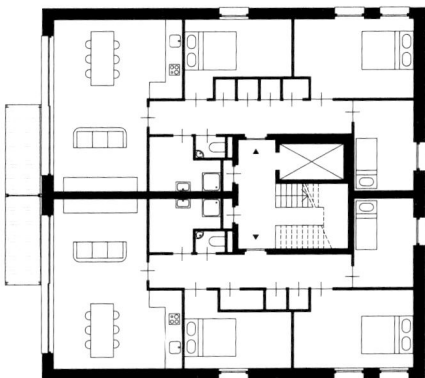

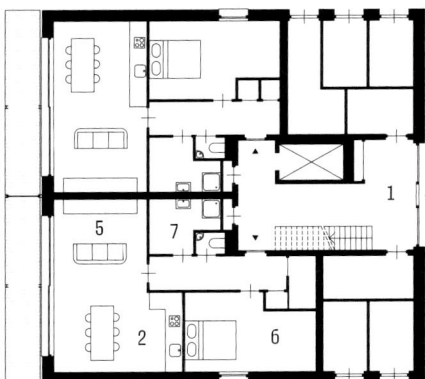

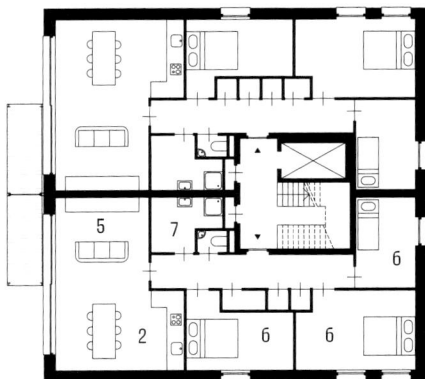

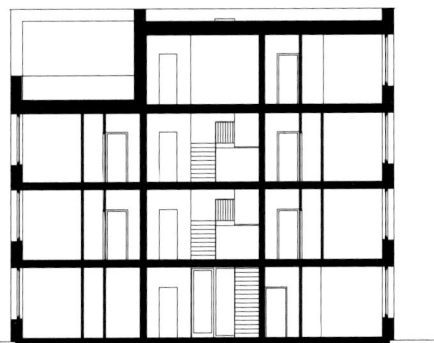

Situatie/Site plan
A   Laan van Duurzaamheid
B   Rondweg-Noord
C   appartementenblok/
    apartment block
D   eengezinswoningen/single-
    family dwellings
E   appartementencomplex/small
    apartment block

Studio Nauta

Hof van Duurzaamheid
Amersfoort
Opdrachtgever: Schipper Bosch, Amersfoort

Op een locatie aan de drukke binnenring van Amersfoort is een
buurt met een verscholen identiteit verrezen. De eengezinswoningen liggen afgeschermd door appartementenblokken met
een geluidwerende galerijgevel, waarvan er begin 2023 een
opgeleverd is. Een poort in dat blok biedt toegang tot een binnen-
terrein. Daar staan in haakse opstellingen in totaal 40 rijwoningen
en een appartementencomplex met zeven woningen. Achter
smetteloos wit gestucte gevels onderscheiden de 47 woningen
zich door hun interieur dat is gemaakt van kruislaaghout (CLT).
Met de keuze voor deze in Nederland nog weinig beproefde
bouwmethode gingen opdrachtgever en architect een experiment aan. Enkel de gevels van de woningen zijn dragend, er zijn
geen dragende binnenwanden. In het appartementencomplex
zijn behalve de woningscheidende wanden ook de verdiepings-
vloeren van CLT gemaakt. Het volledig doordenken van de
prefabricage bleek spectaculaire tijdwinst op te leveren: per
dag konden twee woningen op locatie worden geplaatst.
Misschien nog belangrijker is dat de woningen de geur van hout
ademen en naar wens zijn in te delen. Een dubbelhoge woonkamer met een vide garandeert veel lichtinval en maakt het
aantrekkelijk om kantoor aan huis te houden. Helaas gold voor
de buurt een hoge norm van 1,4 parkeerplaats per woning,
waardoor de auto het gewenste groene beeld van de openbare
ruimte verstoort. Op termijn zouden met groen omklede wandel-
paden dit beeld moeten veranderen. Vooruitlopend op deze
belofte maakt de keuze voor massieve houtbouw de uitgesproken
naam van het project echter nu al meer dan waar.

Foto/Photo:
Paul Swagerman

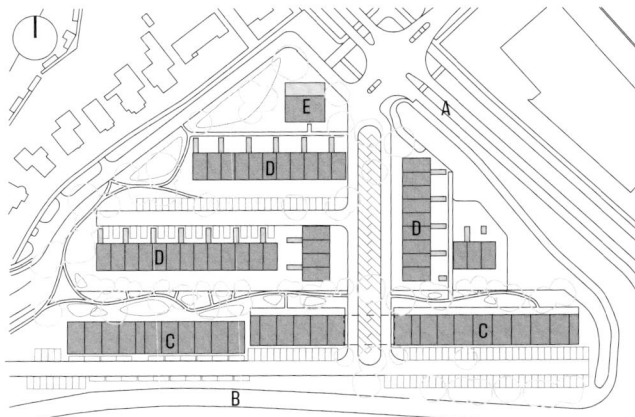

Foto/Photo: **Peter Tijhuis**

Hof van Duurzaamheid

Amersfoort
Client: Schipper Bosch

On a site beside Amersfoort's busy inner ring road sits a new neighbourhood with a hidden identity. The single-family homes are shielded from traffic noise by blocks of apartments with sound-deadening gallery elevations, one of which was completed in early 2023. A gateway in that block provides access to an inner area where there is a right-angled configuration of 40 row houses and a small block of seven apartments. Behind the pristine white stuccoed walls, the 47 dwellings are set apart by their interiors, which are made from cross-laminated timber (CLT).

By opting for a construction method as yet little tested in the Netherlands, the client and architect embarked on an experiment. Only the elevations of the dwellings are load-bearing; there are no internal load-bearing walls. In the apartment complex both the party walls and floors are made from CLT. The fully worked-out prefabrication resulted in such spectacular time savings that it was possible to install two dwellings a day on site.

Perhaps even more important is the fact that the dwellings are redolent with the scent of wood and can be laid out to suit the occupant. A double-height living room with a void guarantees copious light and makes working from home and attractive proposition. Unfortunately, the neighbourhood has a high standard of 1.4 car spaces per dwelling, so that vehicles disrupt the green image envisaged for the public space. The hope is that over time green-bordered paths will ameliorate this image. While waiting for this to transpire, the decision in favour of a solid timber construction more than lives up to the sustainability promised by the project's name.

Foto's/Photos: **René de Wit**

Bedaux de Brouwer Architecten

Vredeskerk
Tilburg
Opdrachtgever: Hilva Vastgoed, Esbeek

De sobere naoorlogse Vredeskerk aan de Tilburgse Ringbaan is getransformeerd in 39 studio's en twee woningen in de voormalige sacristie, bestemd voor starters. Door de studio's in de zijbeuken te leggen, is de indrukwekkende ruimtelijke ervaring in het interieur behouden. Er is dankbaar gebruikgemaakt van de heldere structuur, die volop kansen bleek te bieden voor de herbestemming.

Om toegangen tot de studio's op de verdieping te maken, zijn galerijen van betonsteen toegevoegd, afgewerkt met een doorzichtige grijze keimlaag. De houten latten waarmee trappen en wanden van de studio's zijn bekleed, zijn warm grijs om een eenheid te vormen met het metselwerk. Om het project haalbaar te maken, is spaarzaam in het casco ingegrepen. Zes daklichten en drie hoge nissen achter het voormalige koor zijn geopend om daglicht binnen te laten en het gevoel van een overdekte buitenruimte te creëren. Bestaande ramen op de verdieping zijn naar beneden toe verlengd en in aluminium kaders gezet, nieuwe raamopeningen op de begane grond volgen hetzelfde ritme. Door alle ingrepen binnen het bestaande stramien te houden versterken ze de oorspronkelijke architectuur.

Kort na oplevering kocht een woningcorporatie de kerk van de ontwikkelaar die initiatief nam voor de herbestemming. Er wonen nog steeds starters, maar dan in de sociale huurcategorie. Zij beschikken dankzij de behoedzame transformatie over enorme ruimtes voor collectief gebruik. Er zijn echter nauwelijks aanwijzingen dat ze hiervan gebruikmaken, wat te maken kan hebben met de wisseling van huurders. Mocht het lukken het middenschip en de brede galerijen tot leven te wekken, dan is de herbestemming ook in sociale zin geslaagd.

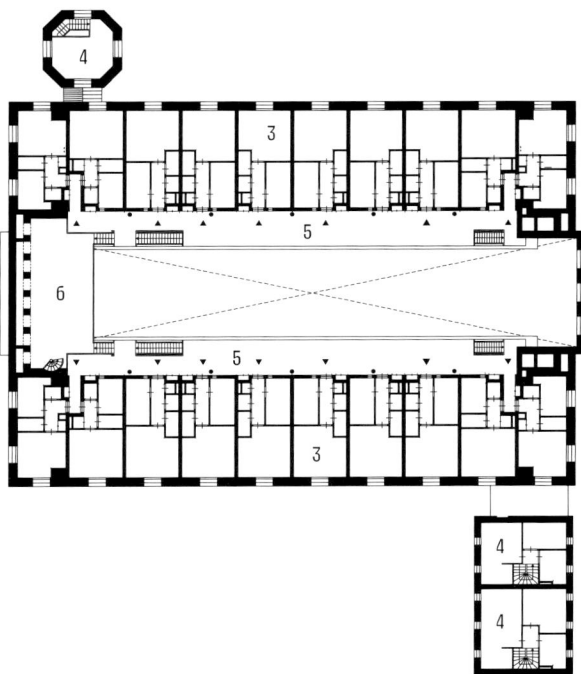

Eerste verdieping, begane grond/ First, ground floor
1 entree/entrance
2 middenschip/nave
3 studio's/studios
4 starterswoning/starter home
5 galerij/gallery
6 collectief balkon/communal balcony

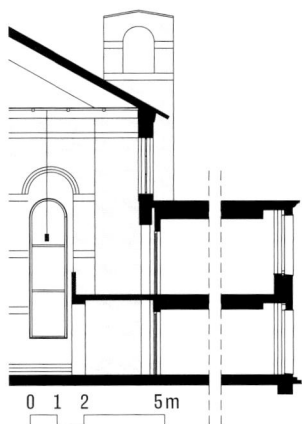

Doorsnede/Section

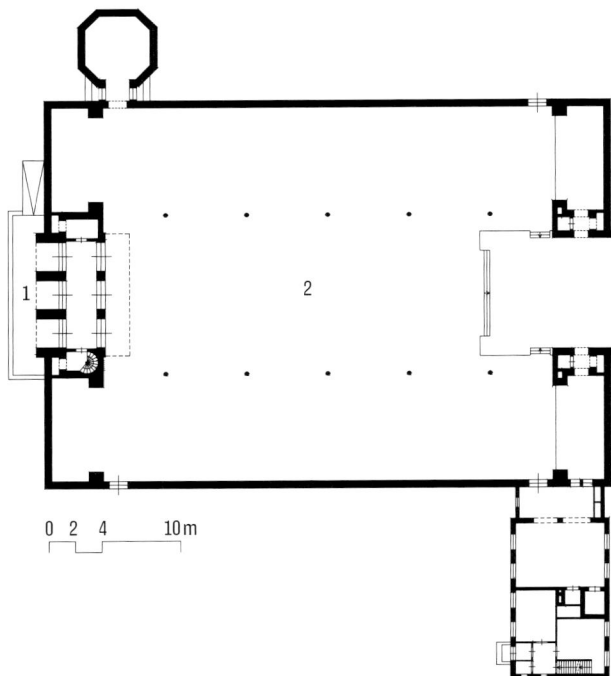

Begane grond/Ground floor
Vredeskerk

Situatie/Site plan
A Ringbaan West
B Hendrik van Tulderstraat

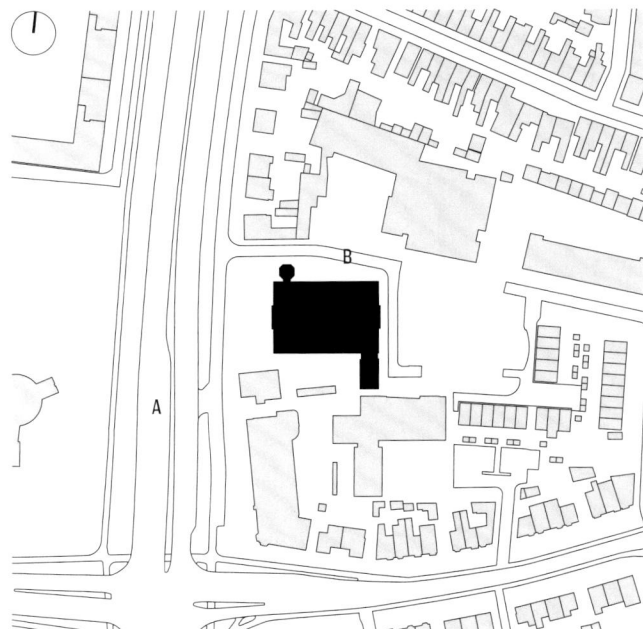

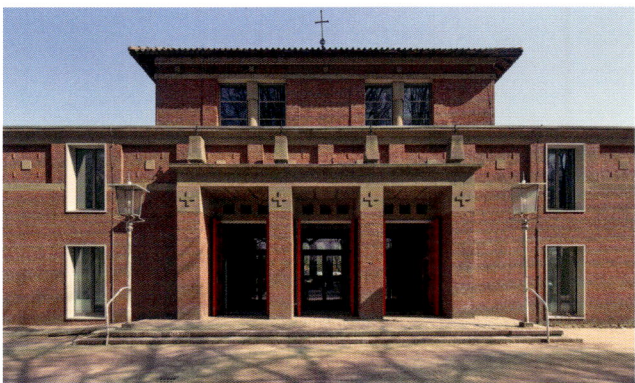

Vredeskerk

Tilburg
Client: Hilva Vastgoed, Esbeek

The sober post-war Vredeskerk (Peace Church) on Tilburg's inner ring road has been converted into 39 studios plus two starter homes in the former sacristy. By locating the studios in the side aisles, the architects have managed to preserve the imposing spatial experience of the interior. They took advantage of the clear structure, which turned out to offer plenty of possibilities for adaptive re-use.

In order to locate the entrances to the studios on the upper level, galleries in concrete block finished with a transparent coat of grey mineral paint were inserted. The timber slats used to clad the staircases and studio walls are a warm grey to match the brickwork. To make the project financially viable, interventions in the structural shell were kept to a minimum. Six skylights and three tall niches behind the former choir were opened up to let daylight in and to create the feeling of a covered outdoor space. Existing windows on the upper level were extended downwards and given aluminium frames, while new windows at ground level follow the same rhythm. Because all interventions are within the existing grid, they enhance the original architecture.

Shortly after completion a housing association bought the church from the developer who had initiated the conversion. There are still starters living there, but in the social housing category. Thanks to the thoughtful transformation they have enormous communal spaces at their disposal. Yet there are few indications that they make use of them, which may be related to the turnover in tenants. Should it prove possible to animate the nave and the wide galleries, the conversion could be considered a social success as well.

Foto/Photo: **Bedaux de Brouwer**

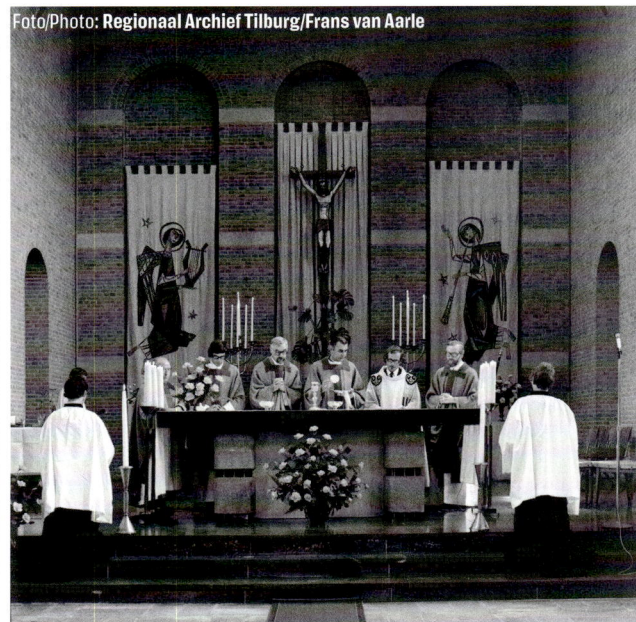

Foto/Photo: **Regionaal Archief Tilburg/Frans van Aarle**

Dok architecten

Wilhelminawerf
Utrecht
Opdrachtgever: KondorWessels Projecten, Rijssen

Een ensemble van drie woongebouwen omsluit een binnenhaven, die door een paviljoen van het Merwedekanaal afgeschermd is. De openbare ruimte trapt af naar de haven en fungeert als voortuin en ontmoetingsruimte voor bewoners van de 167 vrijesectorhuurwoningen, hoofdzakelijk in twee- driekamervarianten. Een paviljoen bevat behalve horeca drie bijzondere woningen onder een rond dak. Het buurtje is een prelude op de nieuwbouw die de komende jaren in de Merwedekanaalzone verrijst. De architectuur is geïnspireerd door een industrieel relict: een oliegestookte hulpwarmtecentrale die is omgebouwd en verkleind tot overdrachtsstation voor het warmtenet. Twee 39 meter hoge schoorstenen, die als herinnering zijn behouden aan het vroegere gebruik, torenen boven het wooncomplex uit. Een appartementengebouw refereert letterlijk aan de industriefunctie met een zaagtandvormige dakcontour. Deze woningen zijn toegankelijk via een galerij die verdiept achter het trappenhuis ligt om enige afstand van het industriële bouwwerk te houden. In die holte is ruimte voor een wintertuin, maar daar is een jaar na oplevering nog niets van te zien.
Ook de andere randen van het ontwerp liggen nog wat gekunsteld in hun omgeving, wat niet geldt voor het beeld vanuit de binnenhaven. De massa's zijn fors maar niet intimiderend, dankzij een gelaagd opgebouwde vormgeving. De onderste drie woonlagen vormen een continue basis in de vorm van penanten met diepe neggen van felrood metselwerk. Daarboven springen de volumes stapsgewijs terug. De gevels bestaan uit grijze en witte geprofileerde gevelplaten die gestapelde composities vormen. Bovenin versmallen de brede woongebouwen zich. Drie torentjes met zadeldak leveren een herkenbaar silhouet op. Door de oriëntatie en krachtige beeldtaal onderscheidt de buurt zich van de omgeving.

Foto's/Photos: **Arjen Schmitz**

**Vijfde, eerste verdieping, begane grond/
Fifth, first, ground floor**
1   entree/entrance
2   binnenhaven/marina
3   voortuin en ontmoetingsruimte/
    front garden and meeting area
4   horeca/café
5   berging/storage
6   fietsenstalling/bicycle storage
7   woningen/dwellings
8   wintertuin/winter garden
9   hellingbaan parkeergarage/car
    park ramp
10 parkeerplaatsen/parking spaces

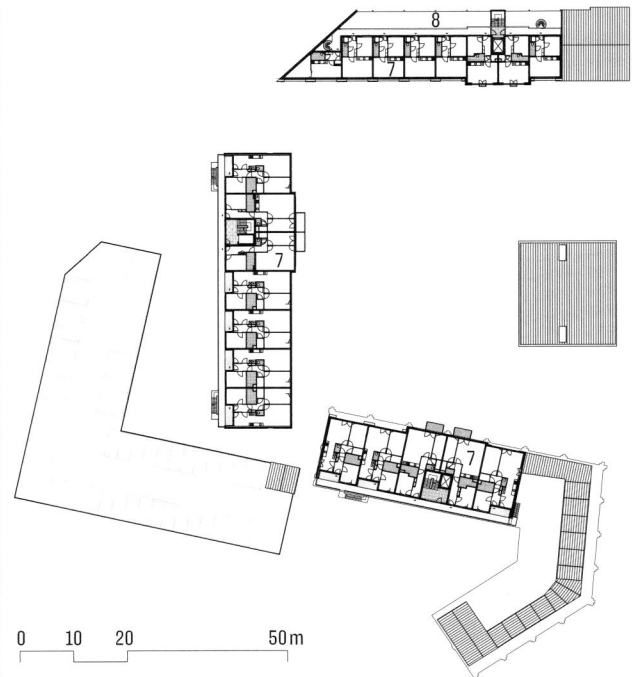

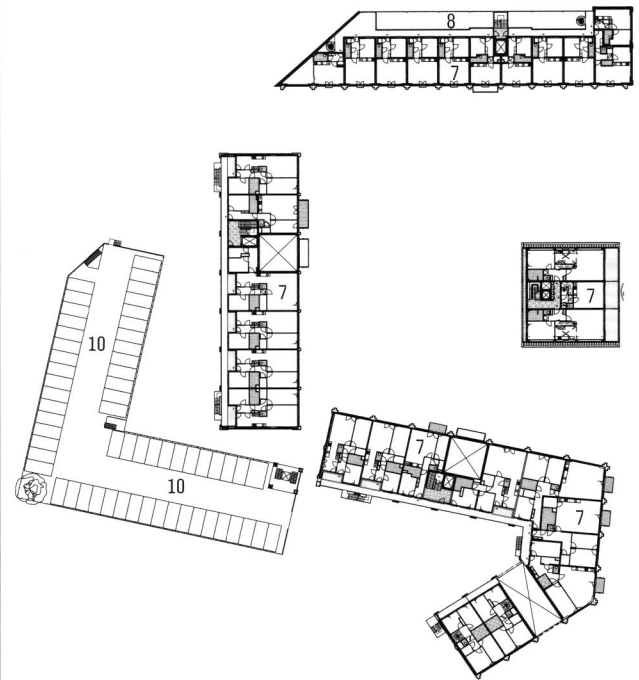

0   10   20   50 m

Doorsnede/Section

0   5   10   25 m

Situatie/Site plan
A   Kanaalweg
B   Merwedekanaal
C   Kon. Wilhelminalaan
D   paviljoen/pavilion

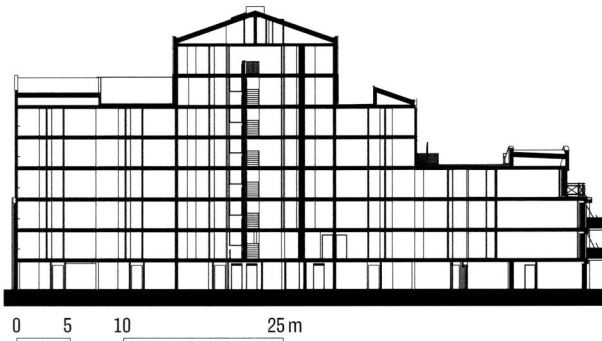

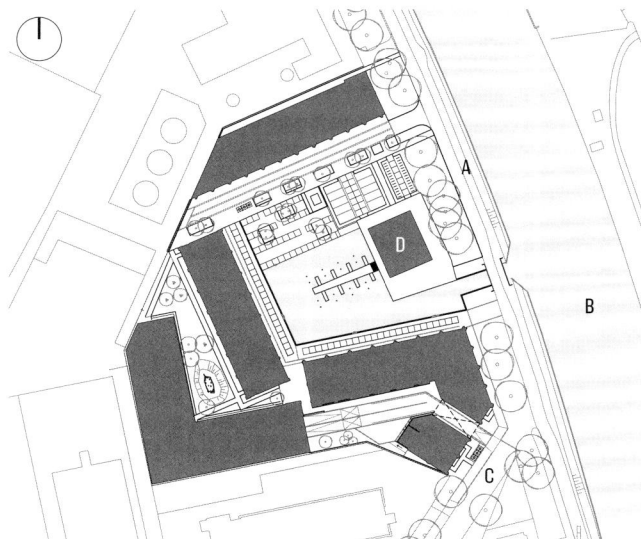

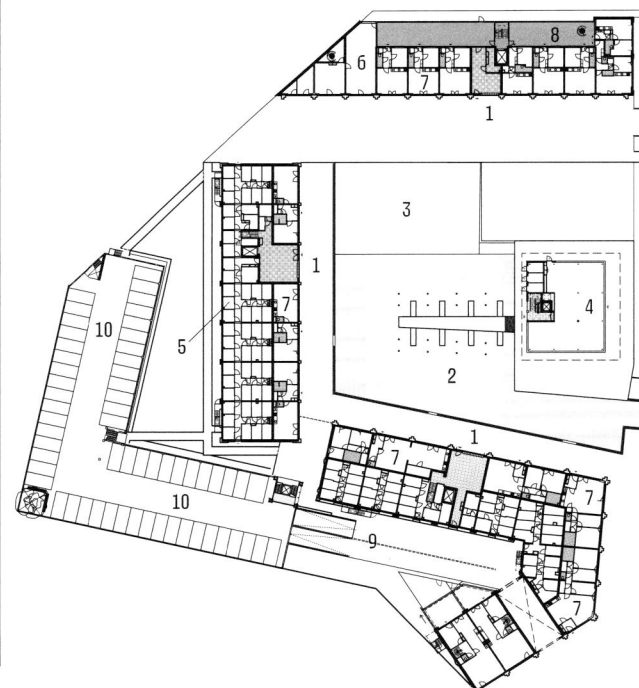

Wilhelminawerf

Utrecht
Client: KondorWessels Projecten

An ensemble of three apartment blocks encloses a marina that is screened from the Merwede Canal by a pavilion. The public space, which steps down to the harbour, acts as a front garden and meeting place for the residents of the 167 private rental apartments, mainly two- and three-room variants. The pavilion, which contains a café at ground level, is topped by three unique apartments beneath a curved roof. The enclave is a prelude to the new development planned for the Merwede Canal zone in the coming years.

The architecture was inspired by an industrial relic: an oil-fired auxiliary heating plant subsequently converted into a smaller transmission station in the heating network. Two 39-metre-tall chimneys, retained as a reminder of their former use, tower above the housing complex. The apartment building refers literally to the industrial past with a sawtooth roof. These dwellings can be reached via a gallery set back behind the staircase in order to maintain some distance from the industrial building. There is room in that cavity for a winter garden, which has not yet come to fruition a year after completion.

The other edges of the design also sit somewhat artificially in their surroundings, but that does not apply to the view from the marina. The volumes are substantial but not intimidating thanks to the layered composition. The bottom three residential levels constitute a continuous base in the form of red brickwork piers with deep reveals. Above that the volumes are set back incrementally. The elevations consist of grey and white profiled cladding panels that create multi-level compositions. The wide residential blocks become narrower at the top where three small towers with saddle roofs provide a recognizable silhouette. The enclave distinguishes itself from its surroundings through its orientation and powerful visual language.

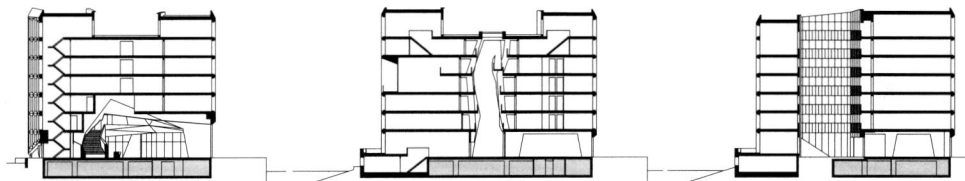

Doorsneden/Sections

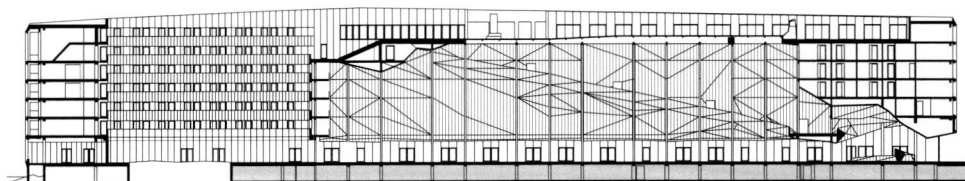

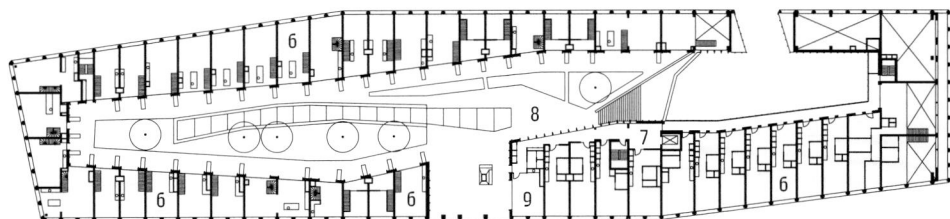

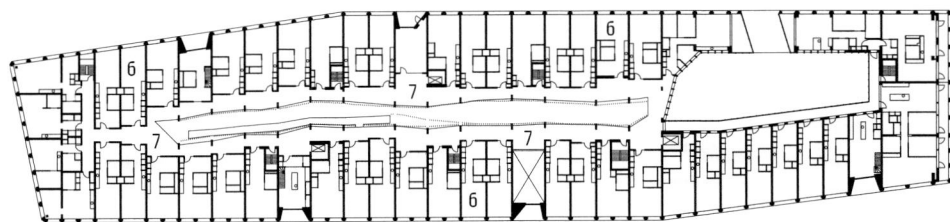

0   10   20   50 m

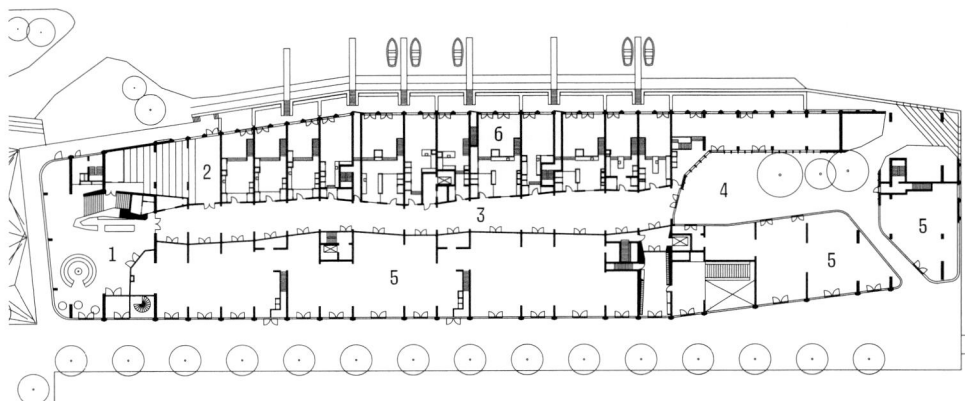

Orange Architects

Jonas
Amsterdam
Opdrachtgever: Amvest

Op een landtong in de haven van IJburg staat Jonas: een gebouw met 190 middeldure huurwoningen, 83 casco koopwoningen en een scala aan collectieve, commerciële en ondersteunende voorzieningen. Het vormt samen met zijn omgeving een 'woonlandschap'. Aan de straatzijde bevindt zich de entree tot de ondergrondse parkeergarage in een 'rots', die aan de andere zijde de vorm van een tribune heeft. Het plein voor het gebouw biedt ruimte voor allerlei activiteiten, zoals een filmvoorstelling of een evenement.

De naam refereert aan het verhaal van Jonas en de walvis. Dat staat voor avontuur, maar ook voor beschutting en geborgenheid in een 'groot lichaam'. De bekleding van de buitengevel is donkergekleurd, geprepatineerd zink met een ruitenpatroon. In de entree hebben de houten wanden en het plafond een diamantachtige facettering. Hier is plek voor een 'huiskamer'. Deze ruimte wordt opgevolgd door de 'canyon': een serie achter elkaar geplaatste spanten die doen denken aan het houten skelet van een schip. Aan de ene zijde van de canyon bevinden zich commerciële functies en aan de andere zijde woningen, die eenzijdig naar buiten toe zijn georiënteerd. Aan de binnenzijde zijn ze via een galerij bereikbaar. Hier is de galerij onderdeel van het interieur van de canyon. De woningen zijn er met hout afgewerkt en hebben grote ramen. Via een hellingbaan kunnen bewoners en bezoekers naar de bovenste verdiepingen lopen. Daarnaast heeft het gebouw meerdere collectieve functies, zoals de filmzaal, de bospatio en het dakterras met rooftopbar, die beheerd worden door een *community manager*.

Jonas is energieneutraal, met een groot aantal zonnepanelen op het dak. De duurzame energie wordt onder andere ingezet voor de installaties en de verlichting. Regenwater wordt opgevangen in de kelder en hergebruikt voor toiletspoeling in de publieke ruimten en commerciële ruimten op de begane grond. De patio, met een aantal volwassen bomen, is een schaduwrijke plek en geschikt om je even terug te trekken op een hete zomerdag.

Zesde, derde verdieping, begane grond/	**Situatie/Site plan**
Sixth, third, ground floor	

1 huiskamer/communal living room	A Krijn Taconiskade
2 filmzaal/cinema	B entree ondergrondse parkeer-
3 canyon	garage/underground car park
4 bospatio/wooded patio	entrance
5 commerciële functies/commercial	C plein/square
functions	D Eva Besnyöstraat
6 woningen/apartments	E binnenhaven/marina
7 galerij/gallery	F Bert Haanstrakade
8 dakterras/roof terrace	
9 rooftopbar/rooftop bar	

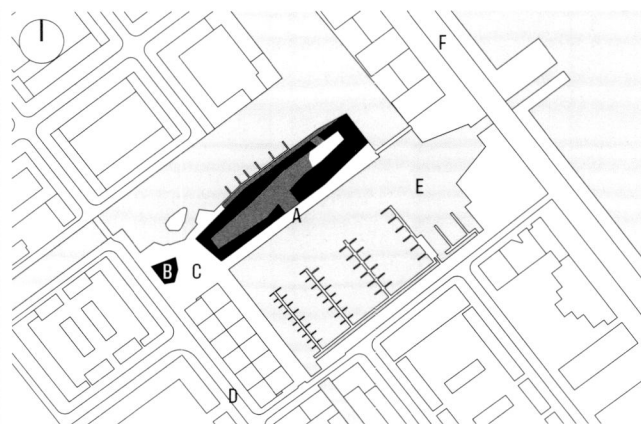

Foto/Photo: **Orange Architects**

Jonas

Amsterdam
Client: Amvest

On a peninsula in IJburg harbour stands Jonas, a long, hollowed-out building containing 190 mid-priced rental apartments, 83 self-finish owner-occupied apartments and a wide range of collective, commercial and support facilities. Together with its surroundings, Jonas forms a 'residential landscape'. On the street side there is the entrance to the underground car park inside a 'rock' whose other side takes the form of tiered seating. The square in front of the building doubles as a venue for all kinds of activities, such as a film show, a performance or an event.

The building's name refers to the biblical story of Jonah and Whale. It stands for adventure, but also for shelter and sanctuary inside a 'large body'. The external cladding is dark-coloured, pre-patinated zinc with a lozenge pattern. The wooden walls and ceiling of the entrance foyer are faceted in a diamond-like pattern. There is space here for a communal living room. This area is followed by a 'canyon' flanked by serried ranks of floor-to-ceiling timber fins evocative of a wooden ship skeleton. On one side of the canyon are the commercial functions, on the other side the apartments, which have a one-sided orientation towards the outside. On the inner side they are accessed via a gallery that is part of the interior of the canyon. The apartments are finished with wood and have large windows. Residents and visitors can ascend a ramp to the topmost floors. The building also boasts several collective functions, such as a cinema, a wooded patio and a roof terrace with rooftop bar, all overseen by a community manager.

Jonas is energy-neutral courtesy of the large number of solar panels on its roof. The renewable energy is used, among other things, to power the building services and the lighting. Rainwater is stored in the basement and reused for flushing toilets in the ground-floor public and commercial spaces. The patio, planted with several mature trees, is a shady place and an ideal spot to retreat to on a hot summer's day.

Technische gegevens
Technical information

SO Schetsontwerp/Sketch design
VO Voorlopig ontwerp/Provisional design
D Definitief ontwerp/Final design
TO Technisch ontwerp/Technical design
UO Uitvoeringsontwerp/Detailed design
U Uitvoering/Implementation

p. 14
Civic Architects
Schoenenkwartier
Raadhuisplein 1
Waalwijk

Architect:
Civic Architects, Amsterdam
Betrokkenheid bij ontwerpfases/
Involvement in design phases:
**SO–UO: ontwerp en tekenwerk/design and
drawings**
**U: estetische begeleiding en controle tekenwerk/
aesthetic supervision and review of drawings**
Projectarchitects/Project architecten:
**Gert Kwekkeboom, Ingrid van der Heijden, Jan
Lebbink, Rick ten Doeschate**
Medewerkers/Contributors:
**Rick Hospes, Georgia Taylor Berry, Hiroyuki
Gondo, Fernanda Romeu, Angela Solis**
Ontwerp – Oplevering/Design – Completion:
2018–2022
Opdrachtgever/Client:
Gemeente Waalwijk
Aannemer/Contractor:
WAM&VanDuren, Winterswijk
Constructeur/Structural engineer:
Archimides Bouwadvies, Eindhoven
Installatieadviseur/Building services consultant:
Nelissen Ingenieursbureau, Eindhoven
Bouwfysica/Building physics:
Nelissen Ingenieursbureau, Eindhoven
Bouwdirectie/Construction management:
BTB, Delft
Landschapsarchitect/Landscape architect:
Buro BOL, 's-Hertogenbosch
Interieurarchitect/Interior designer:
**Civic Architects, Amsterdam; Tinker Imagineers,
Utrecht**
Kunstenaars/Artists:
**la-di-da design & architecture, Den Haag/
The Hague**
Kale bouwsom/Net building costs:
€ 5.335.000
Bouwkosten per m²/Net building costs per m²:
€ 1.559
Bruto vloeroppervlak/Gross floor area:
3.423 m²
Verhuurbaar vloeroppervlak/Lettable floor area:
2.808 m²

p. 18
De Twee Snoeken
Huis van de gemeente Voorst /
Home of the municipality of Voorst
H.W. Iordensweg 17
Twello

Architect:
De Twee Snoeken, 's-Hertogenbosch
Betrokkenheid bij ontwerpfases/
Involvement in design phases:
**SO–U: ontwerp en tekenwerk, directievoering/
design and drawings, site management**
Projectarchitecten/Project architects:
**Joost Roefs, Charlotte Engelkamp (interieur/
interior)**
Medewerkers/Contributors:
**Bert Kaasjager, André Kaasjager, Stefan Puts,
Claudia Fransen, Bart Smit, Judith Verhoeven,**

**Sanne van Vlerken-Aertse, Dirk Durren, Gerard
van de Logt, Vincent Huijbers**
Verantwoordelijke stedenbouwer/Urban planner:
De Twee Snoeken, 's-Hertogenbosch
Ontwerp – Oplevering/Design – Competition:
2019–2022
Opdrachtgever/Client:
Gemeente Voorst
Aannemer/Contractor:
Jansman Bouw, Luttenberg
Croonwolter&dros, Apeldoorn
Constructeur/Structural engineer:
JVZ ingenieurs, Deventer
Installatieadviseur/Building services consultant:
Huisman & Van Muijen, 's-Hertogenbosch
Bouwfysica/Building physics:
**De Twee Snoeken, 's-Hertogenbosch; DGMR,
Arnhem**
Bouwdirectie/Construction management:
De Twee Snoeken, 's-Hertogenbosch
Landschapsarchitect/Landscape architect:
**Houtman+Sander landschapsarchitectuur, Den
Dungen**
Interieurarchitect/Interior designer:
De Twee Snoeken, 's-Hertogenbosch
Kunstenaar/Artist:
Studio JAN, Rosmalen
Kale bouwsom/Net building costs:
€ 10.870.000 excl. btw
Bouwkosten per m²/Net building costs per m²:
€ 1.890
Bruto vloeroppervlak/Gross floor area:
5.752 m²
Verhuurbaar vloeroppervlak/Lettable floor area:
4.835 m²

p. 22
Bedaux de Brouwer Architecten
Singer Laren
Oude Drift 1
Laren

Architect:
Bedaux de Brouwer Architecten, Tilburg
Betrokkenheid bij ontwerpfases/
Involvement in design phases:
**SO–UO: ontwerp en tekenwerk exterieur,
interieur, los meubilair, uitvoeringsbegeleiding/
design and drawings exterior, interior, furniture,
implementation supervision**
**U: uitvoeringsbegeleiding en esthetische
begeleiding en controle/implementation
supervision and aesthetic supervision and
management**
Projectarchitecten/Project architecten:
**Pieter Bedaux, Joyce Verstijnen, Thomas Bedaux,
Thom Hoevenaar**
Medewerkers/Contributors:
**Dennis Schuurkes, Cees de Rooij, Nick van Esch,
Luuk Laurijsen, Martijn Rasenberg**
Ontwerp – Oplevering/Design – Completion:
2018–2022
Opdrachtgever/Client:
Singer Laren
Aannemer/Contractor:
**Heilijgers, Amersfoort (bouwkundig aannemer/
building contractor)**
**Unica, Zwolle (aannemer E&W-installaties/
contractor electrical and mechanical services)**
Constructeur/Structural engineer:
Van Rossum Holding B.V., Amsterdam
Installatieadviseur/Building services consultant:
**Lisoba Beheer BV, Vierakker (adviseur E&W-
installaties/electrical and mechanical consultant);
beersnielsen lichtontwerpers, Rotterdam**
Bouwfysica/Building physics:
LBP Sight, Nieuwegein
Bouwdirectie/Construction management:
**Jeroen ten Hacken, Interim & Projecten in
Vastgoed**
Landschapsarchitect/Landscape architect:
Piet Oudolf i.s.m./with deltavormgroep

Interieurarchitect/Interior designer:
Bedaux de Brouwer Architecten, Tilburg
Kale bouwsom/Net building costs:
€ 5.800.000
Bouwkosten per m²/Net building costs per m²:
€ 2.300
Bruto vloeroppervlak/Gross floor area:
2.525 m²

p. 26
diederendirrix architecten
Poppodium Nieuwe Nor /
Nieuwe Nor Pop Concert Hall
Pancratiusstraat 30
Heerlen

Architect:
diederendirrix architecten, Eindhoven/Rotterdam
Betrokkenheid bij ontwerpfases/
Involvement in design phases:
**SO–DO: ontwerp en tekenwerk/design and
drawings**
**TO–UO: technisch ontwerp en tekenwerk/
technical design and drawings**
**U: esthetische directievoering en technische
controle/aesthetic management and technical
monitoring**
Projectarchitect/Project architect:
Rob Meurders
Medewerkers/Contributors:
**Pieter de Ruijter, Niels Ponjee, Michael Louter,
Jorg Barten**
Ontwerp – Oplevering/Design – Completion:
2018–2022
Opdrachtgever/Client:
Gemeente Heerlen
Aannemer/Contractor:
Habenu-van de Kreeke, Nuth
Constructeur/Structural engineer:
Adviesbureau van de Laar, Eindhoven
Installatieadviseur/Building services consultant:
Bremen bouwadviseurs, Heerlen
Bouwfysica/Building physics:
Peutz, Mook
Bouwdirectie/Construction management:
Exaedes, Roermond
Interieurarchitect/Interior designer:
**diederendirrix architecten i.s.m./with Nieuwe Nor
en/and Linda Pol Ontwerpstudio**
Lichtontwerp/Light design:
MK4D
Kale bouwsom/Net building costs:
€ 4.100.000
Bouwkosten Nieuwbouw/Newbuild building costs
per m²:
€ 1.950
Bruto vloeroppervlak nieuwbouw/Gross floor area
newbuild:
2.100 m²
Verhuurbaar vloeroppervlak nieuwbouw/Lettable
floor space newbuild:
1.785 m²

p. 30
Benthem Crouwel Architects
Museum Arnhem
Utrechtseweg 87
Arnhem

Architect:
Benthem Crouwel Architects, Amsterdam
Betrokkenheid bij ontwerpfases/
Involvement in design phases:
**SO: visieontwerp t.b.v. architectenselectie/
concept design for architect selection**
**VO–TO: ontwerpcoördinatie en integratie/design
coordination and integration**
**UO–U: esthetische begeleiding en technische
controle/aesthetic supervision and technical
management**
Projectarchitect/Project architects:
Saartje van der Made, Joost Vos

Medewerkers/Contributors:
**Maurice Korenblik, Mels Crouwel, Willem Jan van
der Gugten, Nihal Kol, Volker Krenz, Jerome
Latteux, Femke Tophoven, Nico de Waard, Marcel
Wassenaar**
Ontwerp – Oplevering/Design – Completion:
2006–2022
Opdrachtgever/Client:
Gemeente Arnhem
Aannemer/Contractor:
Rots Bouw, Aalten
Constructeur/Structural engineer:
Pieters Bouwtechniek, Delft
Installatieadviseur/Building services consultant:
Nelissen Ingenieursbureau, Eindhoven
Bouwfysica/Building physics:
DGMR, Arnhem
Bouwdirectie/Construction management:
MVR bouwmanagement, Arnhem
Landschapsarchitect/Landscape architect:
Karres + Brands, Hilversum
Interieurarchitect/Interior designer:
Studio Modijefsky, Amsterdam
Kale bouwsom/Net building costs:
€ 16,8 mln
Bouwkosten per m²/Net building costs per m²:
€ 2.862
Bruto vloeroppervlak/Gross floor area:
5.870 m²

p. 34
Vakwerk Architecten
Isala Meppel en/and Reestdal Revalidatie
Reggersweg 2
7943 KC Meppel

Architect:
Vakwerk architecten, Delft
Betrokkenheid bij ontwerpfases/
Involvement in design phases:
SO–DO: ontwerp en tekenwerk/design and drawings
**U: esthetische supervisie op het gebouw,
het vaste en losse interieur en het landschap/
aesthetic supervision of building, interior fittings
and furnishings and the landscape**
Projectarchitect/Project architect:
Ellen van der Wal
Medewerkers/Contributors:
**Jarno Koenen, Tim van Beurden, Marloes Pieper,
Leon van der Velden, Lara Spagnol, Mar Muñoz
Aparici, Marck Vrieling en Francesco Veenstra**
Ontwerp – Oplevering/Design – Completion:
2017–2022
Opdrachtgever/Client:
Isala Klinieken en Zorggroep Noorderboog
Aannemer/Contractor:
**Consortium Trebbe Dura Vermeer ENGIE (TDE),
Hengelo**
Constructeur/Structural engineer:
Pieters Bouwtechniek, Delft
Installatieadviseur/Building services consultant:
Deerns, Den Haag/The Hague
Bouwfysica/Building physics:
Deerns, Den Haag/The Hague
Bouwdirectie/Construction management:
Projectbureau Nieuwbouw Isala, Meppel
Landschapsarchitect/Landscape architect:
**Vakwerk Architecten, Delft; Velocity Landscapes,
Maarssen; Kragten, 's-Hertogenbosch**
Interieurarchitect/Interior designer:
Vakwerk Architecten, Delft
Kunstenaars/Artists:
**Komovo, Delft (grafische vormgeving en visuele
identiteit/graphic design and visual identity)
Erik Mattijssen, Amsterdam (kunstwerken/
artworks)**
Kale bouwsom/Net building costs:
€ 55.000.000
Bouwkosten per m²/Net building costs per m²:
€ 2.380/m² BVO
Bruto vloeroppervlak/Gross floor area:
23.100 m²

Verhuurbaar vloeroppervlak/Lettable floor area:
21.000 m²

p. 38
Happel Cornelisse Verhoeven
Stadhuis Groningen / Town Hall Groningen
Grote Markt 1
Groningen

Architect:
Happel Cornelisse Verhoeven, Rotterdam
Betrokkenheid bij ontwerpfases/
Involvement in design phases:
**SO–TO: ontwerp en tekenwerk; aansturen total
engineer team/design and drawings;
management entire engineering team
UO–U: esthetische begeleiding en controle
werktekeningen/aesthetic supervision and
review of work drawings**
Projectarchitecten/Project architects:
Ninke Happel, Floris Cornelisse, Paul Verhoeven
Medewerkers/Contributors:
Raven Kluijfhout
Ontwerp – Oplevering/Design – Completion:
2018–2022
Opdrachtgever/Client:
Gemeente Groningen
Aannemer/Contractor:
Rottinghuis, Groningen
Constructeur/Structural engineer:
Arup, Amsterdam
Installatieadviseur/Building services consultant:
HE adviseurs, Rotterdam
Bouwfysica/Building physics:
LBP|Sight, Nieuwegein
Bouwdirectie/Construction management:
Stevens van Dijck, Leeuwarden
Interieurarchitect/Interior designer:
Happel Cornelisse Verhoeven, Rotterdam
Restauratiearchitect/Restoration architect:
Bureau Fritz, Eperheide
Kunstenaars/Artists:
**Alexandra Gaca (ontwerp wandbespanning
raadzaal/council chamber wall covering design)
Reynoud Homan (ontwerp sterrenplafond
burgerzaal en bewegwijzering/design starry
ceiling public hall and signage); Egbert
Modderman (schilderij foyer/painting in foyer)**
Kale bouwsom/Net building costs:
€ 10.998.500
Bouwkosten per m²/Net building costs per m²:
€ 2.285
Bruto vloeroppervlak/Gross floor area:
4.812 m²

p. 52
**Ard de Vries Architecten & Studio Donna
van Milligen Bielke**
Kunstwerf
Bloemensingel 10
Groningen

Architect:
**Ard de Vries Architecten & Studio Donna
van Milligen Bielke, Amsterdam**
Betrokkenheid bij ontwerpfases/
Involvement in design phases:
**SO–UO: ontwerp en tekenwerk/design and
drawings
U: begeleiding en controle tekenwerk/
supervision and review of drawings**
Projectarchitecten/Projectarchitecten:
Ard de Vries, Donna van Milligen Bielke
Medewerkers/Contributors:
**Donna van Milligen Bielke, Ard de Vries, Julia
Gersten & Anne Wies**
Ontwerp – Oplevering/Design – Completion:
2017–2022
Opdrachtgever/Client:
Gemeente Groningen
Aannemer/Contractor:
Geveke, Eelde

Installateur/Electrical & mechanical engineering:
Croon Wolter Dros, Apeldoorn
Constructeur/Structural engineer:
ABT Wassenaar, Haren
Installatieadviseur/Building services consultant:
Deerns, Den Haag/The Hague
Bouwfysica, akoestiek & brandveiligheid/Building
physics, acoustics and fire safety:
Deerns, Den Haag/The Hague
Bouwdirectie/Construction management:
Draaijer en Partners, Groningen
Landschapsarchitect/Landscape architect:
Piet Oudolf, Hummelo; Delta Vormgroep, Utrecht
Kale bouwsom/Net building costs:
€ 5.500.000
Bouwkosten per m²/Net building costs per m²:
€ 2.600
Bruto vloeroppervlak/Gross floor area:
2.100 m²
Verhuurbaar vloeroppervlak/Lettable floor area:
1.700 m²

p. 56
Koen van Velsen architecten
**Busknoooppunt UMCG Noord/UMCG Noord Bus
Interchange**
Bloemsingel
Groningen

Architect:
Koen van Velsen architecten, Amsterdam
Betrokkenheid bij ontwerpfases/
Involvement in design phases:
**SO–UO: ontwerp en tekenwerk/design and drawings
U: esthetische ondersteuning en begeleiding
van de technische controle/aesthetic support and
supervision of technical monitoring**
Projectarchitect/Project architect:
Koen van Velsen
Medewerkers/Contributors:
**Frank Beurskens, Erik-Jan van Dalfsen, Sanne
Eekel, Steven van der Heijden, Maya van der
Lande, Koen van Velsen**
Verantwoordelijke stedenbouwer/Urban planner:
Koen van Velsen architecten, Amsterdam
Ontwerp – Oplevering/Design – Completion:
2015–2022
Opdrachtgever/Client:
Gemeente Groningen
Aannemer/Contractor:
Oosterhof-Holman, Grijpskerk
Bouwdirectie/Construction management:
Gemeente Groningen
Landschapsarchitect/Landscape architect:
Koen van Velsen architecten, Amsterdam
Kale bouwsom/Net building costs:
€ 4 mln
Bouwkosten per m²/Net building costs per m²:
€ 594
Bruto vloeroppervlak/Gross floor area:
6.720 m²

p. 60
De Zwarte Hond
**Kindcentrum Zuiderkroon / Zuiderkroon
Children's Centre**
Zuiderkroon 6
9602 MZ Hoogezand

Architect:
De Zwarte Hond, Groningen
Betrokkenheid bij ontwerpfases/
Involvement in design phases:
**SO–UO: ontwerp en tekenwerk/design and
drawings
U: esthetische begeleiding en controle/aesthetic
supervision**
Projectarchitecten/Project architects:
Henk Stadens, Martijn Korendijk
Medewerkers/Contributors:
**Bart van Kampen, Fedde Karst Kooij, Marjolein
Maatman**

Inrichting en aanleg schoolplein/Schoolground
layout and construction
Snoek Puur Groen, Grouw
Ontwerp – Oplevering/Design – Completion:
2019–2022
Opdrachtgever/Client:
Gemeente Midden-Groningen
Aannemer/Contractor:
Hesco bouw, Stadskanaal
Constructeur/Structural engineer:
Alferink van Schieveen, Zwolle
Installatieadviseur E&W/Electrical & mechanical
services consultant
Adviesbureau Sijperda-Hardy BV, IJlst
Bouwfysica/Building physics:
Adviesbureau Sijperda-Hardy BV, IJlst
Bouwdirectie/Construction management:
Gerton Bruggink (BB&U), Groningen
Interieurarchitect/Interior designer:
De Zwarte Hond
Kale bouwsom/Net building costs:
€ 7.878.000
Bouwkosten per m²/Net building costs per m²:
€ 1.560
Bruto vloeroppervlak/Gross floor area:
5.100 m²

p. 64
Zecc Architecten
**Watertoren Amsterdamsestraatweg /
Amsterdamsestraatweg Water Tower**
Amsterdamsestraatweg 380
Utrecht

Architect:
Zecc Architecten, Utrecht
Betrokkenheid bij ontwerpfases/
Involvement in design phases:
**SO–U: volledige opdracht voor bouwkundig/
restauratie, vast en los interieur & styling/
overall commission for architecture/restoration,
interior fittings and furnishings & styling**
Projectarchitect/Project architect:
Marnix van der Meer
Medewerkers/Contributors:
**René de Korte, Marjo Langbroek, Niels
Hartsuiker, Koen Portzgen, Jordi Rondeel**
Ontwerp – Oplevering/Design – Completion:
2013–2022
Opdrachtgever/Client:
Particulier/Private
Aannemer/Contractor:
**R&R Bouw Veenendaal en Neveships, Rotterdam
(staalconstructie/steel structure)**
Constructeur/Structural engineer:
**IMD raadgevende ingenieurs, Rotterdam; FMax/
I-Saac, Delft (staalconstructie/steel structure)**
Installatieadviseur/Building services consultant:
**DGMR, Arnhem; Studio Rublek, Amsterdam
(verlichting/lighting)**
Bouwfysica/Building physics:
DGMR, Arnhem
Interieurarchitect/Interior designer:
Zecc Architecten, Utrecht
Bruto vloeroppervlak/Gross floor area:
920 m²

p. 68
de Architekten Cie.
EDGE Amsterdam West
Basisweg 10
Amsterdam

Architect:
de Architekten Cie., Amsterdam
Betrokkenheid bij ontwerpfases/
Involvement in design phases:
**SO–TO: ontwerp en tekenwerk/design and
drawings
UO–U: esthetische begeleiding en controle/
aesthetic supervision**
Oorspronkelijk/Original Architect:

Oyevaar, Stolle en Van Gool
Projectarchitecten/Project architects:
Branimir Medic, Eric van Noord
Medewerkers/Contributors:
**Barbara Cool, Ambra Chiaradia, Willem
Benschop, Stephan Oehlers, Ruud Lambrechts,
Jolein Haeck, Ron Garritsen, Jaco de Koning,
Andrew Page, Arjan Janson, Niels Geerts, Johan
Bogaart, Wessel de Jong**
Ontwerp – Oplevering/Design – Completion:
2019–2022
Opdrachtgever/Client:
EDGE Technologies, Amsterdam
Aannemer/Contractor:
**G&S Bouw B.V., Amsterdam (bouwkundig/
construction)
Bosman bedrijven, Leusden ((installaties/
building services))
Oostingh Staalbouw/ASK Romein, Katwijk
(atriumdak/atrium roof)**
Constructeur/Structural engineer:
**SIDStudio, Haarlem
Van Rossum Raadgevend Ingenieurs,
Amsterdam**
Installatieadviseur/Building services consultant:
DWA, Veenendaal
Bouwfysica/Building physics:
DGMR, Den Haag/The Hague
Bouwdirectie/Construction management:
EDGE Technologies, Amsterdam
Landschapsarchitect/Landscape architect:
DS Landschapsarchitecten, Amsterdam
Interieurarchitect/Interior designer:
Tank B.V., Amsterdam; Fokkema en Partners, Delft
Bruto vloeroppervlak/Gross floor area:
60.000 m²

p. 72
**Ronald Janssen Architecten, Bastiaan Jongerius
Architecten, Buro Harro**
Groenmarkt
Groenmarktkade 14-53, Marnixstraat 232K-P
Amsterdam

Architect:
**Ronald Janssen, Amsterdam; Bastiaan Jongerius,
Amsterdam; Buro Harro, Arnhem**
Betrokkenheid bij ontwerpfases/
Involvement in design phases:
**SO–DO: ontwerp en tekenwerk/design and
drawings
TO–U: esthetische controle/aesthetic
supervision**
Projectarchitecten/Project architects:
**Ronald Janssen (RJA), Bastiaan Jongerius (BJA),
Harro de Jong (BH)**
Medewerkers/Contributors:
**Daan Foks (RJA), Chun Hin Leung, Gertjan van
Laar, Magdalena Stanczak (BJA),
Jan Eiting, René van Seumeren (BH)**
Ontwerp – Oplevering/Design – Completion:
2015–2022
Opdrachtgever/Client:
**HBB Groep, Heemstede; Edwin Oostmeijer
Projectontwikkeling, Amsterdam** Aannemer/
Contractor:
HBB Bouw, Heemstede
Constructeur/Structural engineer:
**Kooij en Dekker, Harderwijk; Berkhouttros,
Alkmaar**
Installatieadviseur/Building services consultant:
Technion Zuid B.V., Breda
Bouwfysica/Building physics:
DGMR, Den Haag/The Hague
Landschapsarchitect/Landscape architect:
Buro Harro, Arnhem
Kale bouwsom/Net building costs:
€ 20.000.000
Bouwkosten per m²/Net building costs per m²:
€ 2.675
Bruto vloeroppervlak/Gross floor area:
7.475 m²

Gebruiksoppervlak/Usable floor area:
5.607 m²

p. 76
Team V Architectuur
HAUT
Korte Ouderkerkerdijk 1
Amsterdam

Architect:
Team V Architectuur, Amsterdam
Betrokkenheid bij ontwerpfases/
Involvement in design phases:
SO–UO: coördinatie ontwerpteam/coordination of design team
U: esthetische begeleiding/aesthetic supervision
Projectarchitect/Project architect:
Do Janne Vermeulen
Medewerkers/Contributors:
Thomas Harms, Bart-Jan Hopman, Job Stuijt, Onno van Ark, Coen Ooijevaar
Verantwoordelijke stedenbouwer/Urban planner:
Bart van der Vossen, Gemeente Amsterdam/ Rijnboutt
Ontwerp – Oplevering/Design – Completion:
2016–2022
Opdrachtgever/Client:
Lingotto, Amsterdam
Aannemer/Contractor:
J.P. van Eesteren, Gouda
Constructeur/Structural engineer:
Arup, Amsterdam
Installatieadviseur/Building services consultant:
Arup, Amsterdam
Bouwfysica/Building physics:
Arup, Amsterdam
Landschapsarchitect/Landscape architect:
Francien van Kempen Cultuurtechniek, Amsterdam
Bruto vloeroppervlak/Gross floor area:
14.443 m²
Verhuurbaar vloeroppervlak/Lettable floor area:
7.996 m² gbo (koop)appartementen/apartments; 721 m² vvo bedrijfsruimte/business premises

p. 86
BIG – Bjarke Ingels Group, Barcode Architects
Sluishuis
Haringbuisdijk 905
Amsterdam

Architect:
BIG – Bjarke Ingels Group, Kopenhagen/ Copenhagen & Barcode Architects, Rotterdam
Betrokkenheid bij ontwerpfases/
Involvement in design phases:
SO–DO: ontwerp en tekenwerk/design and drawings
TO–UO: technisch en uitvoerend ontwerp/ technical and implementation design
U: esthetische begeleiding en architectonisch-technische controle/aesthetic supervision and architectural-technical management
Projectarchitecten/Project architects:
Bjarke Ingels, Dirk Peters
Medewerkers/Contributors:
BIG – Bjarke Ingels Group: Finn Nørkjær, Andreas Klok Pedersen, Jeppe Langer, Jan Magasanik; Barcode Architects: Robbert Peters, Hans van Pelt, Danielle MacLeod, Niels de Hart
Ontwerp – Oplevering/Design – Completion:
2016–2022
Opdrachtgever/Client:
BESIX Real Estate Development, Dordrecht; VORM Ontwikkeling B.V., Rotterdam
Aannemer/Contractor:
Bouwcombinatie BESIX Nederland B.V., Dordrecht; VORM Ontwikkeling B.V., Rotterdam
Constructeur/Structural engineer:
Van Rossum Raadgevende Ingenieurs B.V., Rotterdam
Installatieadviseur/Building services consultant:

DWA, Gouda (installaties/building services); Klimaatgarant, Schiedam (duurzaamheidsconcept/ sustainability concept)
Bouwfysica/Building physics:
Buro Bouwfysica, Capelle aan den IJssel
Bouwdirectie/Construction management:
Sluishuis development
Landschapsarchitect/Landscape architect:
BIG – Bjarke Ingels Group, Kopenhagen/ Copenhagen
Interieurarchitect/Interior designer:
BIG, Barcode Architects
Kunstenaar/Artist:
Mormor–Kristian Bruun Djurhuus
Kale bouwsom/Net building costs:
€ 103.100.000
Bouwkosten per m²/Net building costs per m²:
€ 2.131
Bruto vloeroppervlak/Gross floor area:
48.371 m²
Verhuurbaar vloeroppervlak/Lettable floor area:
1.094 m²

p. 90
Studioninedots
De Jakoba
Spadinalaan/Docklandsweg
Amsterdam

Architect:
Studioninedots, Amsterdam
Betrokkenheid bij ontwerpfases/
Involvement in design phases:
SO–DO: ontwerp en tekenwerk/design and drawing
TO–U: esthetische begeleiding, bouwkundige onderdelen overgedragen/aesthetic supervision, architectural elements delegated
Projectarchitecten/Project architects:
Albert Herder, Vincent van der Klei, Metin van Zijl, Stijn de Jongh
Medewerkers/Contributors:
Erik Hoogendam, Mai Bogø, Ania Bozek
Verantwoordelijke stedenbouwer/Urban planner:
Geurst & Schulze, Den Haag/The Hague
Ontwerp – Oplevering/Design – Completion:
2018–2022
Opdrachtgever/Client:
Ymere, Amsterdam
Aannemer/Contractor:
Dura Vermeer, Amsterdam
Constructeur/Structural engineer:
Strackee, Amsterdam
Installatieadviseur/Building services consultant:
Nieman Raadgevende Ingenieurs, Utrecht
Bouwfysica/Building physics:
Nieman Raadgevende Ingenieurs, Utrecht
Bouwdirectie/Construction management:
Dura Vermeer, Amsterdam
Landschapsarchitect/Landscape architect:
Buro Sant en Co, Den Haag/The Hague
Interieurarchitect/Interior designer:
Studioninedots, Amsterdam
Kale bouwsom/Net building costs:
ca. € 16.500.000
Bouwkosten per m²/Net building costs per m²:
ca. € 1.780
Bruto vloeroppervlak/Gross floor area:
9.430 m²
Verhuurbaar vloeroppervlak/Lettable floor area:
6.880 m²

p. 94
Studio Gang i.s.m./with Rijnboutt
Q Residences
Buitenveldertselaan 80
Amsterdam

Architect:
Studio Gang, Chicago, VS (architect); Rijnboutt, Amsterdam (co-architect)
Betrokkenheid bij ontwerpfases/

Involvement in design phases:
Studio Gang:
SO: conceptueel kader/conceptual framework
VO: definiëren van programma/definition of the architectural programme
DO–UO: beoordeling en goedkeuring van ontwerpdocumenten/review and approval of design documents
U: esthetische begeleiding/aesthetic supervision
Rijnboutt:
SO–VO: stedenbouwkundige inpassing en begeleiding vergunningstraject/urban integration and supervision of the permit process
DO–UO: technisch ontwerp, engineering en begeleiding vergunningstraject/technical design, engineering and supervision of the permit process
U: esthetische begeleiding/aesthetic supervision
Projectarchitecten/Project architects:
Jeanne Gang (Studio Gang); Frederik Vermeesch (Rijnboutt)
Medewerkers/Contributors:
Studio Gang: Juliane Wolf, Thorsten Johann, Mark Schendel, William Emmick, Mauricio Sanchez, Will Lambeth, Annette Miller, Abraham Bendheim, Peter Yi, Rolf Temesvari, Wen Zhou, Jason Flores, Kim Daul, Christina Kull, Haoxiang Yang, Olesya Vodenicharska, Michan Walker, Kristin Ridge / Rijnboutt: Maarten Castelijns, Richard Koek, Aleksandra Klawikowska, Ana Aguiar, Anna Rodionova, Bonnie Snoek, Caroline Urberger, David Philipsen, Dominika Szweda, Floor van Langen, Guido Duba, Hilmar Goedhart, Joost Kettmann, Joost Verheus, Jurjen de Gans, Kiki van Moort, Lennart Brink, Marco Awad, María José Ochoa, Martin Pasman, Mohamed El Sayad, Paul Beijeman, Paulina Dominiak, Robert van Dooren, Saja Al Khamissi, Youssef Ben Lahcene
Verantwoordelijke stedenbouwer/Urban planner:
Rijnboutt, Amsterdam
Ontwerp – Oplevering/Design – Completion:
2016–2022
Opdrachtgever/Client:
Kroonenberg Groep, Schiphol
Gedelegeerd ontwikkelaar/Delegated developer:
NEOO, Amsterdam
Aannemer/Contractor:
J.P. van Eesteren, Gouda
Constructeur/Structural engineer:
IMd Raadgevende ingenieurs, Rotterdam
Installatieadviseur/Building services consultant:
Techniplan Adviseurs, Rotterdam; Homij Technische Installaties, Vianen
Bouwfysica/Building physics:
Peutz, Molenhoek
Bouwdirectie/Construction management:
BBC Bouwmanagement, Etten-Leur; BITB Projects, Rotterdam
Landschapsarchitect/Landscape architect:
Piet Oudolf, Hummelo i.s.m./with Deltavormgroep, Utrecht
Interieurarchitect/Interior designer:
Studio Piet Boon, Oostzaan
Kunstenaars/Artists:
Studio Job (kunstwerk/art work, plaza); Studio Molen (lamp, lobby Quartz); Inside Outside (gordijnen/curtains, lobby Quartz); Tepas (kunstwerk/artwork, lobby Quartz)
Bruto vloeroppervlak/Gross floor area:
27.950 m²
Verhuurbaar vloeroppervlak/Lettable floor area:
65 m² kantoorruimte/office space; 520 m² commerciële ruimte/commercial space; 16.680 m² woonruimte/residential space

p. 98
KAAN Architecten
De Zalmhaven
Gedempte Zalmhaven, Houtlaan
Rotterdam, Nederland

Architect:
KAAN Architecten, Rotterdam
Betrokkenheid bij ontwerpfases/
Involvement in design phases:
SO–UO: ontwerp en tekenwerk/design and drawings
U: esthetische ondersteuning, en begeleiding van de technische controle/aesthetic support, and supervision of technical management
Projectarchitecten/Project architects:
Kees Kaan, Vincent Panhuysen, Dikkie Scipio
Medewerkers/Contributors:
Allard Assies, Michael Baas, Sebastiaan Buitenhuis, Cristina Gonzalo Cuairán, Cecilia Dobos, Paolo Faleschini, Michele Guidobaldi, Marlon Jonkers, Jan Teunis ten Kate, Wouter Langeveld, Katarzyna Seweryn, Floris Sikkel, Maria Stamati, Aldo Trim, Yiannis Tsoskounoglou, Niels Vernooij
Verantwoordelijke stedenbouwer/Urban planner:
Gemeente Rotterdam/City of Rotterdam
Ontwerp – Oplevering/Design – Completion:
2015–2022
Opdrachtgever/Client:
Zalmhaven CV (AM, Amvest)
Aannemer/Contractor:
Koninklijke BAM Groep, Bunnik
Constructeur/Structural engineer:
Zonneveld Ingenieurs, Rotterdam/BAM Advies & Engineering, Bunnik
Installatieadviseur/Building services consultant:
Techniplan Adviseurs, Rotterdam/BAM Advies & Engineering, Bunnik
Bouwfysica/Building physics:
Peutz, Zoetermeer
Bouwdirectie/Construction management:
Koninklijke BAM Groep, Bunnik
Landschapsarchitect/Landscape architect:
Mostert De Winter, Breda
Interieurarchitect/Interior designer:
KAAN Architecten, Rotterdam
Architect (hoogbouw/high rise):
Dam & Partners Architecten, Amsterdam
Kale bouwsom/Net building costs:
€ 65 mln
Bouwkosten per m²/Net building costs per m²:
€ 1.326
Bruto vloeroppervlak/Gross floor area:
49.000 m²
Verhuurbaar vloeroppervlak/Lettable floor area:
25.000 m²

p. 102
Elephant
De Voortuinen
Amsterdam

Architect:
Elephant, Amsterdam
Betrokkenheid bij ontwerpfases/
Involvement in design phases:
SO–DO: ontwerp en tekenwerk/design and drawing
UO–U: esthetische begeleiding/aesthetic supervision
Projectarchitecten/Project architects:
Menno Kooistra, Peter van Gelder
Medewerkers/Contributors:
Glenn den Besten, Anna Zan, Carlotta Rabajoli, Wesley Leeman, Brenda Reid
Verantwoordelijke stedenbouwer/Urban planner:
MVRDV, Rotterdam
Ontwerp – Oplevering/Design – Completion:
2015–2022
Opdrachtgever/Client:
HLW 506 b.v., Amsterdam
Aannemer/Contractor:
Kondor Wessels, Amsterdam
Constructeur/Structural engineer:
Pieters Bouwtechniek, Utrecht
Installatieadviseur/Building services consultant:
Adviesbureau DWA, iLINQ, Gouda
Bouwfysica/Building physics:

DGMR, Den Haag/The Hague
Landschapsarchitect/Landscape architect:
Gustafson Porter + Bowman, Londen/London
Kale bouwsom/Net building costs:
€ 14.850.000
Bouwkosten per m²/Net building costs per m²:
€ 1.650
Bruto vloeroppervlak/Gross floor area:
9.000 m²
Verhuurbaar vloeroppervlak/Lettable floor area:
230 m²
Gebruiksoppervlak/Usable floor area
7.350 m²

p. 106
MVRDV
Valley
Beethovenstraat 503
Amsterdam

Architect:
MVRDV, Rotterdam
Betrokkenheid bij ontwerpfases/
Involvement in design phases:
SO–DO: ontwerp en tekenwerk/design and
drawings
TO–U: esthetische begeleiding en controle/
aesthetic supervision
Projectarchitect/Project architect:
Winy Maas
Medewerkers/Contributors:
Ontwerp/Design: Gideon Maasland, Gijs Rikken,
Guido Boeters, Wietse Elswijk, Saimon Gomez
Idiakez, Rik Lambers, Javier Lopez-Menchero,
Sanne van Manen, Stephanie McNamara, Thijs van
Oostrum, Frank Smit, Boudewijn Thomas, Maria
Vasiloglou, Laurens Veth, Cas Esbach, Mark van
Wasbeek, Olesya Vodenicharska
Competitie/Competition: Jeroen Zuidgeest, Anton
Wubben, Luca Moscelli, Sanne van Manen, Elien
Deceuninck, Marco Gazzola, Jack Penford Baker,
Brygida Zawadzka, Francis Liesting, Annette Lam,
Hannah Knudsen
Ontwerp – Oplevering/Design – Completion:
2015–2022
Opdrachtgever/Client:
EDGE Technologies, Amsterdam
Aannemer/Contractor:
G&S Bouw B.V., Amsterdam; Boele & Van Eesteren
B.V., Rijswijk
Constructeur/Structural engineer:
Van Rossum Raadgevende Ingenieurs,
Amsterdam
Installatieadviseur/Building services consultant:
Deerns, Den Haag/The Hague
Bouwfysica/Building physics:
DGMR, Den Haag/The Hague
Landschapsarchitect/Landscape architect:
Deltavormgroep, Utrecht & Piet Oudolf, Hummelo
Interieurarchitect/Interior designer:
Heyligers Architects, Amsterdam
Bruto vloeroppervlak/Gross floor area:
75.000 m²
Verhuurbaar vloeroppervlak/Lettable floor area:
59.000 m²

p. 110
DP6 architectuurstudio
Malieklos
Maliestraat
Rotterdam

Architect:
DP6 architectuurstudio, Delft
Betrokkenheid bij ontwerpfases/
Involvement in design phases:
SO–UO: ontwerp en tekenwerk/design and
drawings
U: esthetische ondersteuning, en begeleiding
van de technische controle/aesthetic support,
and supervision of technical management
Projectarchitecten/Project architects:

Richelle de Jong, Dick de Gunst, Robert Alewijnse,
Chris de Weijer
Medewerkers/Contributors:
Froukje Zekveld, Ivo Oosterbaan, Alexander
Krösbacher, Gaelle Le Coz, Vania Correia
Verantwoordelijke stedenbouwers/Urban
planners:
Stijnie Lohof, Andrea Lanters-Celano (gemeente/
City of Rotterdam)
Ontwerp – Oplevering/Design – Completion:
2019–2022
Opdrachtgever/Client:
Woonstad, Rotterdam
Aannemer/Contractor:
Bouw- en aannemingsbedrijf Gebr. Verschoor,
Pernis
Constructeur/Structural engineer:
IMd Raadgevend Ingenieurs, Rotterdam
Installatieadviseur/Building services consultant:
Iv-Bouw, Sliedrecht
Bouwfysica/Building physics:
Iv-Bouw, Sliedrecht
Bouwdirectie/Construction management:
Woonstad, Rotterdam
Kale bouwsom/Net building costs:
€ 12,1 mln
Bruto vloeroppervlak/Gross floor area:
ca. 9.500 m²
Verhuurbaar vloeroppervlak/Lettable floor area:
ca. 7.150 m²

p. 120
Studioninedots, Delva, MeesVisser, Space
Encounters, Zecc Architecten
Wisselspoor

Studioninedots & DELVA Landscape Architecture |
Urbanism
Wisselspoor
2e Daalsedijk
Utrecht

Architect:
Studioninedots, Amsterdam; DELVA Landscape
Architecture|Urbanism, Amsterdam
Betrokkenheid bij ontwerpfases/
Involvement in design phases:
SO–UO: ontwerp, tekenwerk, esthetische
ondersteuning, stedenbouwkundige supervisie /
design, drawings, aesthetic support, supervisor
urban planning
Projectarchitect/Project architect:
Albert Herder, Vincent van der Klei, Metin van Zijl
(Studioninedots)
Medewerkers/Contributors:
Karlijn de Jong, Ruben Visser, Monika Pieroth,
Jurjen van der Horst, Lesia Topolnyk
(Studioninedots)
Verantwoordelijke stedenbouwer/Urban planner:
Studioninedots, Amsterdam; DELVA Landscape
Architecture|Urbanism, Amsterdam
Ontwerp – Oplevering/Design – Completion:
2016–2022 (deelgebied/sub-area 1)
Opdrachtgever/Client:
Synchroon B.V., Utrecht
Landschapsarchitect/Landscape architect:
DELVA Landscape Architecture|Urbanism,
Amsterdam
Projectarchitect/Project architect:
Steven Delva
Medewerkers/Contributors:
Sander van den Bosch, Jeroen Jacobs, Lesley
Thoen, SmitsRinsma
Kale bouwsom/Net building costs:
ca. € 23.500.000
Bouwkosten per m²/Net building costs per m²:
ca. € 1.400
Kale bouwsom landschap /Net building costs
landscape:
€ 1.500.000
€ 7,5 mln excl. btw (renovatie en parkeergarage/
renovation and car park)

Bouwkosten landschap per m²/Net building costs
landscape:per m²:
€ 145
Bruto vloeroppervlak/Gross floor area:
33.000 m² (deelgebied/sub-area 1)
138.000 m² (Wisselspoor: deelgebied/sub-areas
1-4)

Studioninedots
Bovenbouwwerkplaats
2e Daalsedijk
Utrecht

Architect:
Studioninedots, Amsterdam
Betrokkenheid bij ontwerpfases/
Involvement in design phases:
SO–UO: ontwerp, tekenwerk, esthetische
ondersteuning/design, drawings, aesthetic
support
Projectarchitecten/Project architects:
Albert Herder, Vincent van der Klei, Metin van Zijl,
Ruben Visser
Medewerkers/Contributors:
Wouter Hermanns, Erik Hoogendam, Karlijn de
Jong
Verantwoordelijke stedenbouwers/Urban
planners:
Studioninedots, Amsterdam; DELVA Landscape
Architecture|Urbanism, Amsterdam
Ontwerp – Oplevering/Design – Completion:
2017–2022
Opdrachtgever/Client:
Synchroon B.V., Utrecht
Aannemer/Contractor:
Gebroeders Blokland B.V., Hardinxveld-
Giessendam (hoofdaannemer/main contractor);
Timmer- en aannemingsbedrijf Den Butter &
Voogt, Bleskensgraaf (renovatie werken/
renovation works); Continental Car Parks, Twello
(parkeergarage/car park); Hooijer Wegenbouw
B.V., Renkum (buitenruimte/outdoor space)
Constructeur/Structural engineer:
Strackee, Amsterdam
Installatieadviseur/Building services consultant:
Visscher Bouwadvies, Huizen
Bouwfysica/Building physics:
JVZ Ingenieurs, Deventer
Interieurarchitect/Interior designer:
Studioninedots, Amsterdam
ca. € 7.500.000
Bouwkosten per m²/Net building costs per m²:
ca. € 1.000
Bruto vloeroppervlak/Gross floor area:
7.900 m²
Verhuurbaar vloeroppervlak/Lettable floor area:
2.000 m²

MEESVISSER
Wisselspoor
2e Daalsedijk
Utrecht

Architect:
MEESVISSER, Amsterdam
Betrokkenheid bij ontwerpfases/
Involvement in design phases:
SO–DO ontwerp en tekenwerk/design and
drawings
TO–UO: esthetische begeleiding en controle/
aesthetic supervision
Projectarchitect/Project architect:
Uda Visser, Marijn Mees
Medewerkers/Contributors:
Teresa Avella, Boris Popma, Camille Allaman,
Andras Szel
Verantwoordelijke stedenbouwer/Urban planner:
Studioninedots, Amsterdam
Ontwerp – Oplevering/Design – Completion:
2017–2022
Opdrachtgever/Client:
Synchroon B.V., Utrecht

Aannemer/Contractor:
Gebroeders Blokland B.V., Hardinxveld-
Giessendam (hoofdaannemer/main contractor)
Constructeur/Structural engineer:
Strackee Bouwadviesbureau, Amsterdam
Tekenbureau technische uitwerking/drawing
office technical development:
Atelier Bouwkunde, Rotterdam
Installatieadviseur/Building services consultant:
Merosch, Bodegraven (energie, duurzaamheid
en BREEAM/energy, sustainability and BREEAM)
Bouwfysica/Building physics:
Cauberg Huygen, Amsterdam (bouwfysica,
akoestiek, brandveiligheid en trillingen
railverkeer/building physics, acoustics, fire
safety and train vibrations)
Landschapsarchitect/Landscape architect:
Delva Landscape Architects, Amsterdam
Kale bouwsom/Net building costs:
€ 23,5 mln excl. btw (woningen/dwellings)
€ 7,5 mln excl. btw (renovatie en parkeergarage/
renovation and car park)
Bruto vloeroppervlak/Gross floor area:
ca. 16.750 m² (woningen/dwellings)
ca. 8.000 m² (bestaand gebouw en
parkeergarage/existing building and car park)

Space Encounters
Wisselspoor
Wisselstraat, Bromwissel, Veerwissel, Handwissel,
Driewegwissel, Overloopwissel
Utrecht

Architect:
Space Encounters, Amsterdam
Betrokkenheid bij ontwerpfases/
Involvement in design phases:
SO–DO: ontwerp en tekenwerk/design and drawings
TO–UO: engineering, ontwerp, tekenwerk,
prijs- en contractvorming/engineering, design
drawings, pricing and contracting
U: uitvoeringstechnische ondersteuning en
tekenwerk, directievoering/implementation
support and drawings, site management
Projectarchitecten/Project architects:
Gijs Baks, Joost Baks
Medewerkers/Contributors:
Rolf van der Leeuw, Jelmer van Zelm, Vadim
Varnerot, Ruby Beeren, Paula Raith
Verantwoordelijke stedenbouwer/Urban planner:
Studioninedots, Amsterdam
Ontwerp – Oplevering/Design – Completion:
2017–2022
Opdrachtgever/Client:
Synchroon B.V., Utrecht
Aannemers/Contractors:
Gebroeders Blokland B.V., Hardinxveld-
Giessendam (hoofdaannemer/main contractor);
Timmer- en aannemingsbedrijf Den Butter &
Voogt, Bleskensgraaf (renovatie werken/
renovation work); Continental Car Parks, Twello
(parkeergarage/car park); Hooijer Wegenbouw
B.V., Renkum (buitenruimte/outdoor space)
Constructeur/Structural engineer:
Strackee Bouwadviesbureau, Amsterdam
Installatieadviseur/Building services consultant:
Merosch, Bodegraven (energie, duurzaamheid
en BREEAM/energy, sustainability and BREEAM)
Bouwfysica/Building physics:
Cauberg Huygen, Amsterdam (bouwfysica,
akoestiek, brandveiligheid en trillingen
railverkeer/building physics, acoustics, fire
safety and train vibrations)
Landschapsarchitect/Landscape architect:
Delva Landscape Architects, Amsterdam
Kale bouwsom/Net building costs:
€ 23,5 mln excl. btw (woningen/dwellings)
€ 7,5 mln excl. btw (renovatie en parkeergarage/
renovation and car park)
Bruto vloeroppervlak/Gross floor area:
ca. 16.750 m² BVO (woningen/dwellings)
ca. 8.000 m² (bestaand gebouw en
parkeergarage/existing building and car park)

Zecc Architecten
Wisselspoor
2e Daalsedijk
Utrecht

Architect:
Zecc Architecten, Utrecht
Betrokkenheid bij ontwerpfases/
Involvement in design phases:
SO–DO: ontwerp en tekenwerk/design and
drawings
TO–U: esthetische begeleiding en controle
tekenwerk/aesthetic supervision and review
drawings
Projectarchitect/Project architect:
Marnix van der Meer
Medewerkers/Contributors:
Bart Jonkers, René de Korte, Rosa van Hijfte
Verantwoordelijke stedenbouwer/Urban planner:
Delva Landscape Architects, Amsterdam
Ontwerp – Oplevering/Design – Completion:
2017–2022
Opdrachtgever/Client:
Synchroon B.V., Utrecht
Aannemers/Contractors:
Gebroeders Blokland B.V., Hardinxveld-
Giessendam (hoofdaannemer/main contractor);
Timmer- en aannemingsbedrijf Den Butter &
Voogt, Bleskensgraaf (renovatie werken/
renovation work); Continental Car Parks, Twello
(parkeergarage/car park); Hooijer Wegenbouw
B.V., Renkum (buitenruimte/outdoor space)
Constructeur/Structural engineer:
Strackee Bouwadviesbureau, Amsterdam
Installatieadviseur/Building services consultant:
Merosch, Bodegraven (energie, duurzaamheid
en BREEAM/energy, sustainability and BREEAM)
Bouwfysica/Building physics:
Cauberg Huygen, Amsterdam (bouwfysica,
akoestiek, brandveiligheid en trillingen
railverkeer/building physics, acoustics, fire
safety and train vibration)
Landschapsarchitect/Landscape architect:
Delva Landscape Architects, Amsterdam
Kale bouwsom/Net building costs:
€ 23,5 mln excl. btw (woningen/dwellings)
€ 7,5 mln excl. btw (renovatie en parkeergarage/
renovation and car park)
Bruto vloeroppervlak/Gross floor area:
ca. 16.750 m² (woningen/dwellings)
ca. 8.000 m² (bestaand gebouw en parkeergarage/
existing building and car park)

p. 128
Marcel Lok_Architect
Bostorens
Bosfazant 79-87
Eindhoven

Architect:
Marcel Lok_Architect, Amsterdam
Betrokkenheid bij ontwerpfases/
Involvement in design phases:
SO: prijsvraag/sketch design competition
VO–DO: ontwerp en tekenwerk/design and
drawings
TO: technisch ontwerp en tekenwerk
bouwaanvraag/technical design and drawings,
building application
UO: uitvoeringsontwerp/detailed design
U: esthetische ondersteuning en begeleiding
van de technische controle/aesthetic support
and supervision of technical management
Projectarchitect/Project architect:
Marcel Lok
Medewerkers/Contributors:
Carolina Chataignier, Richard Proudley
Verantwoordelijke stedenbouwer/Urban planner:
Karres en Brands, Hilversum
Ontwerp – Oplevering/Design – Completion:
2019–2022
Opdrachtgever/Client:

Building4you Developments, Heerhugowaard
Aannemer/Contractor:
Kusters Bouw, Deurne
Constructeur/Structural engineer:
De Ingenieursgroep, Amsterdam
Installaties electra/Electrical system:
Thijssen Elektro, Deurne
Installaties warmte/Heating system:
Heesmans Installatie techniek, Helmond
Bouwfysica/Building physics:
S&W Consultancy, Vlissingen
Bouwdirectie/Construction management:
Building4You Developments; ML_A, Amsterdam
Landschapsarchitect/Landscape architect:
Studio Blad, Leerdam
Kale bouwsom/Net building costs:
€ 1.843.000
Bouwkosten per m²/Net building cost per m²:
€ 1.600
Bruto vloeroppervlak/Gross floor area:
1.152 m²
Verhuurbaar vloeroppervlak/Lettable floor area:
921 m²

p. 132
LEVS architecten
Bensdorp
Nieuwe Spiegelstraat 11
Bussum

Architect:
LEVS architecten, Amsterdam
Betrokkenheid bij ontwerpfases/
Involvement in design phases:
SO–UO: ontwerp en tekenwerk architectuur,
stedenbouw en bouwkunde/architectural design
and drawings, urban design and engineering
U: esthetische begeleiding en esthetische
controle/design and aesthetic supervision
Projectarchitecten/Project architects:
Marianne Loof, Jurriaan van Stigt, Adriaan Mout
Medewerkers/Contributors:
Daan Goedhart, Ulf Bjällerstedt, Christiaan
Schuit, Martijn Tjassens Keiser
Ontwerp – Oplevering/Design – Completion:
2012–2022
Opdrachtgever/Client:
Noordersluis Bouwgroep, Lelystad
Aannemer/Contractor:
Noordersluis Bouwgroep, Lelystad; Ten
Hagedoorn Bouw, Amersfoort (na faillissement/
following bankruptcy Noordersluis)
Constructeur/Structural engineer:
Van Rossum, Almere
Installatieadviseur/Building services consultant:
Huygen Installatie Adviseurs, Utrecht
Bouwfysica/Building physics:
Cauberg Huygen, Amsterdam
Bouwdirectie/Construction management:
Bouwbedrijf Noordersluis, Lelystad
Landschapsarchitect/Landscape architect:
VLUGP, Amsterdam
Interieurarchitect/Interior designer:
Voss Architecture (bedrijfsruimte/commercial
space House of Dialogue)
Kunstenaars/Artists:
Aam Solleveld, Amsterdam i.s.m./with Bureau de
Kunst
Kale bouwsom/Net building costs:
€ 15.300.000 excl.
€ 1.500.000 voor terrein met openbare ruimte en
kunst, excl. btw/for site with public space and art,
excl. VAT (prijspeil 2016/2016 price level)
Bouwkosten per m²/Net building cost per m²:
€ 910 (prijspeil 2016)/(2016 price level)
Bruto vloeroppervlak/Gross floor area:
16.800 m²
Verhuurbaar vloeroppervlak/Lettable floor area:
12.400 m²

p. 136
Space Encounters & Studio Vincent Architecture
BD House
Buerweg 29
Bergen

Architect:
Space Encounters, Amsterdam; Studio Vincent
Architecture, Amsterdam
Betrokkenheid bij ontwerpfases/
Involvement in design phases:
SO–DO: ontwerp en tekenwerk/design and drawings
TO–UO: engineering, ontwerp, tekenwerk,
prijs- en contractvorming/engineering, design
drawings, pricing and contracting
U: uitvoeringstechnische ondersteuning en
tekenwerk, directievoering/implementation
support and drawings, site management
Projectarchitects/Project architects:
Vincent van Leeuwen, Gijs Baks, Joost Baks
Medewerker/Contributor:
Patricia Yus
Ontwerp – Oplevering/Design – Completion:
2019–2022
Opdrachtgever/Client:
Particulier/Private
Aannemer/Contractor:
Cor Koper Bouwbedrijf, Heerhugowaard
Constructeur/Structural engineer:
IMd Raadgevende ingenieurs, Rotterdam
Bouwdirectie/Construction management:
Space Encounters, Amsterdam; Studio Vincent
Architecture, Amsterdam
Landschapsarchitect/Landscape architect:
DELVA Landscape Architecture|Urbanism,
Amsterdam
Interieurarchitect/Interior designer:
Dorien Knegt Design, Bergen
Bruto vloeroppervlak/Gross floor area:
274 m²

p. 140
Studio Nauta
Hof van Duurzaamheid
Johan Cruijffstraat
Amersfoort

Architect:
Studio Nauta, Rotterdam
Betrokkenheid bij ontwerpfases/
Involvement in design phases:
SO–DO: ontwerp en tekenwerk/design and
drawings
TO–U: esthetische begeleiding en controle/
aesthetic supervision
Projectarchitect/Project architect:
Jan Nauta
Medewerkers/Contributors:
Benjamin Filbey, Andrea Gentilini
Verantwoordelijke stedenbouwer/Urban planner:
Schipper Bosch, Amersfoort
Ontwerp – Oplevering/Design – Completion:
2018–2022
Opdrachtgever/Client:
Schipper Bosch, Amersfoort
Aannemers/Contractors:
Karbouw, Amersfoort; Treetek, Arnhem
Constructeur/Structural engineer:
STEP Engineering, Emmen
Landschapsarchitecten/Landscape architects:
Le Far West, Arnhem; VIC Activating Landscapes,
Amersfoort
Bruto vloeroppervlak/Gross floor area:
17.350 m²
Verhuurbaar vloeroppervlak/Lettable floor area:
13.500 m²

p. 144
Bedaux de Brouwer Architecten
Vredeskerk
Ringbaan West 94
Tilburg

Architect:
Bedaux de Brouwer Architecten, Tilburg
Betrokkenheid bij ontwerpfases/
Involvement in design phases:
SO–UO: ontwerp en tekenwerk exterior,
interieur, uitvoeringsbegeleiding/design and
drawings exterior, interior; supervision of
implementation
U: uitvoeringsbegeleiding, esthetische
begeleiding en controle/supervision of
implementation and aesthetic supervision
Projectarchitecten/Project architects:
Thomas Bedaux, Joyce Verstijnen, Luuk Laurijsen
Medewerkers/Contributors:
Rob Vermeulen, Frank van Helvert
Ontwerp – Oplevering/Design – Completion:
2018–2022
Opdrachtgever/Client:
Hilva Vastgoed, Esbeek
Aannemer/Contractor:
Aannemersbedrijf J.A. van Gisbergen b.v.,
Hooge Mierde
Constructeur/Structural engineer:
Ingenieursbureau Piet Noordermeer,
Hilvarenbeek
Installatieadviseur/Building services consultant:
Schoormans Installatiebedrijf BV, Hooge Mierde
Bouwfysica/Building physics:
Tritium Advies BV, Nuenen
Interieurarchitect/Interior designer:
Bedaux de Brouwer Architecten, Tilburg
Kale bouwsom/Net building costs:
€ 2.500.000
Bouwkosten per m²/Net building costs per m²:
€ 965
Bruto vloeroppervlak/Gross floor area:
2.595 m²
Verhuurbaar vloeroppervlak/Lettable floor area:
1.315 m² GBO privéruimte/private space
400 m² GBO collectieve ruimte/shared space

p. 148
Dok architecten
Wilhelminawerf
Kanaalweg 59
Utrecht

Architect:
Dok architecten, Amsterdam
Betrokkenheid bij ontwerpfases/
Involvement in design phases:
SO–U: volledige ontwerp- en BIM-opdracht/
complete design and BIM brief
Projectarchitect/Project architect:
Liesbeth van der Pol
Medewerkers/Contributors:
Patrick Cannon, Pieter Lievense, Marta Meijer,
Luuk de Rouw, Dorota Kolek, Anne van der
Meulen
Ontwerp – Oplevering/Design – Completion:
2011–2022
Opdrachtgever/Client:
KondorWessels Projecten, Rijssen
Aannemer/Contractor:
Bouwcombinatie Wébé (Wessels Zeist & Bébouw
Midreth)
Constructeur/Structural engineer:
Van der Vorm Engineering, Maarssen
Installatieadviseur/Building services consultant:
Rouweler Installatietechniek, Zelhem
Bouwfysica/Building physics:
Cauberg Huygen, Rotterdam
Landschapsarchitect/Landscape architect:
Vollmer & Partners, Amersfoort
Kale bouwsom/Net building costs:
ca. € 17.000.000
Bouwkosten per m²/Net building costs per m²:
ca. € 1.100
Bruto vloeroppervlak/Gross floor area:
15.630 m²
Verhuurbaar vloeroppervlak/Lettable floor area:
12.100 m²

p. 152
Orange Architects
Jonas
Krijn Taconiskade 1-567
Amsterdam

Architect:
Orange Architects, Rotterdam
Betrokkenheid bij ontwerpfases/
Involvement in design phases:
**SO—DO: ontwerp en tekenwerk (inclusief
aanvraag Omgevingsvergunning /including
Environmental permit application)**
**TO—U: esthetische begeleiding en controle
tekenwerk/aesthetic supervision and review
drawings**
Projectarchitecten/Project architects:
**Jeroen Schipper, Patrick Meijers, Paul Kierkels,
Elena Staskute**
Medewerkers/Contributors:
**Gloria Caiti, Luís Cardoso, Kapilan Chandranesan,
Eric Eisma, Filippo Garuglieri, Athanasia
Kalaitzidou, Casper van Leeuwen, Manuel
Magnaguagno, Francesco Mainetti, Angela Park,
Niek van der Putten, Erika Ruiz, Ivan Shkurko,
Florentine van der Vaart, Irina Vaganova**
Ontwerp – Oplevering/Design – Completion:
2017–2022
Opdrachtgever/Client:
Amvest, Amsterdam
Aannemer/Contractor:
Ballast Nedam West, Capelle aan den IJssel
Constructeur/Structural engineer:
ABT, Delft/Velp
Installatieadviseur/Building services consultant:
ABT, Delft/Velp
Bouwfysica/Building physics:
ABT, Delft/Velp
Bouwdirectie/Construction management:
JMJ Bouwmanagement, Den Haag/The Hague
Landschapsarchitect/Landscape architect:
**Felixx Landscape Architects & Planners,
Rotterdam**
Interieurarchitect/Interior designer:
**Orange Architects, Rotterdam; Pubblik & Vos,
Amsterdam**
Bruto vloeroppervlak/Gross floor area:
29.950 m²
Verhuurbaar vloeroppervlak/Lettable floor area:
**16.300 m² wonen/housing, 600 m² collectief/
communal, 1.850 m² commercieel/retail**

Colofon
Acknowledgements

Samenstelling/Edited by
Teun van den Ende, Uri Gilad, Arna Mačkić

Teksten/Texts
Teun van den Ende, Uri Gilad, Arna Mačkić, Marieke Berkers

Vormgeving/Design
Joseph Plateau, Amsterdam

Vertaling/Translation
Robyn de Jong-Dalziel

Beeldredactie/Picture editing
Ingrid Oosterheerd

Tekstredactie/Text editing
Els Brinkman, Robyn de Jong-Dalziel

Projectleiding/Project coordinator
**Marja Jager & Marcel Witvoet,
naio10 uitgevers/publishers**
i.s.m./with
Cato de Beer & Maaike de Jongh

Uitgever/Publisher
naio10 uitgevers/publishers

Druk en lithografie/Printing and lithography
Drukkerij die Keure, Brugge/Bruges

Sponsorwerving/Sponsorship recruitment
RSM
Sixhavenweg 8
1021 HG Amsterdam
+31 (0)20-7708481
reinhart@rsminfo.nl
www.rsminfo.nl

Omslagfoto/Cover photo

Stijn Bollaert – Ard de Vries Architecte & Studio
Donna van Milligen Bielke, Kunstwerf, Groningen

Foto's projecten/Project photos

Iwan Baan 55
Bedaux de Brouwer 147
Glenn den Besten 105
Eva Bloem 61, 62, 63
Egbert de Boer 35, 36, 37
Stijn Bollaert 16, 17, 52, 54, 55
Karin Borghouts 22, 24, 25
Marcel van der Burg 102, 104, 105, 126
Sebastian van Damme 73, 74, 75, 98, 100, 101, 120, 122, 123, 125, 152, 154, 155
Sharik Derksen 29
Ossip van Duivenbode 86, 88, 89, 106, 108, 109
Mitchel van Eijk 26, 28, 29
Max Hart Nibbrig 128, 130, 131, 140, 142, 143
Kees Hummel 94, 96, 97
Joep Jacobs 19, 20, 21
LEVS architecten 132, 134, 135
Jannes Linders 31, 32, 33, 76, 78, 79
Orange Architects 154
Stijn Poelstra 65, 66, 67, 69, 70, 127
Jules Pulles – Pulles & Pulles | Reclame & Beeld 14
Ernst van Raaphorst 70, 71
Regionaal Archief Tilburg/Frans van Aarle 147
Melanie Samat 36
Crispijn van Sas 105
Daria Scagliola 109
Daria Scagliola en Stijn Brakkee 110, 112, 113
Arjen Schmitz 149, 150, 151
Studio Hans Wilschut 89
Paul Swagerman 141
Peter Tijhuis 90, 92, 93, 142
De Twee Snoeken 20
Leon van der Velden 36, 37
René de Wit 38, 40, 41, 57, 58, 59, 146, 147
Your Captain Luchtfotografie 71
Lorenzo Zandri 126, 136, 138, 139

Foto's interviews en essay/
Interviews and essay photos

BAM (Bouwmeester Maitre Architecte) 42, 45, 47, 51
Fenna Haakma Wagenaar 80, 83
Xavier Hudsyn 47
Rhalda Jansen 114
Séverin Malaud 42
Studio Architectuur MAKEN 48

naio10 uitgevers is een internationaal georiënteerde uitgever, gespecialiseerd in het ontwikkelen, produceren en distribueren van boeken over architectuur, beeldende kunst en verwante disciplines.
naio10 publishers is an internationally orientated publisher specialized in developing, producing and distributing books on architecture, visual arts and related disciplines.
www.naio10.com
info@naio10.com

naio10 books are available internationally at selected bookstores and from the following distribution partners:
North, Central and South America – Artbook | D.A.P., New York, USA, dap@dapinc.com Rest of the world – Idea Books, Amsterdam, the Netherlands, idea@ideabooks.nl
For general questions, please contact nai010 publishers directly at sales@naio10.com or visit our website www.naio10.com for further information.

Printed and bound in Belgium
ISBN 978-94-6208-786-6

Garage Wisselspoor Utrecht ——

Concave golven, als een gordijn gedrapeerd

MD STREKMETAAL

Glanzend strekmetaal is als een golvend gordijn rond het betonnen huis van de parkeergarage Wisselspoor gedrapeerd en loopt door tot in het interieur van de oude werkplaats. Om de rondingen van het strekmetaal te testen, zijn verschillende mock-ups gemaakt. Architect Wouter Hermanns van studioninedots: *'De credits voor het detail dat de overgang tussen de elementen maakt, zijn voor Metadecor. Er is geëxperimenteerd met vouwen en zetten... Een geëxtrudeerd profiel met een afgeronde strip waarop het MD Strekmetaal aansluit gaf uiteindelijk de juiste subtiliteit.'* Bij de entree van de parkeergarage is dit detail in doorsnede goed te zien.

Scan QR voor meer project informatie

metadecor

CAUBERG HUYGEN

UW ADVIESPARTNER VOOR PRIJSWINNENDE PROJECTEN

BENSDORP

AKOESTIEK

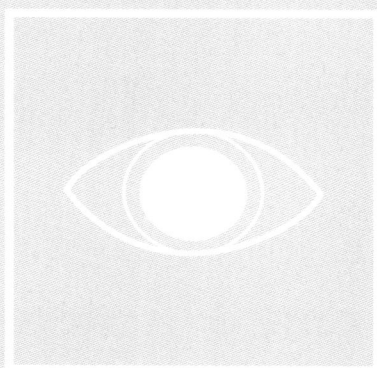

BOUWFYSICA

DUURZAAMHEID

VEILIGHEID

MILIEU

BOUWKWALITEIT

CAUBERGHUYGEN.NL

TROTS

Synchroon en Gebroeders Blokland zijn trots op het binnenstedelijke nieuwbouwproject Wisselspoor in Utrecht.

Dankzij een unieke samenwerking tussen de ontwikkelaar, bouwer, 12 architecten en 1 landschapsontwerper, werden in dit bijzondere project 122 unieke woningen gerealiseerd. Een deel van het project bestaat uit zelfontwerpkavels die in de vorm van CPO ontwikkeld zijn.

Wisselspoor is een groene wijk, met een eigen mobiliteitshub. De woningen zijn energieneutraal en de oude NS-werkplaats is gerestaureerd en getransformeerd naar werkruimten voor creatieve bedrijvigheid, horeca en een parkeergarage. Mede door de circulaire inrichting van de openbare ruimte en de regenwaterretentie heeft Wisselspoor het predikaat BREEAM Excellent gekregen.

SYNCHROON

Gebroeders **Blokland**
samen in ontwikkeling en bouw

zonneveld
ingenieurs

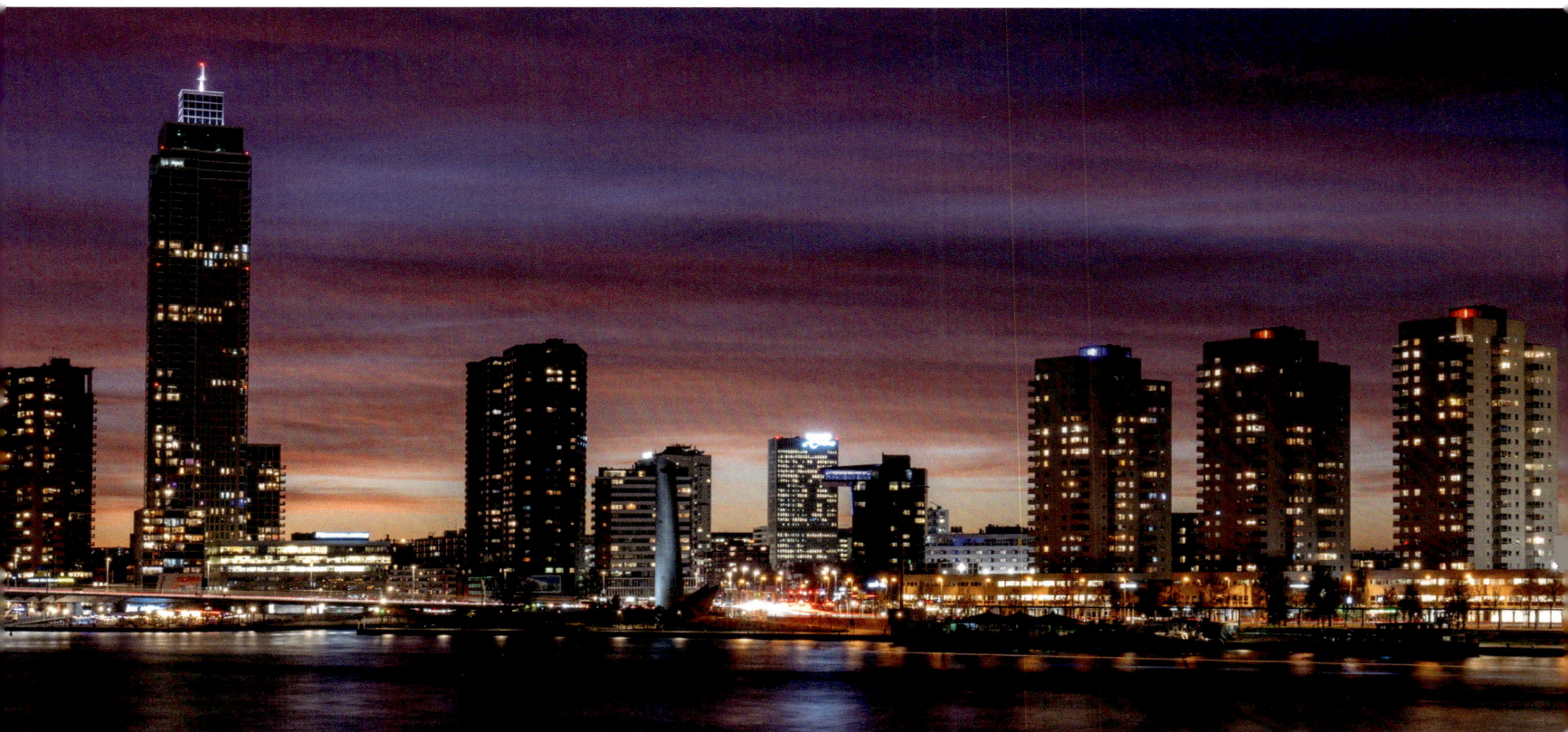

Zonneveld ingenieurs heeft 40 jaar ervaring in het ontwerpen van draagstructuren voor onder andere hoogbouw, utiliteitsbouw, woningbouw en infrastructurele kunstwerken. Zowel nieuwbouw-projecten als herontwikkeling en monitoring behoren tot onze referenties. Daarnaast zijn we gespecialiseerd in seismic & safety engineering, onder andere op het gebied van bestendigheid van gebouwen tegen aardbevingen en de impact van mogelijke terreurdaden. We maken hierbij gebruik van geavanceerde software en methodieken die deels inhouse ontwikkeld zijn, waaronder 3D-modellering, 3D-FEM rekensoftware voor draagstructuren en simulaties en visualisaties met behulp van virtual twins.

Zonneveld ingenieurs: toonaangevend op het gebied van complexe analyses van hoofddraagconstructies.

40 JAAR
ZONNEVELD
INGENIEURS

Postbus 4398, 3006 AJ Rotterdam | Delftseplein 27H, 3013 AA Rotterdam | Telefoon +31(0)10 452 88 88
Leonard Springerlaan 17, 9727 KB Groningen | Telefoon +31(0)50 200 45 10 | **www.zonneveld.com**

digitale cultuur   **architectuur**

Ben je architect,
stedenbouwkundige, planoloog
of onderzoeker met een idee
voor een cultureel project?
Vraag dan subsidie aan bij het
Stimuleringsfonds Creatieve
Industrie.

Of reageer op een open oproep
binnen het Actieprogramma
Ruimtelijk Ontwerp als je een
voorstel hebt om ruimtelijk
ontwerp in te zetten bij
transitieopgaven.

stimuleringsfonds.nl

cross-overs   **vormgeving**